职业教育·城市轨道交通类专业精品教材

U0649455

城市轨道交通客运服务心理学

第3版

徐胜南　邓先丽　主　编
李坤妃　贾天丽　副主编
华　淼　主　审

人民交通出版社
北京

内 容 提 要

本教材为职业教育城市轨道交通类专业精品教材。全书共分4个模块,12个单元,并配套实训活页。主要内容包括:开启心的视野(走近心理学、认识城市轨道交通客运服务)、做好贴心服务(城市轨道交通乘客感知觉心理与服务、城市轨道交通乘客需要心理与服务、城市轨道交通乘客情绪管理与服务、城市轨道交通乘客个性心理与服务、城市轨道交通客运服务中的客我交往、城市轨道交通乘客应急服务与投诉心理)、根植内心修养(城市轨道交通客运服务人员职业人格与礼仪、城市轨道交通客运服务人员心理健康)、凝聚心源之力(城市轨道交通客运服务人员工作激励、城市轨道交通客运服务团队发展与建设)。

本教材坚持从企业岗位需求和教学实践角度出发,将心理学知识与城市轨道交通客运服务进行了有机融合。每一个单元内容精练、案例丰富、图文并茂,尽力为学生提供生动形象、富于时效性的教学辅导资料,以激发学生的学习兴趣。同时,本着为课堂教学和岗位培训服务的宗旨,本教材采用了案例导入、模块单元、任务评价的编写模式。

本教材可供高职、中职院校城市轨道交通专业及相关专业教学选用,亦可供相关行业培训、岗前培训使用。

*本教材配套多媒体助教课件、教案、课程标准、实训活页电子版、案例分析等丰富教学资源,任课教师可通过加入职教轨道教学研讨群(QQ群:129327355)获取。

图书在版编目(CIP)数据

城市轨道交通客运服务心理学/徐胜南,邓先丽主编.—3版.—北京:人民交通出版社股份有限公司,2025.1.—ISBN 978-7-114-18977-7

Ⅰ.F530.9

中国国家版本馆CIP数据核字第20250DK293号

职业教育·城市轨道交通类专业精品教材
Chengshi Guidao Jiaotong Keyun Fuwu Xinlixue

书　　名:	城市轨道交通客运服务心理学(第3版)
著 作 者:	徐胜南　邓先丽
责任编辑:	杨　思
责任校对:	赵媛媛　魏佳宁
责任印刷:	张　凯
出版发行:	人民交通出版社
地　　址:	(100011)北京市朝阳区安定门外外馆斜街3号
网　　址:	http://www.ccpcl.com.cn
销售电话:	(010)85285911
总 经 销:	人民交通出版社发行部
经　　销:	各地新华书店
印　　刷:	北京印匠彩色印刷有限公司
开　　本:	787×1092　1/16
印　　张:	13.25
字　　数:	316千
版　　次:	2017年7月　第1版 2021年11月　第2版 2025年1月　第3版
印　　次:	2025年1月　第3版　第1次印刷　总第16次印刷
书　　号:	ISBN 978-7-114-18977-7
定　　价:	49.00元

第3版 前言

新一轮科技革命和产业变革的蓬勃发展,正推动着人类社会向智慧时代迈进。与此同时,随着经济社会发展,我国已转向高质量发展阶段,我国要构建综合、绿色、安全、智能的现代化城市交通系统,使其达到国际先进水平。同时,人民群众对轨道交通的需求已从"走得了"转向"走得好",人民群众对安全、便捷、舒适、经济、个性化和定制化的需求越来越高,单纯的安全可达、方便快捷已难以满足日渐多元的出行需求,高品质出行正成为乘客关注的重点。这就要求城市轨道交通客运服务人员了解和掌握乘客心理的特点和变化规律,同时培养自身良好的心理素质,增强客运服务团队的凝聚力,提高城市轨道交通客运服务质量,提升人民群众对轨道交通出行品质的满意度。

《城市轨道交通客运服务心理学(第3版)》是在第2版教材基础上修订而成的。第2版教材自2021年出版以来,被广泛选用,产生了较大影响,在教学实践中反映良好,得到了普遍认可,有效提高了教学水平和教育质量。

本教材是编者根据教育部的要求,在认真学习领会有关文件的基础上,结合当前职业教育发展和城市轨道交通行业发展的实际情况编写的,以期对城市轨道交通客运服务人才的培养有所帮助。

本教材的主要特色有:

(1)在编写理念和课程开发等方面,坚持正确的价值导向,围绕立德树人的根本任务,采用案例导入、模块化的编写模式,以城市轨道交通客运服务为主线,内容涵盖了基于人的心理、乘客心理、客运服务人员心理与团队组织心理四个方面的心理活动规律的城市轨道交通客运服务要求和技巧。

(2)为了突出实践性,体现"以学生为中心"的职业教育理念,编写人员力求将心理学知识和城市轨道交通客运服务工作有机结合起来,着力突出"案例导引,理实一体,生动有趣"的特色,突出职业教学培训的特点。

(3)在内容安排上做到了与时俱进、宜教适学,适应职业岗位需求和学生可持续发展需要。在知识点的梳理上,介绍、分析了全国城市轨道交通典型的行业案例,增加了人工智能等前沿技术在客运服务领域产生的链式变革案例,并配有大量情境图片,以便学生更直观地认知城市轨道交通客运服务心理学。

（4）编排科学合理，图、文、表并茂，生动活泼，形式新颖。为方便教学，每个单元结束后学生可通过实训活页进行知识梳理和技能强化，能够及时检查学习效果。配有实训活页电子版，任课教师可根据具体教学需要，对实训活页进行再加工。

（5）编写全程体现了"校企合作，产教融合"的理念，有机融入城市轨道交通从业人员职业标准的内容和要求，并有行业专家、学者全面参与本教材的编审。

参加本教材编写工作的人员有：北京市自动化工程学校徐胜南，北京信息职业技术学院邓先丽，北京交通运输职业学院李桃，北京市商业学校张静，北京市自动化工程学校李坤妃、贾天丽。徐胜南、邓先丽担任主编并负责全书统稿、校对工作，李坤妃、贾天丽担任副主编，北京京港地铁有限公司华淼担任主审。

教材在编写及修订过程中，得到了多位城市轨道交通企业专家和相关职业院校老师的支持，他们为本教材提出了宝贵意见，在此表示衷心感谢！

由于编者水平有限，书中疏漏之处在所难免，敬请读者批评指正。

编　者
2025 年 1 月

本教材课程思政元素设计

　　本教材以传承"讲仁爱、重民本、守诚信、崇正义、尚和合、求大同"的中华优秀传统文化为理念,以社会主义核心价值观"富强、民主、文明、和谐,自由、平等、公正、法治,爱国、敬业、诚信、友善"为要义,设计课程思政育人主题。紧紧围绕"知识传授、能力培养、素质提升"三维课程教学目标,以课程内容为载体,通过案例分析、文摘分享、知识点梳理、融媒体等教学素材和方式的运用,润物细无声地向读者传递正确的价值追求和导向。

　　本教材以习近平新时代中国特色社会主义思想为指导,设计和挖掘课程思政元素,全面提高学生的职业理想和职业道德,把学生培养成德才兼备、全面发展的高素质人才。

　　每个课程思政元素的教学活动都包括案例导入、思考讨论、梳理分析等环节。在课堂教学中,教师可结合下表中的内容导引,结合相关的知识点或案例,引导学生进行思考或展开讨论,提升课程思政教学效果。

主题导引	思考与讨论	课程思政元素
城市轨道交通客运服务的基本要求	1. 天津地铁为乘客提供了哪些特色服务? 2. 温暖贴心的地铁服务将给乘客带来怎样的心理感受?	责任意识 职业精神 爱岗敬业
城市轨道交通环境对乘客心理的影响	1. 地铁站内环境是如何影响乘客心理环境的? 2. 你所在的城市是否有融入了中国传统文化元素的地铁站设计?	传统文化 民族自豪感 创新精神
城市轨道交通乘客负面情绪的疏导	1. 如何调适乘客的不良情绪? 2. 郑板桥等古人的情绪疏导方式有哪些?	传统文化 职业能力 以人为本

主题导引	思考与讨论	课程思政元素
良好的客我关系有助于客运服务效果的提升	1. 客运服务人员的哪些行为受到了乘客的高度认可？ 2. 实际工作中，客运服务人员该如何与乘客建立良好的客我交往关系？	安全意识 责任意识 担当精神
城市轨道交通客运服务人员职业人格的培养	1. 案例中体现了客运服务人员的什么精神？ 2. 如何在工作中提升客运服务人员的职业人格？	职业道德 职业人格 职业礼仪
健康生活方式打造心理资本	1. 世界卫生组织提出的四大健康基石是什么？ 2. 怎样保持稳定的心态呢？	科学的健康观 自我悦纳 关爱他人
职业压力与职业倦怠	1. 如何合理地应对压力？ 2. 如何积极地调整职业倦怠？	职业素质 劳模精神 抗压能力
城市轨道交通客运服务工作激励	1. 案例中的北京京港地铁有限公司员工表现出了哪些优秀的品质？ 2. 在城市轨道交通客运服务工作中，如何对员工进行有效激励？	"五爱主义"
城市轨道交通客运服务团队建设	1. 什么是团队？一个团队与一个群体的区别是什么？ 2. 如何建设一支高效的城市轨道交通客运服务团队？	沟通意识 团队精神 劳动精神

数字资源列表

序号	微课资源名称
1	影响乘客感知觉的客观因素
2	乘客的晕轮效应
3	做情绪的主人
4	情绪不好易生病
5	能力的概念
6	乘客能力差别与客运服务
7	有礼有节地沟通
8	客我交往的表情动作
9	城市轨道交通突发事件的定义
10	从众心理与行为
11	乘客从不满到投诉的心理过程
12	工作动机
13	适当戒惩是必要的
14	大雁的故事

目　录

模块 4　凝聚心源之力

模块 1
开启心的视野

走近心理学

学习目标

1. 了解心理学的发展。
2. 理解心理学的基本概念和研究对象。
3. 掌握心理学的研究方法。
4. 理解心理学对于城市轨道交通客运服务的意义。

内容结构

走近心理学
- 心理学概述
  - 心理学的定义
  - 心理学的研究目的
  - 心理学的研究领域
- 个体心理现象
  - 心理过程
  - 个性心理
- 心理现象和行为
  - 行为的含义
  - 心理现象与行为的关系
  - 心理现象的研究方法

案例 1-1

"第一视角"找不足　不断优化服务

隶属于南邵站区的北京地铁昌平线沙河站全天的进出站量约 10 万人次,单早高峰两小时,进站量就接近 3 万人次,在北京市地铁运营有限公司下辖的地铁站客流量上位列前三。乘客集中进站,但沙河站站厅、站台空间有限。为了缓解这些矛盾,南邵站区的工作人员当起了"沉浸式调研员",从"第一视角"出发,多次模拟乘客首次搭乘地铁的情形,整体分析乘客搭乘过程中可能出现的情景需求、行为情绪等,找出各环节中引导功能不完善的部分。

如果首次搭乘地铁的乘客都能流畅进站,那"资深乘客"就更没问题了。"我们从顺利进站、快速通行和准确出站等各方面,去找可以优化的点位,然后与公司相关部室协调升级。只要是能切实提升乘客体验的优化方案,总能得到公司的快速反馈。"南邵站区副站区长吕蕊说。

沙河站增加了更加清晰的出入口引导、限流组织类提示、无障碍设施引导等标识,站区还与项目部联系将站内墙壁进行重新粉刷,并在进站口侧墙处增加公示栏,张贴相应进站温馨提示,在车站出入口、电动扶梯前增设移动式广播,加强安全乘车提示,持续加大引导力度。不少乘客反映改造后的车站标识更清晰,看得懂、找得到,有效缩短了日常出行时间。

沙河站出入口还加装了雨雪棚,以优化候车等待体验;通过站内"微改造",持续提升车站通过能力,增大乘客候车空间;重新梳理制定了沙河站高峰期客运组织保障措施,充分利用站内设备设施,在运力提升的基础上,做好客运组织工作。吕蕊介绍,这些都是在日常摸索中发现的"提升点",一边探索,一边同步调整。"运营服务品质这块,没有最好,只有更好,要从乘客的需求出发不断优化才行。"吕蕊说。

（资料来源:《北京地铁做优服务　守护出行幸福》,《北京日报》2023 年 8 月 30 日）

思考:

(1)案例中北京地铁是如何通过满足乘客心理来优化服务的?

(2)除了案例中的因素外,在城市轨道交通客运服务中还需要考虑乘客的哪些心理因素?

对于很多人来说,心理学是一门既熟悉又陌生的科学。说熟悉,是因为随着经济的发展,人们越来越关注自己的内心世界,与心理有关的书籍和课程越来越多,许多电视节目也会邀请心理学家做嘉宾;说陌生,是因为很多人对心理学一知半解,有很多疑问,例如学了心理学是不是就能知道人们心里在想什么了呢? 心理学家是不是每天要和有心理问题的人打交道? 其实,心理学并不是可以解决任何棘手问题的万能钥匙,也无法完全揭示生命的真谛。然而,心理学对诸如为什么人类会有复杂的心理现象、人类为什么会有特定的行为,以及人们该如何有效应对生活和工作中的困难等问题,能够给出相应的答案。

单元1.1 心理学概述

一、心理学的定义

心理学是研究人类行为和心理现象的科学。行为是指个体所做的任何可以观察并加以记录的活动，如说话、哭泣、走路、写字、读书、睡觉、眨眼、上网、玩游戏、打喷嚏、做问卷等。心理现象是根据行为所推断出的个体内部主观体验，如感觉、知觉、思维、回忆、观念、情感等。外部的行为可以观测到，但如何研究内隐的心理现象呢？心理学一般通过外显行为来分析和判断内部的心理活动。比如，某同学今天说话很少，面部表情悲伤，我们会推测他是因为遇到了不开心的事情而情绪低落。

心理学定义中的关键词是"科学"。心理学，与其说是一系列发现，不如说是一种提出问题并回答问题的途径。作为科学，它以细致的观察和严谨的分析来验证各种观点。在试图描述并阐释人性的过程中，心理学对各种直觉预感或听起来似是而非的理论进行验证。如果一个理论行得通，且数据支持了预测，那么该理论就是正确的；但如果预测失败，就得修正或摒弃该理论。所以，本教材中每一个单元有关心理学的结果，如人类的情绪发生机制和影响因素，都是经过科学研究，并获得大量数据支持的结果，符合人类一般的心理规律。

心理文摘1-1

是科学还是臆想

现在让我们对你的心理认知进行一次检验。以下陈述有些是正确的，有些是错误的，如果你没能答对其中一些题目，哪怕答错了全部题目，不必担心，因为有很多人和你一样。

所谓的关于我们心理的常识可能经不起科学测试的检验，请判断下列陈述的正误。

(1) 大多数人只用到自身大脑的10%的说法纯属无稽之谈。_____

(2) 虽然梦中的场景特别真实，但你的身体处于麻痹状态。_____

(3) 心理压力会导致身体疾病。_____

(4) 红色只是大脑的一种感觉，大脑以外的世界没有红色。_____

(5) 发生在我们身上的所有事情会永远保存在我们的记忆中。_____

(6) 智力几乎完全取决于遗传，在人的一生中基本保持稳定不变。_____

前4条是正确的，后2条是错误的。以下是对每一条的简要解释。

(1) 正确：我们每天都会用到大脑的所有脑区。

(2) 正确：真实的梦境一般发生在快速眼动睡眠期间，除了眼部的肌肉受到人体的控制外，其他随意肌都处于麻痹状态。

(3) 正确：心理和身体的联系会使你在长期压力下患病。

(4) 正确：尽管这看似奇怪，但人的所有色彩感觉都是大脑本身产生的，光波确实具有不同的频率，却没有色彩。大脑把光的不同频率解读成不同的颜色。

(5) 错误：尽管我们能够记住很多生活细节，但没有证据证明我们能够记住人生中的所有细节。事实上,我们完全有理由相信,我们身边的大多数信息永远不会进入记忆,而那些进入记忆的信息也往往会失真。

(6)错误:智力受遗传和环境的共同影响。由于智力的一部分受环境影响,人的智力水平(通过智商测验来衡量)在一生中是会发生变化的。

(资料来源:菲利普·津巴多等,《津巴多普通心理学(第8版)》,人民邮电出版社,2022)

二、心理学的研究目的

心理学的研究目的是描述、解释、预测和控制行为。

(1)描述行为:心理学研究的第一个目标是描述行为。比如,靠近楼梯入口的地铁车厢人比较多,有一些人通过自动售票机买票有困难,地铁比较拥挤时乘客之间的冲突增多。对观察到的典型行为进行命名和分类,这就是描述行为。

(2)解释行为:阐述某种行为出现的原因。比如,靠近楼梯入口的地铁车厢人比较多,是因为人都有"就近心理";使用自动售票机有困难,是因为不同乘客的能力有高低之分;地铁比较拥挤时冲突增多是因为拥挤造成乘客心情烦躁。

(3)预测行为:能够根据情境和人的特征准确地预测行为。如根据地铁的入口设计在站台两端,则可以预测站台两端的车厢是最拥挤的;对于新的机器设备,年龄较大的人使用起来可能比较困难;上班早高峰和下班晚高峰是地铁发生冲突较多的时段。

(4)控制行为:这里的"控制"不是对自由进行控制,而是指预测到行为的结果后采取干预措施,从而影响和改变行为。案例1-1中北京地铁在进站口侧墙处增加公示栏,张贴相应进站温馨提示,就是为了在一定程度上控制乘客行为,即通过改变外在条件来影响行为。

总之,心理学研究人的心理现象和行为,本教材的研究目的也可以分为以下四个方面。

(1)描述行为:观察到的行为现象是什么。

(2)解释行为:这种行为发生的原因是什么。

(3)预测行为:预测行为会在什么条件下发生。

(4)控制行为:通过改变服务措施、硬件设施来改变这些行为。

三、心理学的研究领域

心理学的研究内容涉及记忆、心理治疗、人际互动、感觉和知觉、创造力、学习、个性、衰老、智力、情绪等。以下是目前心理学主要的研究领域。

(1)发展心理学:研究从胎儿到年老死亡的成长和发展全过程。目前研究的热点是幼儿早期的发展,如幼儿是如何获得思维、语言和活动能力的,以及这些能力的发展规律是什么。

(2)学习心理学:研究人类和动物学习发生的过程和原因。比如怎样让学习更有效率,不同的环境对学习的影响,不同的奖励对学习的影响,等等。

(3)认知心理学:这是目前心理学蓬勃发展的一个领域。主要研究人是怎样认识这个世界的,信息是怎样进入人的神经系统,又是如何在神经系统进行加工的。

(4)社会心理学:以人类的社会行为为研究对象,如聚众闹事、顺从、领导、友谊、爱情行为等,都是社会心理学的研究范围。

(5)工程心理学:以人-机-环境系统为对象,研究系统中人的行为,以及人与机器和环境相互作用的工业心理学分支。通过使工程技术设计与人的身心特点相匹配,提高系统效率,保障人机安全,并使人在系统中有效而舒适地工作。

(6)组织心理学:这是一门研究组织管理活动中人的心理现象及行为规律的学科。它强调以人为中心,协调组织中的人际关系,改善组织的环境和条件,调动人的积极性、主动性和创造性,从而实现组织目标,实现个人和组织的共同发展。

(7)人格心理学:研究人格特质和人格动力,比如研究创造力强的大学生有哪些人格特点,从而为教育和培训提供依据。人格心理学目前是社会上应用较多的领域,但也是争议最大的领域。

(8)健康心理学:这是关于健康教育与健康促进的一个基础学科。它主张运用心理学和健康促进的手段,维护和增进人们的心理健康,提高人们对社会生活的适应及改造能力。

目前我国城市轨道交通进入了高质量发展阶段,北京、上海、广州、深圳等城市已经形成了轨道交通网。随着城市轨道交通建设大趋势的来临,城市轨道交通对人们日常生活的影响越来越大,乘客需求也会相应增长,对城市轨道交通的服务期望值也越来越高。

地铁属于服务行业,其服务质量是整个行业对外的"窗口"。除了保障基本服务外,服务质量的提高还需要了解乘客的心理特点和需求,这样才能真正做到以乘客为中心,提高乘客满意度。本教材依据心理学的理论对乘客心理特点进行分析,让服务切合乘客心理特点与需求,以提高服务效率与质量。另外,客运服务人员的心理健康和工作激励也是本教材的内容。

做一做

通过观察图1-1和图1-2,你看到了什么?大家相互交流,谈谈看到的东西是否一样。

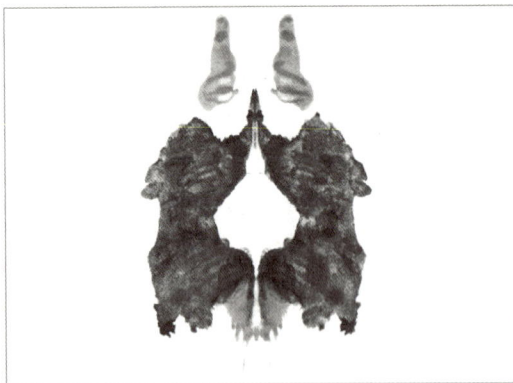

图1-1 罗夏墨迹测验

图1-2 双歧图

(1)图1-1是人格心理学中著名的罗夏墨迹测验,用来测试受测者的人格特征。你觉得这幅图片画的是什么呢?

（2）图 1-2 是认知心理学中著名的双歧图,你第一眼从中看到的是什么呢?问问身边的同学,看看大家第一眼看到的东西是否一样,想一想这是为什么?

（3）对同一事物的观察,不同人会得出不同的结果,这对城市轨道交通客运服务有什么启发?

单元 1.2　个体心理现象

人有许多心理现象,如感觉、知觉、注意、记忆、思维、情绪、态度、动机、意志、能力、气质、性格及信仰等。依据人的心理现象从共性到个性的维度,可以将其划分为心理过程和个性心理两个方面。

一、心理过程

心理过程是指在客观事物的作用下,心理活动在一定时间内发生、发展的过程。通常包括认知过程,情绪、情感过程以及意志过程。

（一）认知过程

认知是指人们获得知识、应用知识的过程,或者说是信息加工的过程,这是人的最基本的心理过程,包括感知觉、记忆和想象、思维、语言等。人脑在一定程度上就像电脑的处理器一样,接收到外界的信息后,进行加工处理,然后输出为心理活动,进而影响行为,这个过程就是信息加工的过程,也就是认知过程。比如,你正走在路上,前方有东西,光线传到视网膜上,通过视神经传输到大脑的视觉处理中枢,反馈的结果为"这是一条狗",以往的记忆告诉你这条狗很凶恶,于是你产生了害怕的情绪,大脑的运动中枢命令你轻手轻脚地躲开,然后在语言中枢、运动中枢等的共同加工下,你轻轻地说了句:"吓坏我了。"在不到 1 秒的时间里,我们的心理可能会经历一个非常复杂的过程。复杂的认知过程经过解析,大致可分为感知觉、记忆和想象、思维、语言四个方面。

1.感知觉

个体认识世界的过程开始于感觉和知觉。感觉是对事物个别属性和特性的认识,包括视觉、听觉、嗅觉、触觉等,这些感觉即我们对事物的颜色、明暗、声调、香臭、轻重、软硬等的感受。感觉是认知过程的开始,如果没有感觉,我们就仿佛生活在真空里,无法感受到阳光的温暖,看不到多彩缤纷的风景,听不到朋友的欢声笑语,尝不到食物的美好味道,感受不到春风拂过脸颊的惬意,甚至连石头砸到脚上的痛也感受不到,个体也就失去了认知世界的渠道。

知觉是对事物的整体及其联系与关系的认识,如看到花朵的颜色、闻到花的馥郁香气、摸到丝滑的花瓣、听到人们看到鲜花时的惊叹声,这时,我们已经不是单纯地从感觉上看到了颜色、闻到了香味、触摸到了花瓣或听到了声音,而是将视觉、嗅觉、触觉、听觉进行了整体加工,并根据自己的知识经验进行了识别:哦,这是一朵喷了香水的假花,不是真花。

比如,某个地铁站用了大面积色彩鲜艳、对比强烈的图片作装饰,从感觉上,我们能看到各种颜色,但从知觉上,我们能通过这些颜色感受到这是一个具有时尚气息的地铁站,并感受到自己对这样的地铁站的态度——喜欢或是不喜欢。

心理文摘1-2

感知觉的协同工作

感觉和知觉协同工作可以帮助我们从作品"有眼睛的森林"(图1-3)中挑选出复杂的图像。自下而上的加工使我们的感觉系统能够觉察到组成马、骑士和环境的线条和颜色,使我们能关注到这幅画的标题,感知其深邃的表达,然后指引我们思考这幅画可能会提供的具有观察意义的内容。

图1-3 有眼睛的森林

做一做

(1)搜索"北京地铁换乘图""上海地铁换乘图"等,通过观察这些地铁换乘图,思考其设计是如何体现人的感知觉特点的?

(2)随着城市轨道交通的发展,很多地铁站台添加了不同的设计元素。课后搜索"最美地铁站台"图片,思考这些站台设计给予了乘客什么样的感知觉?你喜欢哪种设计?为什么?

2.记忆和想象

经过个体感觉和加工的信息并不会马上消失,而是会在头脑里保存一段时间,并且在需要的时候再现。例如,在阅读某段文字后,将书合上,书里的片段还会停留在脑海里;已经分开的朋友,虽然几年未曾联系,可还是能想起他的一颦一笑。这种积累和保存个体经验的心理现象被称为记忆,记忆会影响个体感知觉加工的过程,进而影响态度和行为的形成。例如,乘客和一个客运服务人员发生了冲突,这段不愉快的经历可能会在乘客记忆里存储很久,甚至影响他对整个城市轨道交通的印象。

有时候我们没有经历过的事情,也能够在脑海里有所体现,这就是想象。比如,对于第一次乘坐地铁的乘客来说,他没有关于地铁的感知觉和记忆,但他可以想象地铁是什么样的,客运服务人员的态度是什么样的,以及地铁是如何运行的。

3.思维

人不仅能感知物体、记忆知识、展开想象,而且还能够运用头脑中已有的知识和经验去间接、概括地认识事物,揭露事物的本质及其内在的联系和规律,形成对事物的概念,进行推理和判断,解决面临的各种各样的问题,这就是思维。思维有多种形式,解决问题是思维,闭着眼睛想事情也是思维。例如,人们顺利搭乘地铁到达目的地就是思维活动的结果,而有些乘客由于买票、换乘等经验不足而可能乘坐困难,客运服务人员则需要考虑到这一部分乘客并给予他们适当的帮助。

做一做

思维是解决问题的重要心理过程,试着从以下几个问题的解决过程中体会如何运用思维解决问题。

(1)试着用 6 根火柴排列成 4 个等边三角形。

(2)假定你有一个可盛 21 杯水的水罐、一个可盛 127 杯水的水罐和一个可盛 3 杯水的水罐。用这 3 个水罐量入或量出任意量的水,该怎样才能恰好量出 100 杯的水量呢?

(3)有一盒火柴、一个图钉和一根蜡烛,在不点燃蜡烛的情况下,请想出将蜡烛固定到墙上的方法。

4.语言

人们能够将自己的感知觉、记忆的内容及思维的内容通过语言表达出来,并理解别人的语言表达,这就是语言活动。人类的心理活动很大程度上依赖语言。例如,在城市轨道交通客运服务中,乘客要通过语言表达意见或建议,客运服务人员要通过语言与乘客积极开展沟通和交流。

(二)情绪、情感过程

个体不仅能够在认知过程中认识世界,而且能够在认知世界的过程中产生态度,进而产生满意、厌恶、高兴、喜欢等主观情绪,这就是情感过程。例如,获得奖学金、地铁上有空座、与知心好友交谈、获得父母的理解等会让人感到愉快、欣喜,而上学迟到、与人吵架、考试失败则会让人感到沮丧、难过。情感是在认知的基础上,对事物了解、认识之后才产生的,同时又对认知产生影响,调节人的认知。比如,积极的情感能够激发人的认知能力,提高活动效率;而消极的情感则会使人消沉,阻碍个体有效地认知事物,如误解他人意思,进而造成冲突。

（三）意志过程

人除了能够产生情绪外，还能够在认识世界的过程中有目的、有计划地改造世界，具备这种自觉的能动性是人和动物的本质区别。这种自觉的有确定目的，并为实现目的而自觉支配和调节行为的心理过程就叫意志。意志与认知和情绪、情感有密切的关系，人对自己行为的调节和控制，是根据自己的认知和情感来实现的，而人的意志又会对人的认知和情绪产生巨大的影响。例如，下班高峰期地铁拥挤，人人都希望能坐在座位上舒适地乘车，但有的乘客在乘车过程中仍能够自觉照顾老幼病残，主动让座，营造和谐的乘车环境，这就是意志的外在行为表现。

二、个性心理

人的一般心理过程为人的共性，每个人均经过这个心理过程。人的个性心理为人的个性，每个人各不相同。个性心理是在完成一般心理过程后发展起来的，没有一般心理过程的发生、发展，就不可能有个性心理的发生、发展。个性心理包括个性倾向性和个性心理特征。

（一）个性倾向性

个性倾向性是推动人进行活动的动力系统，是个性结构中最活跃的因素。它决定了人对周围世界的认识和态度的选择和倾向，决定了人追求什么。个性倾向性包括需要、动机、兴趣、爱好、态度、理想、信仰和价值观等。

动机是行为的动力，它引发人的行动，并推动和引导人朝着特定的目标努力，小到个体的吃饭、穿衣、睡觉、走路等简单的活动，大到建功立业、获得成功等，这些都是在动机的推动下进行的。

动机的基础是人类的各种需要，即个体在生理和心理上的某种不平衡状态。个体既有最基本的生理需要（如吃饭、喝水），以及安全的需要，也有较高层次的需要，如人际交往、自尊和自我实现；既有物质的需要，如穿衣、住房、交通，也有精神的需要，如欣赏美的事物、学习新的知识等。

每个人的需要程度不一样，动机的类型和强度也就不一样，因而面对同一事物的兴趣、态度等就会不同。比如，一个人身体上非常劳累，需要休息，在地铁上寻找座位的动机就很强烈，如果找不到就会对情绪有较大的负面影响；相反，一个人精神状态比较好，在地铁上寻找座位的动机就较弱，对地铁上拥挤情况的反应也会比较小。

（二）个性心理特征

不同个体在认知世界的过程中，有各自不同的心理特性，这形成了人与人之间的个体心理差异。这些差异是暂时的，如疲劳造成注意力不集中，影响认知加工的速度，以及记忆的效率；也有可能是稳定的，如个体能力差异造成认知加工速度不同，对事物的记忆有多有少。这种稳定的个体心理现象叫作个性心理特征或个性，是个体心理的一个重要方面，一般涉及

城市轨道交通客运服务心理学（第3版）

气质、性格和能力。

1.气质

气质是指个体生来就具有的心理活动的动力特征。例如,婴儿一出生就会有神经活动类型的差异:有的非常爱哭,哭声嘹亮,但被人一逗弄马上喜笑颜开;有的比较安静,会默默地关注别人的行为。

2.性格

性格是指个体对现实的稳定态度和习惯化的行为方式。例如,有人细致认真,有人粗心大意;有人大胆活泼,有人胆小谨慎;有人霸道蛮横,有人温和顺从。

3.能力

能力是指个体顺利地完成某种活动所必须具备的心理特征。例如,有人学得快,有人学得慢;有人善于观察整体,有人善于记忆细节;有人善于动手操作,有人善于文字写作。这些都是能力上的差异。

正是因为有了个性心理特征,某一个体才得以和其他个体区分开来。

心理过程和个性心理是个体心理最重要的两个方面,也是心理学主要的研究领域。这两个方面不是割裂的,而是互相联系、互相依存的,比如,需要和动机会推动人们去认识世界,在认识世界的过程中人们会建立各种人际关系,并产生各种情绪体验。对这些情绪体验的认知会让人们产生对这个世界基本的看法和观点,形成个体的个性心理特征,而这些个性心理特征又会影响个体对世界的认知。

单元1.3　心理现象和行为

一、行为的含义

行为是指个体的反应系统,由一系列的反应动作和活动构成,如走路、坐车、跑步、打游戏、写字、看书、吵架、哭泣、看电影、谈话等都是行为。有些简单的行为,不需要太多的能力和努力就能做出,也没有较大的个体差异,如摇头、眨眼睛、走路等;而有些行为则有比较大的个体差异,如驾驶飞机、跳舞、唱歌等。

行为是由一定的刺激产生的,引起行为的内因、外因被称为刺激。外因刺激包括光线、声音、气味等,内因刺激包括感知觉、需要、动机、性格差异、语言等。

二、心理现象与行为的关系

行为不同于心理,但是又和心理有着密切的关系。外界的刺激通常需要个体心理现象作为中介来发挥作用。比如,外界的光线、声波、气味需要通过感知觉系统才能被个体看到、听到、闻到,由于能力差异,个体对颜色、声音和气味的感知程度会不一样;

由于个性特点差异,个体对不同的颜色、声音和气味的反应也不一样,有人喜欢,有人讨厌。

个体的心理现象又需要行为来体现,否则别人就无法了解其心理活动和个性特点。比如,一个人的能力是通过他组织一个活动、完成一件事情的效果来体现的,而不是通过他的外表体现的。

个体的复杂与其心理活动的复杂息息相关。同一行为背后可能有不同的心理现象,比如同样是吃东西,原因既可能是感到饥饿、感觉到冷、觉得紧张,也可能是无聊,或者是为了填补心灵的空虚;而同一心理现象背后的行为也千差万别,比如同样是情绪紧张,有人表面上若无其事,有人一次次地去厕所,有人手脚、声音都发抖,有人满头大汗。

心理文摘1-3

机器能理解人类情感吗?

情感计算就是让机器能懂人的感情。1995年,心理学教授彼得·沙洛维开展了与情感计算相关的研究工作。沙洛维的研究旨在通过识别人类的情感信号,开发出能够感知、理解并智能响应这些情感的计算机系统。他的工作为计算机科学领域增添了一个全新的研究方向,核心思想是让计算机不仅能够理解人类的命令,还能感知人类的情感状态,使人机交互变得更加自然和生动。

以银行服务为例,情感计算能通过分析你在手机应用上的操作(如按屏幕的频率和力度),猜测你现在的心情。如果它发现你按得太频繁或太用力,可能就会意识到你在使用这个应用时遇到了麻烦。这样一来,银行就能及时改进其应用,让你用得更顺心。在教育和健康领域,情感计算的表现也十分出彩。在教育领域,它就像一个细心的助教,能通过分析学生的面部表情和身体语言来了解他们的情绪和学习动力,教师通过这项技术可以知道谁需要额外的关注或者谁已经掌握了课程内容。这不仅让教学更加个性化,还能提高学习的效率。在健康领域,尤其是心理健康方面,情感计算更是扮演了关键的角色,它帮助医生监测患者的情绪变化,使医生更好地了解患者的情绪状态,成为早期诊断心理疾病如抑郁症的重要工具。例如,在心理咨询中,一个能够感知情绪变化的系统可以提示医生关注患者可能的心理问题,从而提供更加精准的治疗方案。一些公司利用这项技术为员工提供心理健康评估,甚至自助干预服务。这些先进的方法可以帮助人们及时发现和处理心理健康问题,大大降低了工作环境中的风险。在这个科技高速发展的时代,情感计算不再是冷冰冰的机器运算,它赋予机器一种接近人类的敏感性和直觉。通过分析人们的面部表情、动作甚至语气、语调,情感计算相关设备能"猜出"人们的心情,识别潜在危险和异常情况。

(资料来源:苗晶良、王国强,《探索"感知心灵机器"的历史足迹》,《张江科技评论》2024年第1期)

三、心理现象的研究方法

心理现象是一种主观精神现象,心理学上称其为"黑箱子",它看不见,摸不着,却又实实在在支配着我们的活动(图1-4)。行为是心理现象的外显,感知觉需要通过行为来反映,如光线太强我们会戴上墨镜,声音太大我们会捂住耳朵。动机需要通过语言或行为来体现,情绪与情感需要通过行为来表达,个性能力需要通过行为来体现。因此,在心理学的研究中,通常会以行为为指标来反推心理过程。

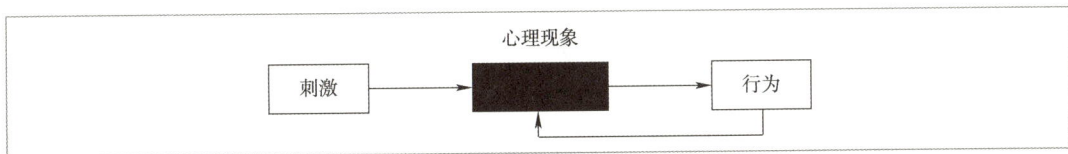

图1-4 刺激-行为关系图

行为可以运用客观的方法进行观察和测量,可以通过对人的行为的客观记录、分析和测量来推论个体的心理规律,这是心理学研究的基本方法。比如,通过对双生子行为的观察来分析性格是天生的还是后天养成的;通过在热闹的街头创设求助情境来观察行人是否伸出援助之手研究"责任扩散"现象;通过对地铁乘客聚集的地点、拥挤的原因进行观察分析,寻找规律,从而提出相关问题的应对方法。通过研究行为推测心理过程的方法主要有观察法、调查法和实验法。

(一)观察法

观察法是指研究者根据一定的研究目的,用自己的感官和辅助工具直接观察研究对象,从而获得资料的一种方法。例如,通过观察学生的上课表现来判断课程的吸引力,通过观察学生的课外活动表现来判断学生的人际关系模式。观察法适用于无法对被观察者进行控制,或者控制会影响其行为表现或有碍于伦理道德的情境。

比如,我们很难设置情境去控制乘客的行为,但可以通过观察来了解乘客使用城市轨道交通的真实行为:某乘客多次尝试刷车票进站,可闸机一直未打开,引起小范围拥堵,乘客到售票处加磁后,顺利通过闸机;某乘客通过观察线路标志牌,成功进站;某乘客携带折叠自行车过闸机很费劲;某乘客在车厢里拿着垃圾,找不到可以扔的地方,一路拿到下车;某乘客在车厢里阅读墙壁上贴的英文诗;某乘客向另一个乘客问路,旁边的其他乘客也来帮忙;某乘客边吃早餐边进站;某乘客在看自己携带的地图;某乘客候车时看书;某乘客挤到车厢门口等待下车;车厢内一群乘客或站着或坐着聊天……

对这些真实的行为进行分类、归纳、整理,能够了解乘客的心理特点,然后提出针对性的服务改进措施。为了获得正确的资料,避免观察的主观性和片面性,在使用观察法时需要遵循以下几个原则:

(1)观察必须有明确的目的。对观察的目的做好明确的界定,制订计划,按照计划进行观察。比如有乘客反映某地铁站检票闸机口经常拥堵,则制订的观察计划应是在运行期间观察闸机口的拥堵情况,观察目标是闸机在什么时间、由什么人使用的情况下会拥堵,然后根据观察结果来制定应对措施。

（2）观察必须是系统的，而不是零星、偶然的。观察检票闸机口拥堵不能将偶然看到的一次拥堵作为观察结果，而是需要对不同时段、不同使用者等条件进行系统观察。

（3）应在被观察者处于自然状态时进行观察。如果乘客发现有人在观察或记录他们使用闸机的过程，很可能会影响自身的行为状态，从而影响观察结果的客观性。

（4）将观察到的行为事实记录下来，区分"描述"与"解释"，如果能用录像机、录音机等记录，效果会更好。

观察法是搜集资料的初步方法，也是城市轨道交通客运服务人员在提升服务质量时可以采用的方法，但需要注意的是，观察法积累的资料只能说明"是什么"，而不能解释"为什么"，所以要对观察到的资料进行进一步分析才能指导服务行为。

（二）调查法

调查法是指以提问题的方式，要求被调查者就某个或某些问题阐述自己的想法。调查法可以探讨被调查者的个体变量，如年龄、性别、受教育程度、职业、经济状况等与他对问题的态度、期望、信念、行为选择之间的关系。调查法可以分为书面调查法和口头调查法两种。

1. 书面调查法

书面调查法即问卷法，是指研究者根据研究的要求设计问题，让被调查者自行填写而搜集资料的一种方法。问卷法的优点是覆盖面广、能够快速搜集大量资料；缺点是只能得到被调查者对问题相对完整的答案，且回答的真实性难以保证。要想得到一份有效的问卷，在设计时应注意以下几点：

（1）问卷设计要切合调查目的。比如，调查目的是了解乘客对某项服务的满意程度，那么所有题目的设计都要为这一目的服务。

（2）问卷的问题要适合调查对象。比如，问卷中一般不能出现生僻的字词，以免出现调查对象误解或不理解的现象。

（3）问卷的填写和使用要方便。在网络广泛普及的今天，完全可以通过网络发放问卷，收集信息。

2. 口头调查法

口头调查法即访谈法，是指研究者向被调查者提出预先拟好的问题，比如"您平常会因为什么原因选择乘坐地铁?""您乘坐地铁时都有什么样的需要?""您对今天的乘坐是否满意?""最满意的地方是什么?""我们的服务还需要在哪些方面改进?"以一问一答的形式进行调查。

要提高访谈法的调查效果，除了要创造坦诚和信任的良好气氛使被调查者放心坦言之外，还需要研究者有良好的准备和训练，预先拟好问题，尽量使访谈标准化，使记录指标的含义保持一致，这样才能对结果进行客观的分析和概括。

与问卷法相比，访谈法有如下优点：

（1）可以面对面地与被调查者交谈，能够提高被调查者对问题的理解程度。

（2）能够根据被调查者的反应随机应变提出问题，有可能额外获得有价值的信息。

(3)可以通过不同的问题来考察被调查者回答问题的真实程度。

访谈法的缺点是比较费时费力,对研究者的要求较高。

(三)实验法

实验法就是在控制条件的情境下,通过系统地操纵某种变量的变化来研究此种变量的变化对其他变量产生的影响。由实验者操纵变化的变量称自变量或实验变量,由实验变量引起的某种特定反应称因变量。在实验中,实验者应系统地控制和变更自变量,客观地观测因变量,然后考察因变量受自变量影响的情况。因此,实验法不仅能回答"是什么",而且能进一步回答"为什么"。

实验法可以分为自然实验和实验室实验两种方法。自然实验也叫现场实验,是在实际生活情境中对实验条件做适当控制所进行的实验。如案例 1-1 沙河地铁站可以运用自然实验法来测查不同位置、大小、字体的引导标识对乘客搭乘地铁流程的影响,从而寻找最佳的引导标识设置方式。

实验室实验要严格控制条件并借助一定的仪器设备才能进行。比如,为了研究哪种指示图能更快地让乘客找到相应的站点和位置,可以设置条件相当的不同乘客组,每组乘客观看不同的指示图,然后计算每组乘客寻找相应站点和位置的时间,最后确定最佳的指示图。

心理文摘 1-4

双生子爬梯实验

科学家曾经做过一个著名的实验:让一对双胞胎练习爬楼梯。其中一个(代号为 T)在出生后的第 46 周开始练习,每天练习 10 分钟;另外一个(代号为 C)在出生后的第 53 周开始进行同样的练习。两个孩子都练习到满 54 周的时候,T 练了 9 周,C 只练了 2 周。

这两个孩子哪个爬楼梯的水平更高一些呢?大多数人会认为练了 9 周的 T 比只练了 2 周的 C 水平高。但是,实验结果出人意料——只练了 2 周的 C 的爬楼梯水平比练了 9 周的 T 高——C 在 10 秒内可爬上特制的五级楼梯的最高层,T 则需要 20 秒才能完成。

科学家分析说,其实 46 周就开始练习爬楼梯为时尚早,孩子没有做好充分的准备,所以训练只能取得事倍功半的效果;53 周开始爬楼梯,这个时间就非常恰当,孩子已经做好准备,所以训练就能达到事半功倍的效果。

这个实验给我们的启示是:在人尚未成熟之时,要耐心地等待,不要违背人自然发展的规律和内在"时间表"而试图人为地通过训练来加速人的发展。

(资料来源:http://blog.sina.com.cn/s/blog_b337e0c40101b446.html)

实训任务

请完成实训任务 1:探索乘客心理现象对行为的影响。见本教材第 177 页配套实训活页。

❈ 课后交流

1. 心理学的定义和研究目标是什么？
2. 你会通过什么线索来判断他人的心理特点？
3. 行为会表现出性别差异吗？
4. 心理学有哪些主要的研究方法？
5. 你还关心哪些心理学方面的问题？

城市轨道交通客运服务心理学（第3版）

认识城市轨道交通客运服务

学习目标

1. 了解服务的基本含义、特征。
2. 理解城市轨道交通客运服务的基本要求与素质要求。
3. 掌握城市轨道交通客运服务心理学基本内容。

内容结构

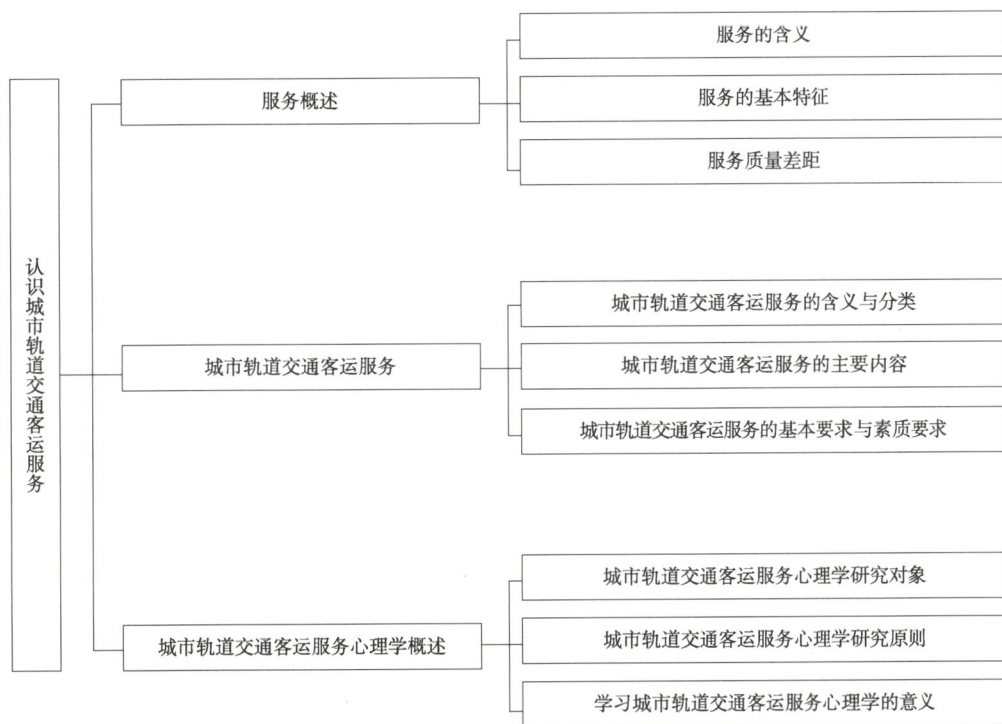

认识城市轨道交通客运服务
- 服务概述
  - 服务的含义
  - 服务的基本特征
  - 服务质量差距
- 城市轨道交通客运服务
  - 城市轨道交通客运服务的含义与分类
  - 城市轨道交通客运服务的主要内容
  - 城市轨道交通客运服务的基本要求与素质要求
- 城市轨道交通客运服务心理学概述
  - 城市轨道交通客运服务心理学研究对象
  - 城市轨道交通客运服务心理学研究原则
  - 学习城市轨道交通客运服务心理学的意义

为乘客提供特色服务，温暖乘客回家的路

春节期间，为方便乘客乘地铁赶火车、飞机，天津各地铁枢纽站重点加强非早晚高峰时间段的客流组织工作。车站不仅为乘客提供咨询

图 2-1　客运服务人员为乘客提供咨询服务

（图 2-1）、失物招领、天气预报、广播寻人、列车时刻表、爱心伞、针线包等常规服务，还根据外地乘客众多、车站构成复杂、客流量大等特点，为乘客提供以下特色服务，温暖乘客回家的路：

（1）随时找零。乘客在自动售票机购买车票时，往往会遇到零钱不足的问题，为此客运服务岗每天准备两个零钱袋，每个袋子里备 200 元零钱。

（2）旅游指南。为乘客准备天津地图或旅游指南。

（3）行李打包。为带行李的乘客预备尼龙绳、透明胶带和剪刀，以便乘客捆绑行李。

（4）援助服务。乘客进出站如遇问题，可按铃求助，客运服务人员将第一时间赶到现场为乘客提供帮助。

（5）指路服务。遇到乘客问路，工作人员会提供最优线路，并告知预计到达时间。

（6）售票保障。为保证春节期间下飞机的乘客顺利乘地铁回家，滨海国际机场地铁站派专业维修人员长期驻守，保证机器正常运转，同时，车站客运服务中心全时段开放人工售票。

（7）预付值车票。滨海国际机场地铁站客运服务中心提前准备了到天津站的预付值车票，方便乘客快速购票进站。对于团体购票进站的乘客，车站还提供预约服务。

（资料来源：http://jiangsu.china.com.cn/html/2016/tjnews_0204/3903709.html）

思考：

（1）案例中的天津地铁为乘客提供了哪些特色服务？

（2）温暖贴心的地铁服务会给乘客带来怎样的心理感受？

地铁里，那些匆匆往来的身影，或追逐梦想，或回家心切，人潮涌动、拥挤不堪都无法阻挡人们在城市中创造美好生活的热情。客运服务人员亲切友好的服务，无疑为流动的城市增添了无限暖意。有乘客如此描述："每天挤地铁上下班其实挺辛苦，但地铁便捷周到的服务让人感受到了温暖。候车时，有服务人员提示怎么换乘；乘坐时，车厢干净整洁……尽管都是平常事儿，但让人舒服。"

高品质的客运服务将传递更多的温暖，温暖每位乘客的旅途……

单元 2.1 服 务 概 述

一、服务的含义

1960 年,美国市场营销协会(American Marketing Association,AMA)将服务定义为:"用于出售或者是同产品连在一起进行出售的活动、利益或满足感。"

菲利普·科特勒(Philip Kotler)将服务定义为:"一方能够向另一方提供的基本上是无形的活动或利益,并且不导致任何所有权的发生。它的生产可能与某种物质产品相联系,也可能毫无联系。"

我国国家标准《服务标准化工作指南》(GB/T 15624—2011)将服务定义为:"服务提供者与顾客接触过程中所产生的一系列活动的过程及其结果,其结果通常是无形的。"

《现代汉语词典》中"服务"词条的解释为:"为集体(或别人)的利益或为某种事业而工作。""服务业"词条的解释为:"国民经济中在流通、生产生活、科学文化教育、社会公共需要等领域提供各种劳务的部门或行业。"也就是说,服务就是为方便人所进行的工作。

从服务的有关定义可以看出其具备以下三层含义:

(1)服务是围绕顾客进行的,目的是满足顾客的实际需要。

(2)服务需要与顾客有或人员或物的接触。

(3)服务的内容是服务提供方的一种活动。服务产生于人、设备、设施与顾客之间的相互作用,并由此形成一定的活动过程。

二、服务的基本特征

相比于有形产品,服务具有以下五个方面的基本特征。

(一)无形无质性

服务最显著的一个特征就是无形无质性。服务虽然既看不见也摸不着,但是却能被感受和体验到。城市轨道交通客运服务是满足乘客需要的活动,是通过服务人员与乘客之间的交往而实现的,是以劳动的形式提供给乘客的。例如,在案例 2-1 中,天津地铁为乘客提供了咨询、失物招领等多项服务,使乘客直接感受和体验到出行路上的温暖。

(二)供需双方不可分离性

服务的过程必须由服务的提供者与被服务者同时参与,否则不能构成服务。也就是说,被服务者只有加入服务的生产过程才能享受到服务,供需双方在时间和空间上都是不可分离的。例如,乘客只有在选择城市轨道交通出行时,才能享受到相应的客运服务。

（三）差异性

服务产品无法像有形产品那样实现标准化,服务的差异性可能源于客运服务人员服务素质的不同,也可能受乘客本身个性特点的影响。即使是同一个服务人员,受心理状态、服务类别等因素的影响,向同一个乘客提供的服务也可能存在一定的差异性。

（四）不可存储性

服务产品因无形而无法像有形产品那样存储。服务提供的时间、地点和方式决定了服务的即时性和不可存储性。也就是说,因为服务产品的无形性和不可存储性,它在生产的同时即被消费。

（五）与所有权转移无关

在服务的生产和消费过程中不涉及任何物品的所有权转移,乘客得到的是客运服务人员提供的劳务服务。

三、服务质量差距

（一）服务质量概念

服务质量是指服务满足规定或潜在需要的特征和特性的总和。无论是对有形产品的生产企业还是服务业企业,服务质量都是其在竞争中制胜的法宝。服务质量的内涵与有形产品质量的内涵是有区别的,消费者对服务质量的评价不仅依据服务的结果,而且涉及服务的过程。服务质量应被消费者识别,需要得到消费者认可。

（二）服务质量要素

服务质量的要素包括五个方面:可靠性、响应性、保证性、移情性和有形性。

（1）可靠性:指可靠、准确地履行服务承诺的能力。可靠的服务行为是顾客所期望的,意味着服务以一定的方式无差错地准时完成。

（2）响应性:指迅速有效地提供服务,帮助顾客实现愿望的特性。服务传递的效率还从一个侧面反映了企业的服务质量。如案例 2-1 中天津地铁客运服务人员能够及时、积极主动地对乘客的请求、询问、投诉等进行处理,反映了天津地铁优秀的服务质量。

（3）保证性:指服务人员所具有的知识、礼节以及表达自信和可信的能力。服务质量的保证性增强了顾客对企业服务质量的信心和安全感。当顾客与一位友好、和善且学识渊博的服务人员打交道时,他会认为自己找对了企业,从而获得信心和安全感。友好的态度和胜任工作的能力是缺一不可的。服务人员缺乏友善的态度会使顾客感到不快,专业知识薄弱也会令顾客失望。保证性的衡量标准包括完成服务的能力、对顾客的礼貌和尊敬、与顾客的有效沟通、将顾客最关心的事放在心上的态度。

（4）移情性：指设身处地为顾客着想并且对顾客给予特别的关注。移情性包括接近顾客的能力、敏感性和有效地理解顾客需求。

（5）有形性：指有形的设施、设备、人员和沟通材料。有形的环境是服务人员给予顾客更细致的照顾与关心的有形表现。

顾客从以上五个方面将预期的服务和接受的服务作比较，最终形成自己对服务质量的判断。期望与感知之间的差距是服务质量的量度，从满意度看，它既可能是正的也可能是负的。

（三）服务质量差距模型

测量服务期望与服务感知之间的差距是服务企业了解顾客反馈的经常性过程。图 2-2 是服务质量差距模型，顾客的服务期望与服务感知间的差距被定义为差距 5，它受到与服务传递过程相关的其他 4 个差距的大小和方向的影响。

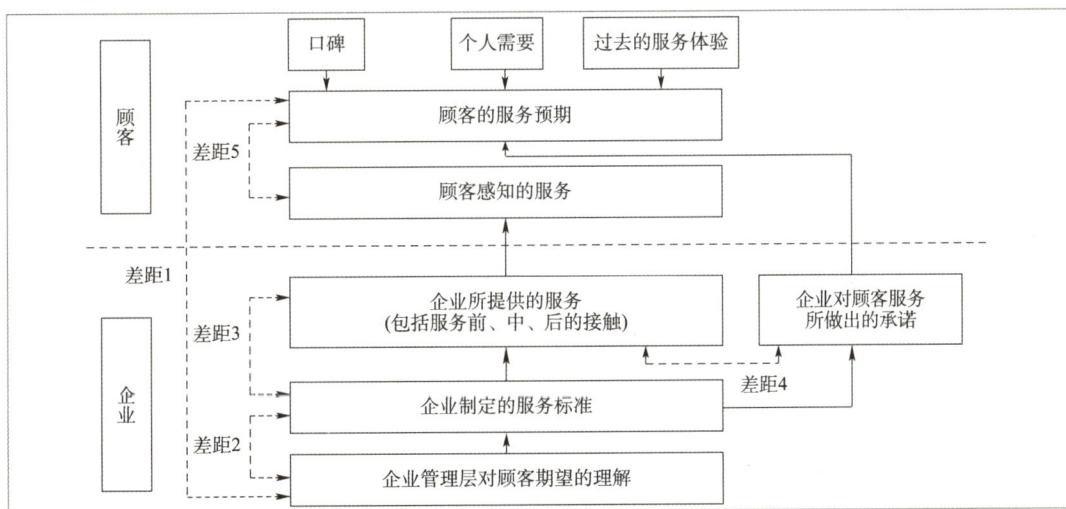

图 2-2　服务质量差距模型

差距 1：指顾客期望与企业对这些期望的感知之间的差距。导致这一差距的原因是企业对顾客如何形成期望缺乏了解。顾客期望的形成来源于广告、过去的经历、个人需要和朋友介绍等。缩小这一差距的战略包括改进市场调查、增进管理者和员工间的交流、减少管理层级、缩短与顾客的距离。

差距 2：指由企业管理层没有制定能满足顾客期望的服务质量目标并将这些目标转化成切实可行的标准而造成的与顾客期望的差距。造成这一差距的原因是管理者缺乏对服务质量的支持，认为满足顾客期望是不可实现的。设定目标和将服务传递工作标准化可弥补这一差距。

差距 3：指服务绩效的差距，即实际服务过程没有达到企业制定的标准。许多原因会导致这一差距，如缺乏团队合作、员工招聘问题、训练不足和工作设计不合理等。

差距 4：指实际传递的服务和对外沟通间的差距。导致这一差距的原因可能是对外沟通人员做出了过度的承诺，而又没有与一线的服务人员很好地沟通。

服务质量的评估是在服务传递过程中进行的。顾客可以通过比较感知的服务与期望的服务来进行服务质量的评估。当感知与期望一致或超出期望时，服务被认为具有质量，顾客会表示满意；当服务没有达到期望时，服务注定是令人不满意的。

案例 2-2

"六心"服务法，舒心给乘客

——记上海地铁运营有限公司客运二分公司世纪大道站

地铁设备出故障，乘客不满怎么办？外宾问询，不会讲英语怎么办？遇到此类问题，日均客流量 20 万人次的换乘枢纽世纪大道站有应对之策——"六心"服务法，即真心、细心、热心、耐心、虚心、诚心。这套经过长时间摸索总结出的"六心"服务法也是世纪大道站营造温馨和谐乘车环境的独门法宝。

走进 1 号口站厅，一间标着"爱心小屋"字样的温馨候车室引人注目。房间里摆放着阅报栏、换乘指南，桌子上的"百宝箱"里装着纸巾、风油精、充电器等物品，抽屉里备有乘客留言簿和意见簿，房间一角还摆放着一道可折叠可推拉的简易屏风。不少母亲曾在屏风后哺乳婴儿，这一人性化服务设施帮不少乘客解决了一时的不便。

在乘客有困难时，尽力提供热情周到的服务，让乘客感觉舒适贴心，这是热心服务法。身披"主动巡视服务"红缎带的巡视服务员是站厅一道亮丽的风景线：乘客不熟悉设备或者所带钱币过旧，"红缎带"主动上前指导乘客购票或兑换钱币；乘客站在地图前找不到路，"红缎带"主动上前询问，指明方向；乘客身体不适，"红缎带"及时关怀，并细心照顾。

每月一次的"站长接待日"也是创新服务理念的特色举措。接待日站长与乘客面对面沟通，虚心倾听乘客心声，第一时间把乘客反馈的信息向有关部门汇报，车站对有条件、有能力解决的问题立刻整改。耐心解答从站长做起，在为乘客服务时，要耐心、细致、不厌其烦，让乘客得到满意答复。

世纪大道站位于小陆家嘴中心，附近商务楼和旅游景点多，外国乘客也多。为此，车站开展了双语培训活动，请英语基础好的员工当老师，还组织员工参与英语角活动，与外国友人进行交流和沟通。每天上岗之前的班前会上，员工会利用 10 ~ 15 分钟时间学习操练实用英语。员工的英语水平明显提高，每一位服务人员都能熟练地与外国乘客沟通。

此外，客运服务人员在工作岗位上用发自内心的微笑真诚地迎接乘客，热爱自己的工作岗位，一改"乘客让我服务"的观念为"我要为乘客服务"，用真心待客。为乘客服务要有一颗诚心，要把乘客当作自己的家人，用自己的诚心换取乘客的舒心。

如今，"六心"服务法已落实到世纪大道站每位员工的日常工作中。

（资料来源：https://www.chnrailway.com/news/20090203/0203253608.html）

单元 2.2 城市轨道交通客运服务

一、城市轨道交通客运服务的含义与分类

(一)含义

城市轨道交通客运服务也称地铁客运服务，根据服务的基本含义，其是指城市轨道交通

运营企业提供的、为满足城市轨道交通乘客出行需求而进行的具体工作,是实现乘客与城市轨道交通运营企业互惠互利、良性互动的过程。

优质的城市轨道交通客运服务,可以让乘客产生温暖舒适的,被了解、被关注、宾至如归的美好感受,并由此达到让乘客渴望再次乘坐的效果,可以为城市轨道交通运营企业赢得社会效益和经济效益。

(二)分类

城市轨道交通客运服务分为硬件服务和软件服务两大类。

(1)硬件服务:指物的因素,即地铁的硬件设施,主要包括地铁的外形建筑、设备设施,如半自动售票机、检票闸机、广播设备、车站导向标识、自动扶梯、卫生间设施、乘客座椅、公用电话、果皮箱等。

(2)软件服务:指人的因素,即地铁的软件,是客运服务人员为乘客提供服务的真实瞬间,包括客运服务人员利用硬件设施并通过姿态、语言、表情、行为举止表现出来的对乘客的欢迎、尊重、友好、关注,以及体现出的严谨认真的服务精神、乘客至上的服务意识、热情周到的服务态度、丰富的服务知识、灵活的服务技巧、快捷的服务效率等。

城市轨道交通客运服务提倡把无形服务有形化,即通过客运服务人员的仪容仪表、礼仪礼节等各方面展现出来,并通过车站优美的环境、良好的服务设施设备、辅助的服务项目表现出来。

二、城市轨道交通客运服务的主要内容

城市轨道交通客运服务主要包括以下十个方面的内容:

(1)运输效率:指平均乘车距离、服务范围、发车频率、运输能力、乘坐适合性(如对老人和儿童等)与可靠性。

(2)时间效率:指营运时间、轨道列车的正点率、平均行车时间、乘客平均换乘时间等。

(3)信息服务:指及时向乘客提供有效、可靠的信息,包括运行时间、线路图、时刻表、动态信息、客流信息、安全信息等一般信息,事故、故障、事件等非正常状态信息,以及投诉、建议及其处理意见等城市轨道交通互动信息等。

(4)换乘服务:包括步行、自行车、汽车、公交车等交通方式(工具)与城市轨道交通之间的换乘,以及城市轨道交通内部的换乘等。

(5)服务设施:指服务设施的舒适性及附加服务设施(如卫生间、通信设施、商业和娱乐设施)安排到位等。

(6)安全与治安:指事故预防、治安设备、紧急情况预案和应急响应等。

(7)运营环境:指通风、减振、降噪、除尘、清扫垃圾、防止电磁辐射与电磁干扰等。

(8)乘客关怀:指向乘客提供舒适或适宜的候车和乘车环境;提供给残疾人、老人、儿童、体能障碍者使用的设施设备;提供询问、投诉、赔偿服务;保证乘客拥有乘车、购票等的选择权,充分考虑和关心不同乘客的需要(如为坐轮椅乘车的乘客提供帮助);服务人员保持良好的精神状态,掌握服务技能,并具有一定的服务变通能力。

(9)企业服务承诺:城市轨道交通客运服务部门应就其服务情况向乘客做出承诺,并通

过多种途径和方式向乘客和社会公布;在出现意外情况或特殊情况引起服务内容和质量变化时,要采取服务声明的方式向乘客公示或向社会公布。

(10)乘客权益的保护:城市轨道交通客运服务产品的消费者是乘客,需保护其权益。

案例 2-3

宁波地铁实施首问责任制规范客运服务

宁波地铁1号线作为一项民生工程,在营造舒适出行环境的同时,还通过站务人员努力改进工作,为市民提供更多、更好的服务。

"根据乘客意见,目前各站都增加了轮椅垫板,有需要的乘客可以跟站务人员联系。"东门口站郑站长说。宁波轨道交通通过服务热线、车站意见簿等多渠道积极收集市民意见和建议,涉及行车安排、客运服务、票价票卡、设施设备等几大类,客运服务人员对其逐一进行了梳理和分析,对其中的合理化建议,正抓紧制定措施落实。

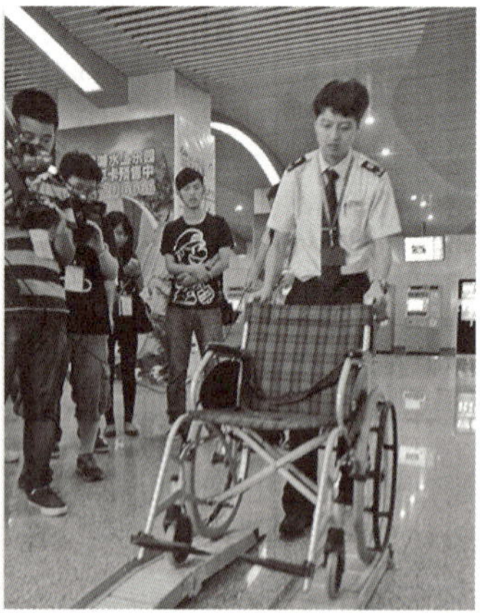

"1号口往右转,直走两分钟就到。"东门口站站务员细心地回答乘客提出的问题。站务工作是与乘客接触最多的一项工作,包括接受问询、票卡处理、指路、应急售票等,站务工作的好坏,直接关系到乘客对地铁服务评价的好坏。对老弱病残孕等特殊群体,工作人员接到求助后会及时到达现场进行帮助,进出车站由工作人员接力完成服务,确保特殊乘客安全乘车等。如图2-3所示,客运服务人员正在展示新增的轮椅垫板。"我们实施首问责任制,即站务人员接受乘客问询时,必须负责到底,不能互相推诿。"郑站长说。

图2-3 客运服务人员展示新增的轮椅垫板

(资料来源:http://news.cnnb.com.cn/system/2014/06/25/008096647.shtml)

三、城市轨道交通客运服务的基本要求与素质要求

(一)基本要求

随着城市轨道交通的快速发展,现代轨道交通客运服务已经走进千家万户。城市轨道交通运营企业员工应勇于承担企业、个人的责任,为南来北往的乘客提供周到优质的服务。英文SERVICE的七个字母内涵丰富,分别代表城市轨道交通客运服务的七点基本要求:

(1)S——smile(微笑)。客运服务人员应该为每一位乘客提供微笑服务,这是最基本的轨道交通客运服务要求。

(2)E——excellent(出色)。客运服务人员应将每一个服务程序、每一个微小服务工作都做得出色,获得乘客称赞。

(3)R——ready(准备好)。客运服务人员应该随时准备好为乘客提供服务,不怠慢、不

拖延。

（4）V——viewing（看待）。客运服务人员应该将每一位乘客看作需要提供优质服务的贵宾，平等对待每位乘客。

（5）I——inviting（邀请）。客运服务人员在每一次接待服务结束时，都应该拿出诚意，邀请乘客再次光临。

（6）C——creating（创造）。每一位客运服务人员都应该想方设法精心创造出使乘客能享受其热情服务的氛围。

（7）E——eye（眼光）。每一位客运服务人员都应该始终以热情友好的眼光关注乘客，理解乘客心理，满足乘客要求，及时提供合理有效的服务，使乘客时刻都能感受到客运服务人员在关心自己。

案例 2-4

京港地铁多措并举，打造城市轨道交通运营服务品牌线路

京港地铁积极响应交通运输部关于打造"运行更安全、设施更完善、出行更便利、乘客更满意、特色更突出"的城市轨道交通服务品牌线路的号召，扎实推进品牌线路创建工作。

京港地铁始终秉承"安全第一，优质服务"理念，不断提升运营安全表现，保障乘客安全、顺畅出行。同时，持续推出更多切实有效的服务举措，为乘客提供更优质的出行体验。

京港地铁改造多项设备，增设多项便民服务设施，让乘客出行更便捷。京港地铁所辖各线均已实现无障碍设施及自动体外除颤器（AED）全覆盖，为乘客提供安全、顺畅的出行环境。同时，通过在西直门站增设行李坡道、在北京南站等多座车站配置多语种翻译机，以及在部分车站设置商铺等便民设施，进一步提升乘客出行体验。

京港地铁推出多项运营服务举措，让乘客出行更顺畅。京港地铁通过创新实践复合交路套跑模式，优化运力配置，并做好常态化延时，方便乘客出行。此外，京港地铁还持续开展"爱心预约"乘车服务和标志标识优化，如放大车站出入口编号标识、张贴"优先使用"标识、优化车厢"爱心座椅"标识，全力打造全龄友好的出行环境。

京港地铁持续开展多元文化公益活动，让乘客出行体验更丰富。京港地铁持续开展"M地铁"系列公益文化活动，通过增设文化主题展览、公益画廊，开展各类主题文化活动等，打造独具京港特色的地铁文化空间，丰富乘客地铁出行体验，同时，通过与沿线学校、社区联合开展活动，提升广大乘客的安全、文明出行意识。

此外，京港地铁积极聆听乘客声音，从乘客需求出发，不断提升地铁整体运营服务水平。未来，京港地铁将不断优化服务细节，以优质、高效的服务推动城市可持续发展。

图 2-4 为京港地铁志愿者指导乘客正确使用自助售票机。

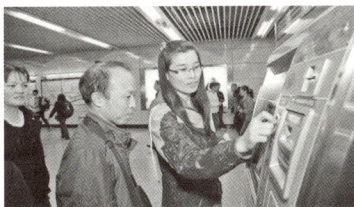

图 2-4　京港地铁志愿者指导乘客正确使用自助售票机

（资料来源：https://www.bjnews.com.cn/detail/171706755519798.html）

(二)素质要求

优秀的城市轨道交通客运服务人员综合素质高,具备良好的职业道德,业务技能过硬,能够主动热情地为乘客服务,维护企业的良好形象,为企业创造效益。

1.思想素质

(1)热爱祖国,热爱城市轨道交通事业,热爱本职工作。

(2)遵守国家法律法规及城市轨道交通运营企业规章制度,自觉维护乘客及企业的合法权益。

(3)尊重乘客的宗教信仰和民族习俗,平等对待所有乘客。

(4)具有高度的工作责任心,诚实守信,尊老爱幼,严于律己。

2.业务素质

(1)肯学习和钻研,掌握较全面的专业知识和专业技能,具有较高的文化素养。

(2)能够运用英语进行日常对话,具备良好的语言表达能力。

(3)工作作风严谨,落实相关标准,服务主动,团结协作。

(4)掌握安全设施设备的使用方法,具备妥善处理突发事件的应急和应变能力。

3.心理素质

(1)了解乘客的不同心理需求及心理特点,掌握相应的服务技能和技巧,主动热情地开展工作。

(2)具备一定的抗压能力,做到宠辱不惊、有礼有节,能够理性正确地处理问题。

练一练

为乘客指路

在城市轨道交通站务人员的日常工作中,很多情况下都需要为乘客指路(图2-5),做手势为乘客指示方向时有一些注意事项,让我们一起来练一练。

图2-5 地铁客运服务人员在为乘客指路

注意:

(1)手臂要从腰边顺上来,五指并拢,切忌五指张开或表现出绵软无力感。

(2)手臂伸直,高度应超过自己的胸部。

(3)视线跟随手指方向,明确地告诉乘客正确的方位。

(4)待乘客离去后,再将手臂收回。

单元2.3　城市轨道交通客运服务心理学概述

城市轨道交通客运服务心理学是研究城市轨道交通客运服务过程中作为主体的客运服务人员及作为客体的乘客个体、群体和组织的心理现象及其变化规律的科学，是将心理学规律应用在城市轨道交通客运服务过程中的一门学科。

一、城市轨道交通客运服务心理学研究对象

(一)城市轨道交通乘客心理

每个乘客生活的环境不同,气质、性格、能力、需要也不同,这些差异会在他们使用城市轨道交通出行时不同程度地表现出来。因此,客运服务人员要研究乘客的感知觉特点,了解乘客的不同动机,以及不同情境下乘客的常见反应,以不同的方式服务不同的乘客,以达到良好的服务效果。

(二)城市轨道交通客运服务人员心理

服务的实施依赖具体的人员,只有优秀的客运服务人员才能为城市轨道交通乘客提供更好的服务。客运服务人员的行为表现是由其个体心理和内在感受支配和决定的,只有尊重城市轨道交通客运服务人员的尊严、个性、情感、追求和发展,才能够发挥他们的主观能动性,增强其对客运服务工作的认同感,改善团队氛围,提升城市轨道交通运营绩效,为城市轨道交通事业创造应有的价值。因此,把握城市轨道交通客运服务人员的心理状态,正确地进行人员配置和优化,解决其心理问题,帮助其缓解心理压力,促进其心理健康,是城市轨道交通客运服务心理学的研究任务。

(三)乘客与客运服务人员交互心理

客运服务人员与乘客是服务与被服务的关系,由此产生的客运服务人员心理和乘客心理都会表现在服务行为中,这两种截然不同又密不可分的心理行为需要协调一致,才能够使服务更为顺利地进行。客运服务人员的任务就是响应和引导乘客,而城市轨道交通客运服务心理学则需对这一过程进行研究,以提供相应的指导方法。

📘 案例 2-5

辞旧迎新布新春，小熊"为您"护平安

2023 年新春佳节,春运路上再现人们拿着大包小包、熙熙攘攘返乡过年的热闹景象。看到如此景象,上海地铁 1 号线上海火车站站的小熊"为您"服务团队"气氛组"悄然上线,为

来往的乘客营造充满浓浓年味的喜庆氛围。

小熊"为您"服务团队积极做好服务台的年味装饰工作,挂拉花、贴窗花、挂迎新挂饰,利用公司下发的年宵花、绿植、蝴蝶兰、福桶等材料,做出一件件别致的作品,大家脸上都洋溢着成就感,帮助车站增添了"心"的年味。年年有"鱼"高高悬挂,元气满满的年宵花相当别致,放眼望去,红彤彤一片,显得格外热闹喜庆,寓意着上海地铁对乘客出行及生活的美好祝愿,大家用自己的巧手为来往乘客带来浓浓的地铁年味,希望年年有余、吉祥如意、万事顺心。

图2-6 上海地铁1号线小熊"为您"服务台

作为直接为广大市民乘客提供服务的窗口岗位,365天"全年无休"的小熊"为您"服务台(图2-6)始终把乘客满意度作为评价服务成效的重要标准。"年"对于大多数人来说是团圆和陪伴,但对于地铁工作者而言更多的是坚持和守护。小熊"为您"服务团队积极策划安排,做好服务、人员防护、宣传三方面工作。团队成员在春运期间全程佩戴面屏、口罩和手套,保障自己和他人的健康;在服务台放置医药箱、一次性杯子、拖鞋、封箱带、暖宝宝、暖脚贴等便民物资,做好爱心轮椅的服务准备,为有需要的乘客及时提供帮助;还将原本的服务做了提升,思考服务、问询等环节存在的问题,并通过班前会、分析会等通报存在的问题,落实整改,预先布岗,确保服务工作不断提升。

2023年春运人数比往年有所增加,地铁的窗口服务工作更不能松懈。小熊"为您"服务团队做好一切准备,以"咬定青山不放松"的韧劲、饱满的精神状态、高度的责任心和使命感投入"春运"运输保障任务,坚守在第一线,为广大乘客出行保驾护航。

(资料来源:https://www.sohu.com/a/634171350121123817)

二、城市轨道交通客运服务心理学研究原则

(一)客观性原则

客观性原则是指对任何心理现象都按其本来面貌加以研究和反映,不附加任何主观意愿的原则。心理是大脑的机能,任何心理活动都是由内、外刺激引起的,通过一系列的生理反应,在人的外部活动中表现出来。因此,在城市轨道交通客运服务心理学的应用过程中,需要以科学研究的结论为行为的依据,而不能采取主观臆测和单纯内省的方法。

(二)关联性原则

人类生活在复杂的自然环境和社会环境之中,个体的心理现象会受到自然和社会诸多因素的影响和制约,人们对某种情境的反应,往往因时间、环境和主体的不同而不相同。比如,在春节期间播映的节目,基本以大红色为主色调,这是时间节点对行为的影响。因此,城市轨道交通客运服务心理学中任何心理学原理的应用除了需要考虑城市轨道交通的情境

外,还要注意联系多种影响因素,为乘客提供恰当的服务。

(三)发展性原则

世界上一切事物都是运动、变化和发展的,行为和心理现象也是如此。城市轨道交通客运服务业是一个发展迅速的行业,一方面需要从发展的角度去看待乘客的心理,另一方面需要贴近时代、与时俱进,只有这样才能从发展的角度把握乘客心理,采取行之有效的服务方法和策略,促进城市轨道交通客运服务业的发展。案例 2-5 中的小熊"为您"服务团队就很好地把握了发展性原则,在工作心态上积极适应,在工作方法上与时俱进,在工作平台上紧跟潮流,因而在城市轨道交通客运服务行业取得了突出业绩。

(四)分析与综合原则

把复杂事物分解为简单的组成部分和把各部分联合成统一的整体,是各门学科深入认识其研究对象的有力手段。城市轨道交通客运服务心理学是一个复杂的系统,可以把内容解析为各种各样的主题进行考察研究,而后将其综合成整体加以理解。比如,本教材的内容分为若干个单元,分别探讨了情绪、需要、个性等心理现象,这就是分析。然后需要将这些个别心理现象综合到乘客身上,才能从整体的角度去理解乘客。另外,分析和综合还指在研究某一种心理现象时,可以分别考察不同条件下这一心理现象的特点,然后对其进行综合,得出这一心理现象的总体特征。

三、学习城市轨道交通客运服务心理学的意义

(一)有助于了解乘客心理,提高客运服务人员的服务水平

城市轨道交通客运服务人员每天都要和大量乘客打交道,他们国籍不同、民族不同、职业不同、年龄不同、性别不同、性格不同、能力不同、需求不同,正是因为这些差异,不同的乘客往往对同一情境有不同的反应,甚至同一名乘客在不同情绪状态或不同的时间、背景下也会对同一情境做出不同的行为反应。客运服务人员只有掌握了乘客的心理活动特点,才能了解乘客为什么有某种行为反应,应该如何提供乘客需要的服务,从而提高服务水平,做到知其然也知其所以然。

(二)有助于提高城市轨道交通运营企业的管理效率和经营水平

城市轨道交通运营企业的运营和发展需要通过具体的员工来实现,而客运服务人员正是提升乘客满意度、树立企业形象的重要代表。学习城市轨道交通客运服务心理学相关知识,可提升客运服务人员的整体素质,为乘客提供更有针对性的服务,创建高效的城市轨道交通客运服务团队,从而提升企业管理效率和经营水平。

(三)有助于城市轨道交通客运服务人员了解自我、完善自我

城市轨道交通客运服务人员作为独立的个体,有自己的性格、情绪和需要,除了与乘客

打交道外,还需要与同事交往互动。因此,客运服务人员了解自己的心理特点及团队合作的模式,有助于提升自身在工作中的归属感,提高心理健康水平,增强团队凝聚力,从而增强工作动机,提高工作效率。

✿ 实训任务

请完成实训任务2:城市轨道交通客运服务质量检测。见本教材第179页配套实训活页。

✿ 课后交流

1. 服务有哪些基本特征?
2. 城市轨道交通客运服务包含哪些内容?
3. 城市轨道交通客运服务心理学的研究对象和研究原则分别是什么?
4. 学习城市轨道交通客运服务心理学有何意义?

模块 2
做好贴心服务

城市轨道交通乘客感知觉心理与服务

学习目标

1. 了解乘客感知觉的概念及特征。
2. 理解影响乘客感知觉的客观因素和心理因素。
3. 了解如何克服不良感知觉因素的干扰,提高客运服务质量。

内容结构

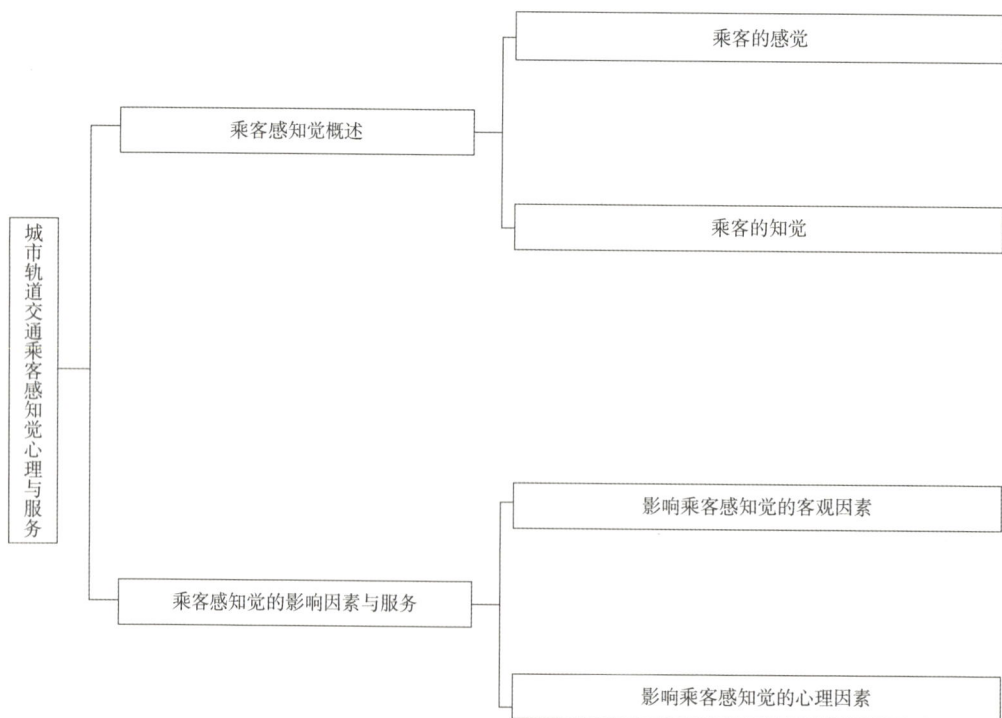

这些高颜值地铁站你去过吗？

北京地铁四通八达，方便了人们的日常出行，"高颜值"的地铁站时常"出圈"，其装修既有古都风韵又有现代元素，一起来看看吧！

地铁 8 号线堪称"地下中轴线"，穿越了天桥一带。天桥地铁站［图 3-1a)］共两层，上层为站厅层，下层为站台层，站台为岛式站台，车站长度为 253.2 米，共设有 4 个出入口。车站装修设计遵循"门中观轴"的总理念，提炼出古都中轴线上标志性古建筑宫殿和城楼中"门"的形式。

环球度假区地铁站［图 3-1b)］颇具设计感，是"高颜值"地铁站。建筑外观上采用了二连拱形屋顶，配以大面积的玻璃幕墙，让自然光线可以投射进站厅层；地铁站的内部以水元素为空间意向，将水波形态通过抽象化的艺术处理，融入空间之中。

乘客一进入房山线花乡东桥地铁站［图 3-1c)］，就会觉得春意盎然，其壁画色彩鲜艳，使人眼前一亮。同时灯光带还恰到好处地提高了照明度，更显得站内具有时尚感和设计感，引得不少乘客停下脚步拍照留念。

（资料来源：https://www.visitbeijing.com.cn/article/47Ql1vODERb）

思考：

（1）为什么要对站台进行专门的研究和设计？色彩、空间对乘客有什么样的影响？

（2）当你乘坐地铁时，有哪些线路、站台的设计让你耳目一新？请谈谈你的感受。

a) 天桥地铁站

b)环球度假区地铁站

c) 花乡东桥地铁站

图 3-1 "高颜值"地铁站示例

单元 3.1　乘客感知觉概述

人们对客观世界的认识是从感知觉开始的，同样，乘客对城市轨道交通客运服务的认识也是从感知觉开始的。

模块 2 ▼ 单元 3 城市轨道交通乘客感知觉心理与服务

一、乘客的感觉

(一)感觉的概念

感觉是人对事物个别属性的直接反映。比如,一个苹果,它的颜色是红的,形状是圆的,气味是清香的,表皮是光滑的,味道是酸甜的,这些都是它的属性。属性包括颜色、气味、形态、味道等,而这些属性作用于我们的感受器官时,就会通过人脑产生颜色、气味、形态、味道的感觉。可以说,在客观现实中,任何一种事物都有多方面的属性。

感觉反映了客观事物的个别属性,也反映了我们身体各部位的活动状态。在城市轨道交通客运服务中,服务人员帮助乘客搬运行李,会感觉到手臂的屈伸、腰部的伸拉、扭动等,随着时间的延续,会感觉到肌肉酸痛和疲劳,若不小心扭到腰或手臂,会感觉到疼痛;长时间的作业中,若未进食、进水,会感觉到饥饿和口渴。

心理文摘 3-1

感觉剥夺实验

1954 年,心理学家进行了首例感觉剥夺实验研究(图 3-2)。他们在付给大学生每天 20 美元的报酬后,让大学生待在缺乏刺激的环境中。具体地说,就是在没有图形知觉(让被试者戴上特制的半透明的塑料眼镜)、限制触觉(手臂上套有纸板做的手套和袖套)和听觉(实验在隔音室里进行,用空气调节装置的单调嗡嗡声代替其听觉)的环境中,静静地躺在舒适的帆布床上。当时大学生打工一小时大约只能挣 50 美分,这让很多大学生跃跃欲试,认为利用这个机会可以好好睡一觉,或者考虑论文、课程计划。但结果却令很多人大跌眼镜:没过几天,志愿者们就纷纷退出。他们说感到非常难受,根本不能进行清晰的思考,哪怕是在很短的时间内注意力都无法集中,思维活动似乎总是“跳来跳去”。更为可怕的是,50% 的被试者出现了幻觉,包括视幻觉、听幻觉和触幻觉。视幻觉是出现光的闪烁;听幻觉是似乎听到狗叫声、打字声、滴水声等;触幻觉则是感到有冰冷的钢板压在前额和面颊,或感到有人从身体下面把床垫抽走。在之后的几天里,被试者出现注意力涣散、不能进行明晰的思考、智力测试的成绩不理想等情况。对脑电波的分析证明被试者的全部活动严重失调,有时被试者甚至出现了幻想(白日做梦)现象。实验证明丰富的、多变的环境刺激是人生存的必要条件,在被剥夺感觉后,人会产生难以忍受的痛苦,各种心理功能将受到不同程度的损伤。这说明人们在日常生活和工作中,无意识地接受了各种刺激,由此形成的各种感觉是很重要的。

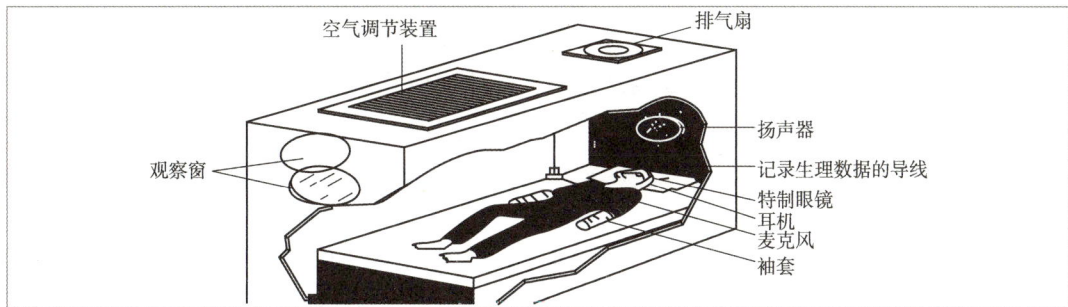

图 3-2　感觉剥夺实验

（资料来源：https：//www. douban. com/note/156054839/？_i = 65000270GePz8q）

（二）感觉的种类

依据感觉反映事物的个别属性的特点，可以把感觉分为两大类：外部感觉和内部感觉。外部感觉包括视觉、听觉、嗅觉、味觉和肤觉；内部感觉接受体内刺激，反映了身体的位置、运动和内脏器官的不同状态，包括运动觉、平衡觉和内脏感觉等。

快节奏的工作和生活，使大多数乘客繁忙地奔波在路上，常常感到疲劳、饥饿、困倦，这很容易使乘客在出行中突发不适，加重平衡觉与内脏感觉的不适感。因此，在城市轨道交通客运服务中，服务人员尤其需要注意，在细心周到地做好服务的同时，还要具备基础的抢救知识和技能。

案例 3-2

乘客晕倒　地铁客运服务人员迅速救助

某日上午 9 时许，一名男乘客突然晕倒在北京地铁 10 号线太阳宫站站台上，地铁客运服务人员迅速前往救助（图 3-3）。乘客表情痛苦，一直说头晕，不能走。地铁客运服务人员随即扶他坐下，端来热水。一位女乘客立刻打电话叫来急救车，另一位女乘客说自己略懂中医，一直帮着给男乘客按摩。刚发现这名乘客晕倒时，他身体有点凉，随后在大家的帮助下症状有所缓解。

地铁经常发生乘客低血糖晕倒或者突发疾病的事件，许多时候是地铁客运服务人员和周围乘客共同施救。

图 3-3　正在被救助的男乘客

（资料来源：http：//www. chinanews. com/sh/2016/01-29/7739600. shtml）

（三）感觉的意义

感觉是人们认识客观世界最基本的形式，是一切复杂心理活动的基础。在感觉的基础上，人们才能进行思维判断，获得更深入的认知。在案例 3-1 中，北京地铁正是因为意识到地铁站厅、站台、墙面等的装饰的色彩、质感、气味既会影响乘客的心情和出行安全，也是客运服务质量提升的基础，所以更加重视车站装修一体化的设计和实施。

案例 3-3

地铁站内环境影响乘客的心理环境

有市民反映，上海地铁徐家汇站 1 号线换乘 9 号线、11 号线的换乘通道内（图 3-4），两侧屏幕播放广告音量较大，噪声扰民。该换乘通道内连续设置多块广告牌，给过往的乘客造成了凌乱、喧哗、浮躁的心理感受；通道内人流密集，左右电子屏幕上动态广告不停滚动播放，加剧了车站空间的喧闹，噪声实测值达到 66.8 分贝，破坏了原本舒适安静的车站氛围，使乘客产生烦躁心理。

图 3-5 是北京地铁 5 号线雍和宫站，其设计主题充满了中国味道。雍和宫站的立柱全部采用正红色，护栏全部用汉白玉雕花制成，雕花护栏错落有致地一字排开，上有龙、牡丹等中国传统纹饰图案。此外，站内的两张巨幅镀金壁画将车站装饰得金碧辉煌，极具东方神韵。雍和宫以及周边建筑蕴含了中华文化的深邃思想，具有很强的民族性，是著名的游览胜地。雍和宫站的设计体现出厚重的文化底蕴，凸显中国味道的同时让乘客远离嘈杂、回归宁静。

图 3-4　上海地铁徐家汇站　　　　图 3-5　包涵文化理念的雍和宫站

（资料来源：https://www.thepaper.cn/newsDetail_forward_27467220，
https://m.sohu.com/a/143590753_354905）

二、乘客的知觉

（一）知觉的概念

知觉是人对事物整体的直接反映，是在感觉的基础上形成的，但绝不是感觉信息的简单组合。感觉和知觉都是客观事物直接作用于人的感受器官并且通过人脑产生的，但感觉只反映事物的个别属性，而知觉反映了事物的整体。感觉是知觉的基础，是知觉的组成部分。知觉对客观事物的反映比感觉更深入、更完整。例如，人们在乘坐地铁时，经常会看到各种行色匆匆的人,其中或许就有眼神闪烁、拿着报纸、哪儿人多往哪儿挤的人,甚至在其他人完全没有防备的时候,还故意靠向他们的身体。在这种情况下,多数人往往不能从这些零散的感觉线索中形成一个完整的知觉;这个人是小偷,但长期坚守在地铁线路一线的民警会根据乘客的体貌、行为特征,迅速判断出哪些是意图行窃的小偷,哪些是正常出行的乘客。

(二)知觉的种类

知觉有很多种,根据知觉所反映事物的不同特性,可将知觉分为空间知觉、时间知觉、运动知觉;根据知觉所凭借的感觉信息的不同来源,可将其分为视知觉、听知觉、嗅知觉、味知觉、触知觉。另外,我们把知觉印象与客观事物不符合的知觉称作错觉。

错觉是人在某种特定条件下对外界事物不正确的、歪曲的知觉。乘客在乘车过程中往往会产生速度错觉、方位错觉、运动错觉、时间错觉、重量错觉等,其中以速度错觉最为典型。多数情况下,乘客会依据自己对外界事物的观察及风声的大小来判断车速。但这不过是一种主观判断,误差较大,且带有明显的倾向性。

错觉与幻觉不同。幻觉指在缺乏真实外在刺激的情境下产生的知觉经验,实际上是用想象的知觉经验代替真实的知觉经验。幻觉的产生并不存在真实的刺激物,是病态心理的表现。错觉的产生存在真实的刺激物,是一种错误的反映,也是正常心理的普遍表现(图3-6)。

图3-6 错觉图片

错觉,尤其是严重歪曲事物形象的错觉,有时会混淆人的视听,干扰人的心智,对认识活动产生消极作用。但只要认识错觉,掌握错觉的规律,就能变消极作用为积极作用。错觉在多个实践领域得到广泛的应用,如军事、化妆、服装、建筑、绘画、摄影、广告、包装、魔术、布景等。

(三)知觉的基本特征

1.知觉的理解性

人在知觉过程中,总是力图赋予知觉对象一定的意义,这就是知觉的理解性。当一个知觉对象出现在我们面前时,我们总倾向于运用已有的知识经验来理解这个对象,将它归于经验中的某一类事物。可见,知觉过程中有思维活动的参与。同时,语言在知觉过程中起着一定的指导作用。例如,起初你并未看出画中的黑点画的是什么,而如果你被告知这画的是一头鹿,鹿的图形会立即成为你的知觉对象,你会觉得画的确实是一头鹿(图3-7)。

2.知觉的完整性

人在知觉过程中,总是倾向于把零散的对象知觉为一个整体,这就是知觉的完整性。在完整性知觉中,对象内部的关系起着重要的作用。例如,一个图形,遮住了它的中间部分,我们仍然可以把它认识完整。当然,完整性知觉离不开个体的经验,经验可以弥补知觉整体中不完整的部分,如图 3-8 所示。

图 3-7 知觉的理解性

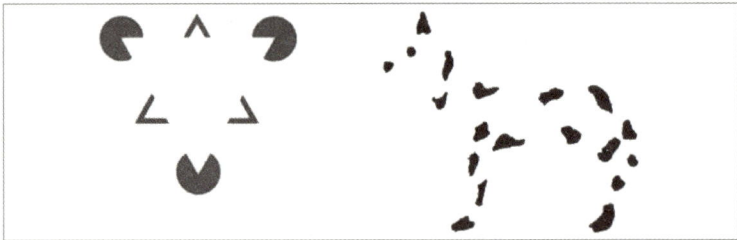

图 3-8 知觉的完整性

3. 知觉的选择性

当我们面对众多的客体时,常常优先知觉部分客体,这就是知觉的选择性。被清楚地知觉到的客体叫作对象,未被清楚地知觉到的客体叫作背景(图 3-9)。影响知觉选择性的因素很多,从客观方面来说,与背景差别较大的、活动的、新颖的客体容易被选择为知觉的对象;从主观方面来说,与个体当前的任务有关、能满足个体需要、符合个体兴趣、个体对其有丰富经验的客体,容易被选择为知觉的对象。

4. 知觉的恒常性

当知觉的条件在一定范围内发生变化时,知觉的映像仍然保持相对不变,这种心理倾向就是知觉的恒常性。也就是说,只要认识了事物,不管在什么条件下,都容易抓住事物的本质。个体的经验是保护知觉恒常性的基本条件,如图 3-10 所示,随着轨道向前延伸,最终在视网膜上视像变成了一个点,但知觉映像不会认为是两条轨道相交了。在视觉范围内,知觉的恒常性有形状恒常性、方向恒常性、大小恒常性、颜色恒常性等。

图 3-9 知觉的选择性

图 3-10 轨道形状恒常性

(四)知觉的意义

知觉是我们对客观事物的简单认识,是各种心理活动的基础,也是我们对客观事物的认知、情感、意志的开始。知觉能促使人们产生需要,并为满足需要进行实践活动。在城市轨道交通客运服务中,乘客只有对服务有一定的体验、感受,才有可能进一步通过思维去认知、认同这种服务,进而形成赞赏和依赖。乘客只有体验到人性化的服务,才能产生强烈的认同感,为塑造城市轨道交通客运服务品牌奠定基础。

左侧竖排:城市轨道交通客运服务心理学(第3版)

做一做

丛林寻宝——视知觉训练

请把每组中与其他元素形状不同的元素圈起来并在后面写上不同元素的个数。

(1)666666666686666666666666666666666866666666866666666666668666668(　　)个。

(2)6666666660666666666666660666666666606666666666666066666666666(　　)个。

(3)8888888838888888883888888883888888888388888888888838888888888(　　)个。

(4)FFFFFFHFFFFFFFFFFHFFFFFFFHFFFFFFFFFFHFFFFFFFFFHFFFFFFFF(　　)个。

(5)GGGCGGGGGGGGCGGGGGGGGCGGGGGGGGGCGGCGGGGGGG(　　)个。

(6)ZZZZZZZZSZZZZZZZZZZZSZZZZZZSZZZZZSZZZZZZZZZZSZZZSZZ(　　)个。

(7)读读读读读渎读读读读读读渎读读读读读读渎读读读渎读读(　　)个。

(8)我我我我我我找我我我我我我我找我我我我找我我我我找我(　　)个。

(9)友友友友支友友友友友友友友友支友友友友友友支友友友友(　　)个。

(10)次次次次次次饮次次次次次次饮次次次次次次次饮次次次(　　)个。

单元 3.2　乘客感知觉的影响因素与服务

在城市轨道交通客运服务中,乘客是一个重要的主体,乘客的感知觉对服务交往有着直接的影响。

一、影响乘客感知觉的客观因素

乘客对客运服务的感知觉,是指乘客通过自己的感官对客运系统的整体知觉。这一整体知觉来源于客运系统的各个方面,包括客运服务的环境,客运服务人员的形象、衣着、谈吐、态度等。

(一)环境因素

(1)服务环境的色彩会对乘客感知觉产生影响。如蓝色表现的是宁静、平和,绿色表现出青春、活力,白色象征纯洁、无瑕,红色使人兴奋、感到喜庆。对城市轨道交通的服务环境而言,色彩搭配很重要,它会使乘客产生不同的感知觉、不同的心理感受。站台大厅以蓝色或绿色为主色调,会给乘客一种整洁、舒适、优雅、宁静、充满希望的感觉(图 3-11)。这些感觉是良好的知觉体验。

图 3-11　整洁的地铁站台

(2)服务环境的温度、声音会对乘客感知觉产生影

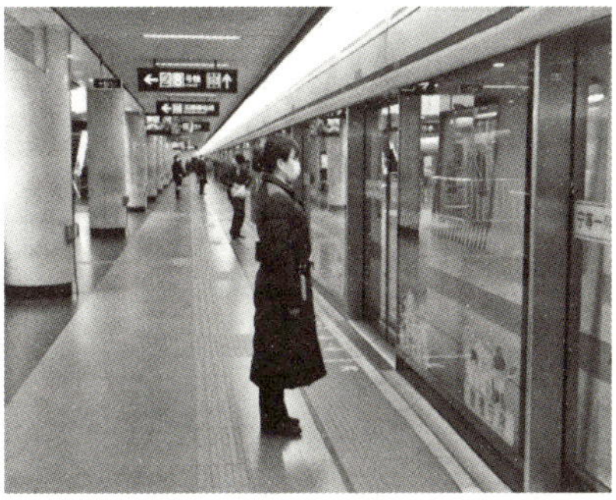

响。温度过高或过低,都会使人注意力分散、心烦、判断力下降。例如,地铁站厅、站台、车厢等地方都应该注意服务环境的温度对乘客感知觉的影响,保持适宜的温度,调节乘客的情绪。

客运服务环境的声音要和谐,广播声音不宜过大,如北京地铁广播声音在45~60分贝之间,否则会让乘客产生不舒服的听觉感受。

(3)服务环境的设施对乘客感知觉的影响。对乘客而言,服务环境的设施是否齐备、方便,会对其心理产生不同的影响。例如,某地铁站因客运服务人员疏于清扫,巨大的载客量使车站过道过于脏乱,密闭的车厢里充斥着各种难闻的味道,不少乘客出现不同程度的身体不适。如此脏乱的环境,使乘客们很生气,以致抱怨站务员服务质量差、地铁价格高、服务"偷工减料"。因此,服务环境差、设施缺乏,会给乘客带来不好的心理感受。同时,若在人流量大的出入口、问询处、安检通道、自助购票机等处标识不清,乘客需要的时候找不到,同样会让乘客产生不愉快、不舒服的感知觉。

(二)时间因素

对多数乘客而言,乘车路线、出发和到达的时间,是决定其乘车满意度的重要因素。调查发现,对于多数乘客而言,避免拥堵、节约时间是选择地铁出行的重要原因。因此,客运服务人员要把安全、及时、正点视为客运服务的生命线,尽一切可能减少列车的延误,让乘客在乘车时间上有良好的感知觉。

● 案例3-4

北京地铁1号线列车出故障停运十余分钟

某日,北京地铁1号线列车停运十余分钟,众多乘客出行遇阻。地铁运营公司解释,一列车行驶至五棵松站时发生故障导致列车停运。

乘客张女士乘坐的列车在玉泉路站和五棵松站之间的隧道中停运。"10点10分,列车突然在隧道里停下来,看着两边黑黑的墙壁,我有点害怕。"张女士说,她当时坐在末节车厢,隐约听到车尾列车员在对讲机里说,"前一辆车出故障了,要调我们的车去支援。"10分钟后列车向前滑行,到达五棵松站后车上乘客被全部清空。张女士看到站台上站满了人,上百人嚷着要退票。

在王府井站,广播里响起"请所有乘客下车,着急赶路的乘客请出站换乘"。乘客郭先生说:"几百名乘客都下车了,站台上工作人员说'几乎所有一线列车都停了'。"17分钟后,工作人员让乘客重新上车,列车恢复运行。

对此,地铁运营公司宣传部部长贾鹏说,事故原因是有趟列车在五棵松站附近发生故障。因为地铁轨道类似单行线,一趟列车行驶中出故障,就会造成若干段甚至全线列车暂停。他还说,最近一段时间,一些运行了20多年的老列车出现性能不太稳定的情况,小毛病不断发生。地铁运营公司开始着手对老列车进行逐步更新。

(资料来源:http://news.sohu.com/20100816/n274236216.shtml)

(三)人员因素

(1)客运服务人员的外表会对乘客感知觉产生影响。在城市轨道交通客运服务中,乘客对客运服务人员的感知首先来源于其外表,如着装、发型等。这些外表特征,成为乘客了解客运服务人员性别、年龄、工种等情况的途径,从而形成乘客对客运服务人员的初步印象。

(2)客运服务人员的表情会对乘客感知觉产生影响。表情包括面部表情、言语表情、体态表情等。客运服务人员的面部表情是在与乘客交往中心理活动在面部的表现,是乘客感知的对象,也是乘客了解客运服务人员思想、情感、情绪的重要依据;客运服务人员的言语表情是与乘客交往时所使用的音色、语调、语气、节奏等,也是乘客了解客运服务人员的情绪、心境、态度等心理活动的途径;客运服务人员的体态表情主要指身体姿态、手势等,是乘客感知客运服务人员性格、气质的客观依据。

案例 3-5

京港地铁:五周年系列报道·一路心随行(一)

很多经常乘坐北京地铁 4 号线的人,都有类似的感受:这条地铁线带来的乘坐感受,似乎与其他线路有所不同。是因为港味十足的员工制服,还是因为时尚漂亮的车站设计?似乎更多是因为那些看不见摸不着的感受(图 3-12)。

比如,坐轮椅最怕遇上沟沟坎坎,尤其是上下车的时候,要是力道拿捏得不好,就可能在站台与车厢地板之间巴掌宽的缝隙处卡住。回想起曾经的尴尬遭遇,乘客吴先生苦不堪言,其实像他们这样坐轮椅的人,越是受到别人的帮助,越是怕给人添麻烦。地铁上下车时间极为有限,但凡这种时刻,吴先生都格外紧张,手紧紧把着轮椅,生怕车轮卡在门边,即使是这样,卡住的情况也时有发生,尤其是会影响车厢里已经站定的乘客,吴先生心里别提多难受了。

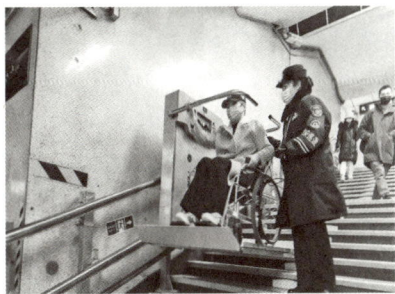

图 3-12 客运服务人员正在帮助坐轮椅的乘客

没想到几次下来,吴先生的小尴尬被 4 号线服务人员察觉了。一块搭在站台地面与车厢地板间的坡板不仅盖上了那道巴掌宽的缝隙,也化解了吴先生的尴尬。

(资料来源:http://roll.sohu.com/20141010/n404972415.shtml)

二、影响乘客感知觉的心理因素

乘客对客运服务人员的感知觉除了来自对外表、表情、语言等的直接感知外,还会受到一些心理因素的影响,主要有以下五个方面。

(一)首因效应

人际交往中,凭借最初获得的信息给对方下判断,而对后来获得的信息不重视的心理现象,在心理学上称为首因效应。首因效应具有先入性、不稳定性、误导性的特点,这些第一印象虽然并非总是正确的,但却是最鲜明且牢固的,并且决定着以后双方交往的进程。现实生活中,首因效应的影响因素归纳起来有相貌、语言、表情、姿态及空间、时间等。心理学研究发现:与一个人初次会面,45 秒内就能产生第一印象。这一先入为主的印象对人的社会知觉产生较强的影响,在头脑中形成并占据主导地位。

在城市轨道交通客运服务中,乘客的第一印象是乘客与客运服务人员初次接触时,对客运服务人员的语言、举止、仪表等方面产生的印象。不管这个印象是否准确,它总会以鲜明、深刻的方式印在乘客脑海之中,影响乘客对客运服务人员的态度评价,并影响客运服务人员与乘客之间交往的效果。

(二)近因效应

"近因"是指个体最近获得的信息,即最后的印象。近因效应与首因效应相反,是指在多种刺激一次出现的时候,印象的形成主要取决于后来出现的刺激,也就是说,在交往过程中,对他人最近、最新的认识占据主体地位,掩盖了以往形成的对他人的评价。近因效应也称"新颖效应"。在日常人际交往中,如果是陌生的事物,首因效应作用比较明显;如果是熟悉的事物,则近因效应作用比较明显。因此,最近一次乘车的经历,会影响乘客对下一次乘车的心理体验和期待。

心理文摘 3-2

首因效应与近因效应实验

美国心理学家卢钦斯用编撰的两段文字作为实验材料研究了首因效应现象。该文字材料主要描写一个名叫吉姆的男孩的生活片段,第一段文字将吉姆描写成热情并外向的人,第二段文字则相反,把吉姆描写成冷淡而内向的人。例如,第一段中说吉姆与朋友一起去上学,走在洒满阳光的马路上,与店铺里的熟人说话,与新结识的女孩子打招呼,等等;第二段中说吉姆放学后一个人步行回家,走在马路的背阴一侧,没有与新近结识的女孩子打招呼,等等。在实验中,卢钦斯把两段文字加以组合:

第一组,描写吉姆热情外向的文字先出现,冷淡内向的文字后出现。

第二组,描写吉姆冷淡内向的文字先出现,热情外向的文字后出现。

第三组,只显示描写吉姆热情外向的文字。

第四组,只显示描写吉姆冷淡内向的文字。

卢钦斯让四组被试者分别阅读一组文字材料,然后回答一个问题"吉姆是一个什么样的人"。结果发现,第一组中有78%的被试者认为吉姆是友好的,第二组中只有18%的被试者认为吉姆是友好的,第三组中有95%的被试者认为吉姆是友好的,第四组中只有3%的被试者认为吉姆是友好的。

这项研究结果证明,信息呈现的顺序会对社会认知产生影响,先呈现的信息比后呈现的信息有更大的影响作用。但是,卢钦斯进一步研究发现,如果在两段文字之间插入某些其他活动,如做数学题、听故事等,则大部分被试者会根据从活动中得到的信息对吉姆进行判断,也就是说,最近获得的信息对他们的社会知觉起到了更大的影响作用,这个现象就是近因效应。

在印象形成过程中,当不断有足够引人注意的新信息出现时,或者原来的印象已经淡忘时,新近获得的信息的作用更大,从而产生近因效应。个性特点也影响近因效应或首因效应的产生。一般而言,心理上开放、灵活的人容易受近因效应的影响;而心理上保持高度一致、具有稳定倾向的人,容易受首因效应的影响。

（资料来源:https://wenku.baidu.com/view/ecae45f704a1b0717fd5dd4e.html）

(三)晕轮效应

晕轮效应又叫光环效应,是一种"以偏概全"的心理评价倾向,即只要认为某件事、某个人不错,便认为与其有关的所有比如其家人与朋友都是很好的。在光环效应下,一个人某方面的优点或缺点一旦被光环扩大,那么其他的优点或缺点就隐退到光环之后被视而不见了(图3-13)。所谓"情人眼里出西施""爱屋及乌"反映的都是晕轮效应。

晕轮效应在客运服务中表现为乘客对客运服务人员清晰鲜明的印象会掩盖其对客运服务人员和地铁系统的其他方面的知觉。例如,案例3-5中的吴先生因为接受了北京地铁4号线客运服务人员温暖、贴心、周到的服务而提升了对地铁4号线的满意度,即便

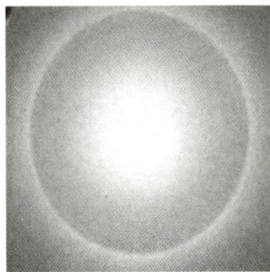

图 3-13　晕轮效应

地铁其他服务中会有不尽如人意的地方,也不会影响吴先生乘坐京港地铁的美好感受。相反,有些客运服务人员对乘客不耐烦,甚至出言不逊,即便只有一次,也会让乘客对整条线路服务质量的印象大打折扣。因此,乘客的晕轮效应对服务交往和服务质量是有一定影响的。

乘客的晕轮效应

心理文摘 3-3

晕轮效应的提出和实验

20世纪20年代,科学家提出了晕轮效应。科学家认为,人们对他人的认知和判断往往只从局部出发,扩散而得出整体印象,也即以偏概全。如果一个人被标明是"好"的,他就会被积极肯定的光环笼罩,并被赋予一切好的品质;如果一个人被标明是"坏"的,他就被消极否定的光环笼罩,并被认为具有各种坏品质。这就好像刮风天气前夜月亮周围出现的圆环(月晕),其实,圆环不过是月亮光的扩大化而已。据此,科学家为这一心理现象起了一个名称——"晕轮效应",也称"光环效应"。

心理学家做过一个这样的实验:他让被试者看一些照片,照片上的人有的很有魅力,有的无魅力,有的魅力中等。然后让被试者在与魅力无关的特点方面评价这些人。结果表明,被试对者有魅力的人比对无魅力的人赋予更多理想的人格特征,如和蔼、沉着、善交际等。

晕轮效应不但常表现在以貌取人上,还常表现在以服装定地位、性格,以初次言谈定人

的才能与品德等方面。在对不太熟悉的人进行评价时，这种效应体现得尤为明显。

（资料来源：https：//baike.baidu.com/item/%E6%99%95%E8%BD%AE%E6%95%88%E5%BA%94/93548？fr＝aladdin）

（四）定势效应

定势效应，是指由于人们头脑中存在着某种想法，从而影响其对他人的认知和评价。在人际交往活动中，当我们认知他人时，常常会不自觉地产生一种有准备的心理状态，并从这种心理状态出发，对他人进行认知和评价，于是就产生了定势效应。例如，人们对"穿制服的人"往往会有一些定势的心理期待，希望他们是严谨的、公正的、认真的、负责的。乘客对客运服务人员也会有定势的心理期待，这种心理期待大多来源于大众媒体对模范典型的宣传，因此，客运服务人员在工作中要特别注意自己的言行，尽量做到符合乘客的心理期待。

心理文摘3-4

心理定势的实验

心理学家曾做过这样一个经典的关于"心理定势"的实验，研究者向参加实验的两组大学生出示同一张照片，但在出示照片前，向第一组学生说，这个人是一个十恶不赦的罪犯；对第二组学生却说，这个人是一位大科学家。然后他让两组学生各自用文字描述照片上这个人的相貌。

第一组学生的描述是：深陷的双眼表明他内心充满仇恨，突出的下巴体现他沿着犯罪道路走到底的顽固的决心……

第二组学生的描述是：深陷的双眼表明此人思想的深度，突出的下巴表明此人在认识道路上克服困难的意志……

对同一个人的评价，仅仅因为先前得到的关于此人身份的提示不同，竟然有如此戏剧性的差距，可见心理定势对人们认知过程的影响巨大。

（资料来源：http：//bbs.tianya.cn/post-lookout-855630-1.shtml）

（五）刻板印象

在人类悠久的文化历史中，由于地域、历史等多方面的原因，各个国家之间的文化存在极大的差异。大部分人对其他国家文化的了解多通过报纸、电影、电视、广告等途径，这难免让人们对于异域文化形成一种"定型化效应"，也称刻板印象。刻板印象的形成，主要是由于在社会生活中，没有人有时间和精力去对每个群体中的每一成员都进行深入了解，而只能与其中的部分成员交往，所以只能由部分推知全部，用所接触到的部分推知这个群体的全部。刻板印象作为一种固定化的认识，虽然有利于对某一群体做出概括性的评价，但是也容易产生偏差，形成成见，阻碍人与人之间更加深入的认知。例如，人们往往认为老年人是保守的、年轻人是冲动的、北方人是豪爽的、南方人是精明的，等等，这些都是常见的刻板印象。

但是，"人心不同，各如其面"，刻板印象毕竟只是一种概括而笼统的看法，并不能代替活生生的个体，因而"以偏概全"的错误总是在所难免。如果客运服务人员不明白这一点，在与乘客交往时，"唯刻板印象是瞻"，像"郑人买履"，宁可相信对于"尺寸"的刻板印象，也不相信自己的切身经验，就会出现错误，导致客我交往的失败，自然也就无助于客运服务工作的开展。

因此，不加判别地用刻板印象给别人贴标签，很容易引发人际矛盾。客运服务人员每天接触各种乘客，要特别注意避免因为刻板印象给乘客贴标签的言行，也不要因为对乘客的某些错误的刻板印象影响自己的工作情绪，要以客观、公正的态度做好城市轨道交通客运服务工作。

✿ 实训任务

请完成实训任务3：应用感知觉原理，提供优质客运服务。见本教材第181页配套实训活页。

❄ 课后交流

1. 什么是感觉？什么是知觉？知觉有哪些特征？
2. 影响城市轨道交通乘客感知觉的因素主要有哪些？
3. 举例说明首因效应、晕轮效应、刻板印象、定势效应。
4. 如何利用心理效应提升城市轨道交通客运服务质量？

単元 4

城市轨道交通乘客需要心理与服务

城市轨道交通客运服务心理学（第3版）

学习目标

1. 了解需要的概念。
2. 理解需要的基本种类和层次。
3. 掌握城市轨道交通乘客的需要，提升客运服务水平。

内容结构

关注乘客需要,持续提高客运服务质量

"服务质量没有最好,只有更好",关注乘客需要,满足乘客的合理诉求,才能不断提高城市轨道交通客运服务的质量。乘客进入车站后,要将乘客引导至售票处,并且提供运营线路图(图中本站标记要突出、醒目)。对需要换乘的乘客,还要提供包含所有运营线路的运营示意图(图中换乘站标记要突出、醒目,运营线路编号要易于识别、不易混淆)。乘客从图中认知了目的车站后的心理活动就是购票、进站,因此需要为其提供票价表和进站导向标识。

地铁站已经普遍采用自动售票、检票系统,这些对首次接触该系统的乘客而言,可能还比较陌生,需要有图示或有人员指导。

乘客上车后有"怕乘坐过站"的心理,因此,需要有相应的线路图和列车广播及清晰、简练、准确的广播词。

乘客到站下车后的心理需求是"如何出站",乘客需要通过检票机,完成本次乘坐的费用清算。

乘客离开收费区时心理活动就变成:"我应当往左还是往右出站(一般车站都有多个出入口),才能离目的地最近?"此时需要有清晰、简练的导向标识指明出入口编号及地面方位。

乘客踏出车站出入口,地铁的本次服务才结束。若能在出入口处张贴本出入口附近的地理位置、著名建筑物名称和公交线路站点,则更是"锦上添花"。

(资料来源:https://wenku.baidu.com/view/6c7a642f7375a417866f8f4a.html)

思考:

(1)通过乘客乘坐地铁的过程,思考乘客出行时有哪些需要?

(2)想一想,除了案例中提到的服务,地铁站还可以梳理哪些服务以满足乘客的需要?

如果询问地铁里的乘客:"您为什么选择乘坐轨道交通?"乘客可能回答:"我需要从 A 地到 B 地,所以乘坐轨道交通。"如果继续追问为何不选择公交出行,乘客可能会说"我还有便捷省时的需要""我还有经济省钱的需要"等。由此可见,乘客出于多种需要才选择城市轨道交通方式。需要会引发行为的动力,当动力足够时,人们才会采取行动。城市轨道交通客运服务人员应当在了解乘客需要的基础上,有针对性地提高服务质量,使乘客出行感受更佳,从而塑造城市轨道交通客运服务品牌。

单元 4.1 需 要 概 述

一、需要的概念

需要是指个体内部的某种缺乏或不平衡状态,是个体行为的源泉。例如,人体血液中营

养物质缺乏会产生对食物的需要,而人体内水分不足则会产生对水的需要,乘客搭乘交通工具会产生对安全的需要,个人行为过程中会有与人交往的需要,人有获得他人尊重和认同的需要,以及追求成就和卓越的需要。当个体的需要得到满足时,其心理或生理不平衡状态就会得到改变。这时,个体内部又会出现新的缺乏或不平衡状态,产生新的需要。

二、需要的类型

人的需要多种多样,可以按照不同的标准将其划分为生理性需要和社会性需要、原发性需要和习得性需要、外部需要和内部需要、物质性需要和心理性需要等。

无论将需要划分为多少种类型,需要都是一个多维度和多层次的系统,各种需要之间不是孤立的,比如,吃东西表面上看起来是生理性需要、原发性需要、外部需要及物质性需要,但有时候吃东西并不是因为饥饿,而是为了填补心灵空虚或消解孤单感,这时候吃东西就变成了社会性需要。同样,穿衣属于生理性需要,可是在保暖的同时还可以满足人们美的需要、时尚的需要。因此,需要的分类是相对的,是为了研究和讨论起来更便利。

下面具体探讨基本的生理性需要和社会性需要。

(一)生理性需要

生理性需要是指保存、维持生命和延续种族的一些需要,如进食、喝水、休息、睡眠、觉醒、躲避危险、求偶、繁殖等。这里简要介绍三种与城市轨道交通客运服务联系比较密切的生理性需要。

1. 进食需要

如果吃饭时间延后,我们会感觉到饥饿,这时我们常常会把对食物的需要和来自胃部的感觉联系起来,甚至有研究者通过将气囊吞进肚子里来研究胃的收缩和饥饿的关系。但实际上饥饿是由一些更关键的因素引起的,比如,血液中的葡萄糖水平降低会引起饥饿感。饥饿感的产生还会受到食物味道和文化等心理因素的影响,例如,文化会影响特定食品和味道对人的吸引力,中国人认为臭豆腐和皮蛋是美食,而在西方文化中这些食物则较难被接受。

2. 饮水需要

渴是指喉咙和口舌干燥的感觉,尽管用药物可以保持喉咙和嘴部湿润,但个体还是会感觉到渴,说明口渴实际上是由神经系统调节的。渴存在两种不同的类型:一种是人体细胞外液体减少引起的渴,如流血、呕吐、腹泻、出汗或喝酒都会引起这种类型的渴,在这种情况下,淡盐水会更解渴;另一种是细胞内液体减少引起的渴,如食物太咸时过量的盐把液体从细胞内"吸"出来,使细胞"干瘪",这时纯净水最能解渴。

3. 睡眠和觉醒的需要

睡眠和觉醒是生命活动所必需的两个相互转化的生理过程,也是人类最基本的生理需要。个体只有在觉醒状态下才能认识外界环境,感受各种刺激,进行探索行为,也只有通过睡眠才能恢复精力和体力,保持良好的觉醒状态。当睡眠需要产生时个体就会打瞌睡,这时需要终止个体的体力和脑力活动,如果剥夺睡眠,会严重影响个体的身体和心理健康,严重时会引发疾病。在地铁上经常会看到乘客坐着睡觉,这就是睡眠需要的表现。

心理文摘 4-1

睡眠剥夺对人的影响

一场活动中,一位主持人宣布,如果大家能慷慨解囊,他将连续 200 个小时不睡觉。

但是,主持人很快发现,不睡觉需要付出的代价太大了。100 个小时后,他开始出现幻觉:看到了自己的鞋里有蜘蛛网,粗花呢外套变成了一团可怕的毛毛虫;他想象自己回旅馆去换衣服,看到一个衣柜抽屉突然着火了。170 个小时后,主持人的痛苦几乎不能忍受,即使最简单的思维、推理或记忆问题也无法处理了,他已经意识不到自己是谁,脑电图里呈现出类似睡眠的波形。200 个小时终于熬到头了,但主持人此时已经精神恍惚,完全分不清哪些是真实的,哪些是幻觉。

(资料来源:丹尼斯·库恩等,《心理学导论——思想与行为的认识之路(第 13 版)》,中国轻工业出版社,2014)

议一议

(1)从 2013 年起,上海、南京等地纷纷制定城市轨道交通禁食令,即禁止在地铁车厢内进食。因为乘客反对意见过于强烈,该禁食令没有被写入城市轨道交通管理条例,仅在乘客守则中有所体现。请从需要的角度讨论是否可以在车厢内进食,以及如何进行服务和管理?

(2)有网友发问,既然地铁的开通是为了快速地将大批量乘客运到目的地,为什么不拆掉座位提高运力,满足乘客出行的需要?假设你是一名客运服务人员,请尝试从乘客需要的角度回答这个问题。

(二)社会性需要

1. 交往需要

心理学家贝克斯顿、赫伦、斯科特等在 1954 年做的感觉剥夺实验已经说明,人是很难忍受长时间与他人隔绝的,即使在手机、网络盛行的今天,人们也是需要进行社会交往的。当然个体对孤独的容忍力具有相当大的差异。

交往的需要是个体最基本的社会需要,通过人际交往发展个性、相互了解、相互合作,增强彼此之间的一致性,促进社会的稳定和安全,有助于建立和谐的社会生活环境。

2. 自尊需要

自尊需要是指个体对自我行为的价值与能力被他人或社会承认的一种需要,是人对自己尊严和价值的追求。这种需要如果能够得到满足,就会产生自信心和价值感;如果没有得到满足,就会产生自卑感、软弱感和无能感。自尊需要的产生虽然晚于生理性需要,但一旦形成,就会对生理性需要产生巨大的影响,甚至可以超越生理性需要。

3.成就需要

成就需要是指个人对于自己认为重要的或有价值的事,力求达成的欲望。成就需要包括对地位、名誉、声望、实力、绩效、优势等的需要。不同的人成就需要的内容不同,强度也不同。有些人成就需要强烈,有些人成就需要较低。成就需要可以在后天学习中形成,如下列条件可以激发个体的成就需要:

(1)创设出个体独立、负责任地解决问题的环境氛围。

(2)制定出中等成就目标并控制风险。

(3)对工作进展情况进行详细而具体的及时反馈。

三、马斯洛需要层次理论

马斯洛(1908—1970)是美国比较心理学家和社会心理学家、人本主义心理学创始人之一,他于1943年提出了需要层次理论(图4-1)。需要层次理论的基本观点是:某些需要优于其他需要。只有个体对空气和水等生理需要得到满足,其他如对成就的需要才能被激发并引导个体的行为。若个体对水的需要得不到满足,那么渴就会占据其大脑,也就不会产生其他需要。如果个体被剥夺了空气,那么渴则会消失,全部动机就放在了满足空气需要上。需要的强弱和出现的先后次序如下。

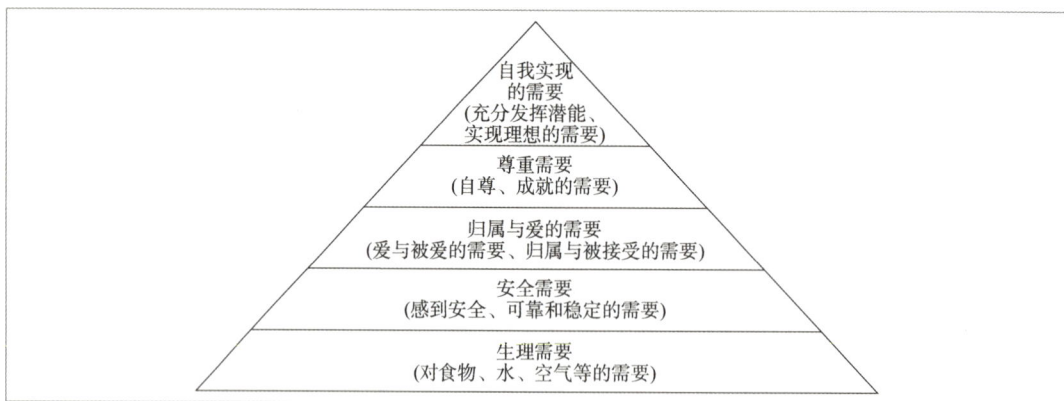

图4-1 马斯洛需要层次理论

(一)生理需要

生理需要是对食物、空气、水、休息、排泄、性的需要,这些需要是所有需要的基础。例如,当对食物的需要没有得到满足时,个体将全力投入解决饥饿的行动中,即使冒一些风险也在所不惜。

(二)安全需要

安全需要是对内外环境稳定、有秩序、受保护、可控制、免受恐吓、免遭折磨的需要。在生理需要得到满足的情况下,个体首先会关注安全需要。

(三)归属与爱的需要

每个人都有对人际关系的需要,包括普通人际关系和亲密关系。人们既需要一般的同事关系、上下级关系、同学关系,也需要与挚友、恋人和孩子等的深厚人际关系。通过不同的人际关系满足个体归属与爱的需要。

(四)尊重需要

尊重需要包括希望自己能够有实力、有成就,能够胜任工作,能够独立、享受自由,以及能够获得名誉、权威,得到他人的关心、重视和正面评价。

(五)自我实现的需要

自我实现的需要指的是能够充分发挥自己的潜能,成为自己希望成为的人,完成与自己的能力匹配的工作。

马斯洛把生理需要、安全需要、归属与爱的需要、尊重需要都划为基本需要,由基本需要产生的行为动机被称为缺乏性动机,因为这些动机是由于对食物、水、安全、爱、尊重等的基本需要没有得到满足而被激发出来的。

需要层次的最上部即自我实现的需要,属于发展需要。这些需要的生物属性较小,但对于人类非常重要,它不是由缺乏而产生的,而是一种积极的、使人的生命更有价值的发展动力。

案例 4-2

她在地铁站志愿服务超 5700 小时,获"特别贡献奖"

2023 年 12 月 5 日,在武汉地铁"志愿服务织就城市幸福文明路"表彰活动现场,志愿服务时长超过 5700 小时的孙玉兰接过武汉地铁志愿服务"特别贡献奖"奖牌时说:"感谢地铁志愿服务这个平台,让我的退休生活更加幸福!"

"作为土生土长的武汉人,家住汉正街数十年,在家门口做志愿服务,义不容辞。"孙玉兰说。7 年来,她坚持每天到地铁站开展志愿服务活动,有大件行李及时上前搬,遇到行动不便的乘客立即上前扶,看见地上有垃圾马上捡……她如同"风火轮",每天在地铁站里来回穿梭,不图名利,默默奉献。经过长期的志愿服务工作,孙玉兰总结出汉正街站的客流规律,工作日早上到 D 口服务,此时这里前往武汉市第一医院看病的乘客较多;下午到 B 口服务,此时到汉正街进货的人陆续返程。

热爱运动的孙玉兰将志愿服务视作一项"公益运动"。"在地铁站,收获一声声道谢是最高兴的事。"对于孙玉兰来说,志愿服务丰富了她的晚年生活,提高了文明修养,锻炼了身体,同时她还吸引了更多市民和学生加入志愿服务行列。武汉地铁"文明地铁＋"小程序显示,孙玉兰志愿服务时长累计达 5720 小时,2023 年已经服务 1272 小时。

（资料来源:https://3g. wuhan. gov. cn/sy/whyw/202312/t20231205_2313645. shtml）

议一议

（1）案例 4-2 中的孙玉兰为大家提供服务是出于什么方面的需要?

（2）想一想,生活中还有哪些人做事是出于这方面的需要?

单元 4.2　乘客需要心理与服务

乘客是基于一定的需要激发出的动机而乘坐城市轨道交通的,城市轨道交通客运服务的目的是满足乘客的合理需要,只有满足乘客需要,才能提升乘客乘坐满意度,激发乘客乘坐意愿。

有研究者根据城市轨道交通乘客行为将乘客的需要总结为:安全需要、导向需要、等待需要、定位需要、购物需要、工作学习需要、健康需要、交往需要、聚集需要、快速性需要、票务需要、认知需要、审美需要、生理需要、舒适性需要、通信需要、卫生需要、携带需要、休闲娱乐需要、宣传需要、移动需要、饮食需要、展示需要、尊重需要、助人需要。

这 25 项需要并非一样重要。有的需要十分重要,如果无法实现,乘客根本不会乘坐城市轨道交通,如安全需要;有的需要则不太重要,即使无法实现,也不妨碍正常出行,只是舒适度会有所降低,如卫生需要、通信需要;有一些需要则属于锦上添花,如助人需要、展示需要、审美需要。

借鉴马斯洛的需要层次理论,可以将城市轨道交通乘客的需要分为可以使用、便于使用、乐于使用三个层次(图 4-2)。这三个层次是递进关系,只有满足了低层次的需要才能满足高层次的需要,如果"可以使用"的需要没有得到满足,也就谈不上"便于使用"和"乐于使用"。

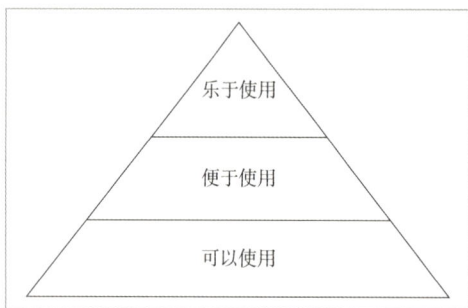

图 4-2　城市轨道交通乘客需要层次图

一、"可以使用"的需要

"可以使用"的需要是指乘客乘坐城市轨道交通出行必需的要素,包括安全需要、移动需要、票务需要、等待需要、定位需要、携带需要、生理需要等。安全需要是指乘客安全出行的需要,移动需要是指乘客通过乘坐城市轨道交通准时、准点到达目的地的需要,票务需要是指乘客通过一定的渠道支付城市轨道交通费用的需要,等待需要是指乘客对上下车等待时间的需要,定位需要是指乘客知道自己所到达地点的需要,携带需要是指乘客随身携带一定物品的需要,生理需要是指乘客上厕所的需要。

这些需要属于城市轨道交通乘客基础性需要，必须都要予以满足，任何一个得不到满足，乘客都将无法顺利乘坐城市轨道交通出行。

（一）乘客的安全需要与服务

乘客出行最根本的需要是安全需要，包括人身安全和财产安全两个方面。人身安全是指不会发生人身碰伤、挤伤、摔伤、撞伤、烫伤等情况；财产安全是指携带的财物、文件资料保持完整，不会丢失或者损坏。安全需要是乘客做出交通工具选择的决定性因素，不管一种交通工具多么便捷快速，只要它无法满足安全需要就不会有乘客选择。2005年伦敦地铁爆炸事件后，伦敦地铁客流量急剧减少，四周后才有所回升，说明当发现安全需要得不到满足时，会放弃使用城市轨道交通出行。

在城市轨道交通客运服务中，努力满足乘客的安全需要是客运服务人员的首要工作。城市轨道交通客运服务人员可以从以下两个方面满足乘客的安全需要：

（1）在治安方面，加强车站、列车的治安管理，有效安检，保障乘客出行安全。

（2）在安全管理方面，提高城市轨道交通客运服务人员对不安全因素的预测和及时处理的能力。比如，对地铁可能的事故点或不安全处进行预测，并及时反馈给技术部门，提高运输载体的安全性。

议一议

一位乘客在其博客里记录了一次乘坐地铁的经历。

早高峰时段，地铁10号线通往出口C的漫长通道里摩肩接踵的人群突然不动了。于是，本来就温度较高的通道，现在更加让人感到憋闷难耐，最主要的是不知道前面发生了什么事情。

有的乘客踮起脚往前看，能看到的也只有黑压压的人群。更令人烦躁的是，当大家就在这样憋闷的环境中走几步停一阵子时，还有些乘客在逆行，虽然他们很烦人，但是大家依然对他们深表同情，毕竟穿越密密麻麻的人群逆行并非易事。

这时，地铁内的广播响起来，本来以为播音员会解释一下前面发生了什么事情，但是听了两三次广播内容，播音员也没有提这个事情——难道地铁内的监控显示不出目前的状况？难道地铁内的工作人员看不到目前的状况？总之，没有回应，谁也不知道前面发生了什么，谁也不知道还要走多少路，就这样几步一停，整整挪动了20分钟才见到了一点曙光——憋气啊，真的很憋气，最可怜的是这长长的队伍里的孕妇及孩子。

终于挪到了电梯口那里，最终发现，人群走不动的原因是电梯坏了，乘客只能走楼梯，因此人流移动得很慢……

（资料来源：http://blog.sina.com.cn/s/blog_62caf1110101rk8w.html）

请从乘客需要的角度讨论：

（1）本案例中乘客的哪些需要没有得到满足？

（2）如果你是一名客运服务人员，该如何应对这种情况以提高服务质量？

（二）乘客便捷出行的需要与服务

除安全需要外，移动需要、票务需要、等待需要、定位需要、携带需要和生理需要可以被归纳为乘客便捷出行的需要。

便捷出行的需要是指乘客在购票、进出站、上下车以及中转乘车过程中的便捷性需要。在保障安全的基础上，乘客选择城市轨道交通最重要的需要就是便捷出行。体现在城市轨道交通客运服务上的要求是尽量减少出行中的各种费时、费力的环节，达到便捷的目的。

城市轨道交通客运服务可以从以下两个方面满足乘客便捷出行的需要：

（1）提高购票进站的便捷性。比如，在自动售票机前增设服务人员，为使用自动售票机有困难的乘客提供帮助。客流量较大时增设人工售票窗口，减少乘客排队等候的时间。设置交通一卡通充值点，安放站内通道引导牌，采用 App 扫码过闸方式，或开通刷脸兼容扫码过闸等方式，节约乘客进站的时间。

（2）提高上下车、换乘的便捷性。有效引导乘客排队、有序上车，通过语音播报、指示图等方式让乘客了解到达站点及换乘路线等。比如，地铁换乘时，在出车厢的地面上用明显的字体、巨大的箭头一路指向换乘线路，就是满足换乘便捷性需要的有效方式。

二、"便于使用"的需要

"便于使用"的需要是指如果满足会提升乘客舒适度，即使不满足也能完成城市轨道交通基本乘坐的需要。包括卫生需要、快速性需要、聚集需要、学习需要、通信需要、导向需要、交往需要、尊重需要等。将这些需要进行归纳，可以分为以下两个主要的方面。

（一）舒适性的需要

舒适性的需要是指乘客对乘车环境、车站环境、列车运行过程的舒适度的需要。包括卫生需要（指乘客对环境干净整洁的需要）、快速性需要（指乘客希望能尽快坐上车并到达目的地的需要）、聚集需要（指将车站作为汇合或见面的地点的需要）、学习需要（指在车站或车厢获得新资讯的需要）、通信需要（指在地铁出行时用电话、微信等沟通的需要）、导向需要（指获得地上地点及公交换乘等信息的需要）、交往需要（指乘坐地铁能实现人际沟通的需要）等。

城市轨道交通客运服务人员可以从以下三方面满足乘客舒适性的需要。

1. 加强乘车环境的卫生管理

保持车站、车厢卫生整洁，物品摆放整齐。虽然卫生情况不会影响乘客顺利到达目的地，但会在很大程度上影响乘客乘坐的舒适度。

2. 加强乘车环境的秩序管理

积极组织排队、有序上下车，疏导聚集人群，对喧哗、吵闹、拥堵情况进行及时处理，在电梯、楼梯等处实行分流措施，保证乘车有序进行。

3.提升对社会发展趋势的敏感度

比如,某些地铁线路根据实际需要,在早晚高峰期缩短发车时间,帮助乘客缩短等待时间并快速到达目的地;在地铁车厢开通通信信号,满足乘客通信需要;调低车厢影音设备声音,不干扰乘客谈话;等等。这些举措都是从社会发展趋势出发,提高对乘客需要的反应速度,最大限度地满足乘客需要,提高其乘坐城市轨道交通的舒适度。

(二)尊重的需要

尊重的需要是指乘客希望获得他人,包括客运服务人员认可和肯定的需要。人们都希望得到别人的尊重,比如,有的乘客在问询时感觉客运服务人员对其态度不够友好,会觉得自己没有受到尊重愤而拨打投诉电话。城市轨道交通客运服务人员可以从以下三个方面满足乘客尊重的需要。

1.微笑服务,态度友好

微笑服务是城市轨道交通客运服务的基本要求,也是人际交往的轻松剂和润滑剂,可以缩短人与人之间的心理距离,创设和谐、友好的氛围。微笑是最美丽的服务语言,城市轨道交通客运服务人员要用微笑面对每一位乘客。

2.礼貌用语,关爱乘客

尊重他人还体现在语言表达上,要使用最基本的礼貌用语,比如"您好""请""谢谢""对不起""再见"等,要用语言让乘客体会到受尊重。切忌用命令、催促、不耐烦的口吻,忌多余的话,以及讽刺、挖苦乘客的话。

3.认真倾听,快速反应

在与乘客交流时要注意态度认真、集中精神,不要东张西望或做一些与当下的交流无关的下意识的小动作,要对乘客的需要快速反应,提供良好的服务。

如果不能满足"便于使用"的需要,虽然乘客以后还有可能乘坐城市轨道交通,但是可能会觉得城市轨道交通效率不高、不方便快捷和没人情味。

● 案例 4-3

北京地铁推出新举措,满足"轨道生活"新需求

北京地铁公司一级专家黄悦告诉记者,在提升乘客出行体验与服务多样性方面,北京地铁2024年一季度取得了显著成果。在既有便民服务措施的基础上进行了乘客调研,通过创新服务进一步满足乘客"轨道上的都市生活"的多样需求,如设置鲜花展示柜、共享寄存柜、地铁小站等,都是2024年的服务创新成果。在地铁10号线慈寿寺站、昌平线西土城站等10座车站,鲜花展示柜已投入试运营,不仅为车站增添了一抹亮色,也为乘客带来了愉悦的视觉享受和情绪价值。自试运营以来,已累计服务乘客4.7万余人次,仅3月8日妇女节当天

就成交 3 400 余笔,得到了广大乘客的一致好评。

据了解,鲜花展示柜采取线上和线下混合销售的模式,乘客可以在现场通过鲜花展示柜官方小程序购买花束,也可以通过线上小程序下单、线下取货的方式购买鲜花,方便市民提前锁定心仪花束。同时,现场配备了有花艺基础的销售人员,为乘客提供专业的花卉咨询、鲜花搭配建议及养护知识等服务。地铁便民服务的升级还体现在共享寄存柜上。每到旅游高峰期,一些热门景区及其周边都会吸引不少游客,游客们乘坐地铁时拎着大包小包,有的还会携带行李箱。"在车站寄存"是不少乘客希望北京地铁能够实现的服务。为此,北京地铁积极响应乘客需求,在地铁 1 号线八通线军事博物馆站、10 号线丰台站、7 号线欢乐谷景区站等 5 座车站投放了 9 组共享寄存柜。乘客在抵达车站后无须出站即可寄存行李,寄存柜设置了大、中、小 3 种规格的存储空间,可以满足不同物品的存放需求。乘客通过手机扫码操作即可完成寄存,车站将根据柜体大小不同收取少量费用。共享寄存柜自投入使用以来,累计服务乘客 2600 余人次。

近年来,北京地铁还特别注重文化氛围的营造。2024 年,在地铁 8 号线王府井站、10 号线丰台站完成了地铁小站品牌展示台亮灯展示工作。"地铁小站"是地铁商业的创新经营形式,类似快闪店。在不影响地铁正常运营、乘客快速通行和符合安全消防管理要求的前提下,利用当前地铁站内释放的商业空间,吸引商家在此进行活动推广。

(资料来源:https://www.sohu.com/a/771373693_114988)

三、"乐于使用"的需要

"乐于使用"的需要是指能够唤起乘客愉悦感的需要,包括休闲娱乐需要、购物需要、助人需要、审美需要、饮食需要等。

休闲娱乐需要是指乘客在乘坐城市轨道交通时从事一些娱乐活动的需要,比如,很多车厢提供免费 Wi-Fi,用悬挂电视播放影片,这些就是为了满足乘客的休闲娱乐需要。

购物需要是指乘客便捷地在站点购买自己所需物品的需要。

助人需要是指乘客力所能及地帮助他人的需要,比如当有人迷路时,很多乘客都会主动热情地给对方指路。

审美需要是指乘客对城市轨道交通环境美感的需要。目前很多车站都会根据所在地特点进行专门设计,如北京地铁北土城站的青花瓷装饰设计,就极大地满足了乘客的审美需要。

虽然对于个体日常生活来说,饮食是基本需要,不可或缺,但在城市轨道交通乘坐过程中,饮食需要属于高级需要,美国、新加坡一些地铁线路甚至直接禁止在地铁车厢内进食。2019 年 5 月,新修订的《北京市轨道交通乘客守则》颁布实施,明确地铁车厢内禁食,但婴儿和病人除外。

满足乘客"乐于使用"的需要可以从以下两个方面着手。

(一)尽力满足乘客合理的需要

可以通过问卷调查、满意度调研等研究乘客的需要,让乘客的休闲娱乐需要、购物需要、审美需要等都能在城市轨道交通出行中实现。当无法满足乘客的一些合理需要时,也要耐心解释,使乘客明白为什么其需要不能得到满足。

(二)不断提高客运服务水平

城市轨道交通的发展过程,也是服务水平不断提升的过程。以地铁为例,较早的地铁站设计都比较简单,后随着时代的发展越来越注重审美设计。早期的地铁站也不存在地铁商圈,没有考虑到乘客的购物需求。现在地铁商圈很常见,让出行的乘客享受到了极大的便利。早期的地铁连电话信号都没有,现在已经覆盖无线网信号,即使在地下也能畅通无阻地上网漫游。要让乘客乐于选择城市轨道交通出行,就要让城市轨道交通客运服务随着社会发展不断进步,紧紧贴合乘客各个层次的需要,不断提高城市轨道交通客运服务水平。

案例 4-4

福州地铁春运"两三四"特色服务

2024 年春运期间,福州地铁推出九大特色服务,方便旅客出行。

"两大预约服务":在 1 号线福州火车站站以及 1 号线、5 号线福州火车南站站,为老弱病残孕等特殊乘客提供行李便民服务,车站工作人员将协助预约乘客搬运行李、重物。福州地铁各线路均设有"爱心直通车"预约服务,预约乘客可享受"进站—安检—乘车/换乘—出站"全路径无障碍出行服务。

"三大应急服务":1 号线福州火车站站以及 1 号线、5 号线福州火车南站站,均为乘客提供应急环保袋,并提供行李箱应急维修服务。1 号线、2 号线、5 号线、6 号线各站点均设有便民应急服务箱,为乘客提供充电器、针线包、应急药品等。

"四大贴心服务":1 号线福州火车站站、2 号线南门兜站、5 号线福州火车南站站设立"春运服务台",志愿者在高峰时段为乘客提供路线指引、购票引导等服务;"小茉莉"服务队在 1 号线、5 号线,为乘客提供暖心服务;1 号线、2 号线、5 号线、6 号线的部分站点设有"小茉莉"暖心驿站(图 4-3),免费为乘客提供热水;1 号线福州火车站站以及 1 号线、5 号线福州火车南站的客服中心,为孕妇乘客准备了"好孕徽章",车站工作人员优先为"好孕徽章"佩戴者提供服务。

图 4-3　福州地铁"小茉莉之约"站长接待日活动

(资料来源:http://www.fj.xinhuanet.com/20240127/055bfdc1831a45a1858461e91f4d1191/c.html)

实训任务

请完成实训任务 4:编写一份"乘客需要调查表"。见本教材第 183 页配套实训活页。

❋ 课后交流

1. 什么是需要？

2. 试述马斯洛需要层次理论。

3. 结合马斯洛需要层次理论交流：乘客选择城市轨道交通服务主要是出于什么需要？如何从服务的角度来满足这些需要？

城市轨道交通乘客情绪管理与服务

学习目标

1. 了解情绪的基本概念、要素。
2. 理解乘客情绪的表现及影响因素。
3. 掌握疏导和调适乘客负面情绪的方法。

内容结构

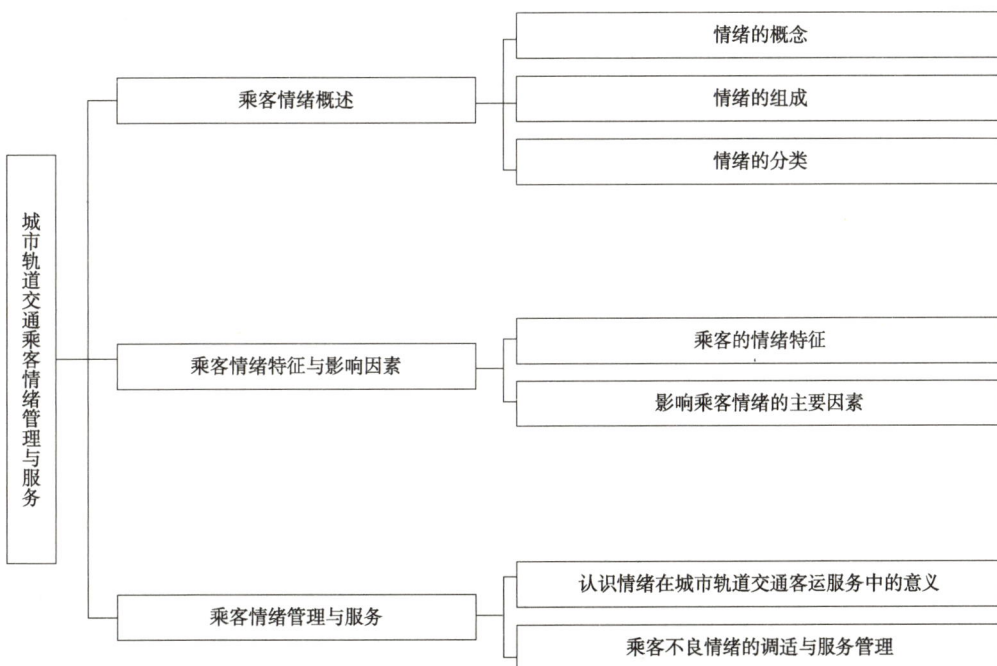

城市轨道交通乘客情绪管理与服务

- 乘客情绪概述
  - 情绪的概念
  - 情绪的组成
  - 情绪的分类
- 乘客情绪特征与影响因素
  - 乘客的情绪特征
  - 影响乘客情绪的主要因素
- 乘客情绪管理与服务
  - 认识情绪在城市轨道交通客运服务中的意义
  - 乘客不良情绪的调适与服务管理

乘客情绪激动　竟逼停列车 8 分钟

　　某日上午 9 时 28 分,北京地铁 1 号线公主坟站(图 5-1)上行列车遇突发情况,一名乘客由地铁 10 号线换乘 1 号线时因东西较多碰到路人,双方发生肢体冲突,该乘客到 1 号线后要求站务人员调取监控录像,寻找与其发生冲突的人,因一时情绪激动,做出了将携带的电磁炉和个人杂物扔到地铁 1 号线公主坟站轨道中的过激行为,导致地铁列车紧急制动。地铁 1 号线因此被逼停 8 分钟。一名当时在列车上的乘客称,自己在车上被困在万寿路站—公主坟站隧道里,当时列车司机每隔两三分钟就通过广播告知临时停车并安抚乘客情绪。地铁站务员和驻站民警紧急做好客流疏导和围观人群疏散工作,确保事件不再恶化。9 时 36 分,1 号线列车恢复运行。

图 5-1　北京地铁 1 号线公主坟站

（资料来源:http://news.cqnews.net/html/2015-10/20/content_35554893.htm）

　　思考:

　　(1)案例中乘客的情绪是如何产生并影响其行为的?

　　(2)客运服务人员该如何有效疏导乘客的不良情绪?

　　每个人身上都有种神奇的力量:可以使人精神振奋,也可以使人疲倦不堪;可以使人理智冷静,也可以使人暴跳如雷;可以使人从容洒脱,也可以使人紧张焦虑。这种使人们的感受产生变化的神奇力量,就是情绪。乘客情绪是乘客心理状态的晴雨表。在城市轨道交通客运服务中,正确认识乘客情绪的变化,做好乘客不良情绪的调适和安抚工作,有助于客运服务人员有效开展工作。

单元 5.1　乘客情绪概述

一、情绪的概念

　　情绪是人判断客观事物是否符合自身需要时产生的态度体验,如愤怒、恐惧、悲伤、欣喜等。当客观事物能够满足人的需要时,就会使人产生积极的情绪体验,如取得成功会感到高兴,生活中遇到知己会感到欣慰,找到了志同道合的伴侣会感到幸福等。当人们在乘坐地铁列车时感受到安全、准时、舒适,就会产生满意、愉快等内心体验。反之,当客观事物不能满足人的需要时,人就会产生消极的情绪,如失去亲人会引起悲痛,无端遭到攻击会产生愤怒,工作失误会感到内疚和苦恼等。当列车晚点或拥堵时,因为违背了人们的期望和需要,人们难免会产生不满、愤怒甚至憎恶等内心体验。

城市轨道交通客运服务心理学(第 3 版)

二、情绪的组成

情绪由主观体验、外部表现和生理唤醒三部分组成。

(一)主观体验

主观体验反映了个体的需要得到满足的情况。如前所述,当客观事物满足个体需要时,个体就会产生积极的情绪体验;当没有满足时,个体就会产生消极的情绪体验。比如,如果乘坐的列车人少、有空座位、干净整洁,乘客就会产生积极的情绪体验,在积极的情绪体验下,乘客会表现出更多的亲社会行为。如果等候多时却迟迟不见列车到来,候车室嘈杂拥挤,乘客就会产生消极的情绪体验,而在消极的情绪体验下,可能会引发情绪多米诺骨牌效应,发生更多冲突事件。

心理文摘 5-1

情绪中的"蝴蝶效应"

蝴蝶扇动翅膀的过程中,可以引起微弱的气流,由此导致周边空气和其他系统发生变化,进而引起连锁反应,导致其他系统的极大变化,这就是气象学中的"蝴蝶效应"。

人们在情绪上也有类似的"蝴蝶效应"。情绪变化的导火索往往是很小的,一句话、一个无意的动作都会为之后的情绪爆发埋下伏笔。曾有报道:甲对乙说了丙的一句坏话,乙偶然向丙提起,丙愤怒地去找甲算账,二人话不投机,动起手来,结果甲被丙用刀刺伤,救治无效死亡,丙也因此进了监狱。而乙知道此事后,也痛悔万分:没想到自己一句无心的话,就这样导致了两个家庭的悲剧。

(二)外部表现

外部表现指个体在产生某种情绪体验时,一般会伴随着身体各个部位动作、姿势的变化,即面部表情、体态表情和语态表情的变化。例如,当人们感到极端恐惧时,手可能会发抖,面部扭曲,动作紧张,并保持防御的姿势。表情在人与人之间起着情绪沟通的作用,因此非常重要。情绪还会通过音调、语调的变化表现出来。

1.面部表情

面部表情是判断情绪的重要线索。不同的情绪显示不同的面部表情,如图 5-2 所示。人类表达愤怒、厌恶、恐惧、惊讶、快乐和悲伤的表情是与生俱来的,这些面部表情所引发的面部肌肉变化也大致一样。比如快乐时,眼神明亮,面颊上提,嘴角后拉、上翘如新月;愤怒时,眉头皱起,眼神凝聚,鼻翼扩张,口张呈方形或紧闭;厌恶时,额眉皱起、牙齿紧闭、嘴角上拉,如果还带有不屑,常常伴有单侧嘴角翘起的不完整微笑;恐惧时,眼睛睁大,眉头微皱,上眼睑上抬,下眼睑紧张,口微张,双唇紧张。

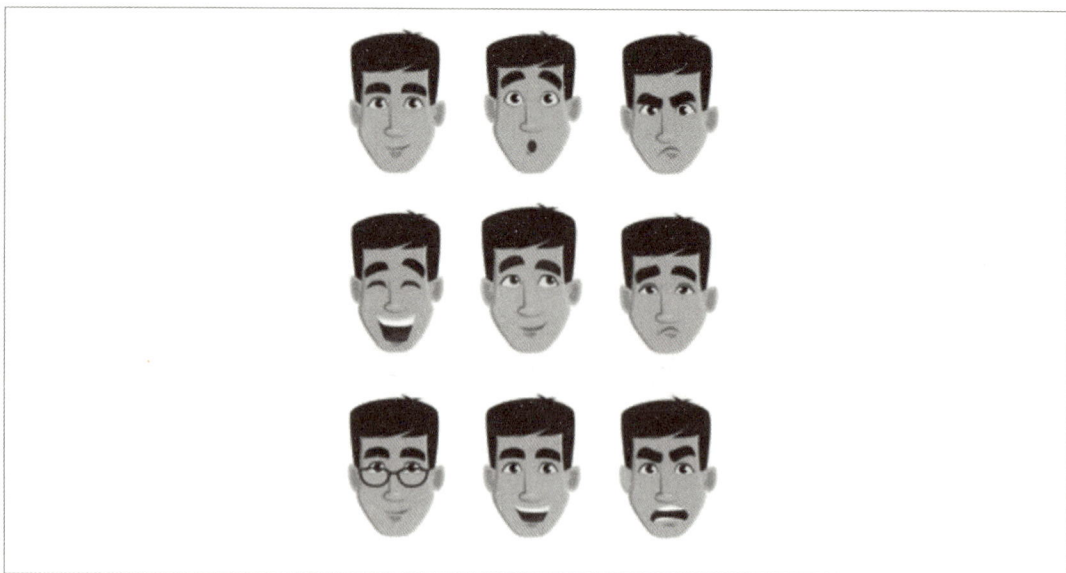

图 5-2　不同情绪的面部表情

人类面部表情的微小变化都隐藏着真实的情绪密码。在生活和工作中要学会通过观察面部表情来判断他人情绪,有针对性地采取沟通策略。

2.体态表情

情绪有时可以通过身体姿势表现出来。比如放松时,如果人坐着,身体会往后靠,胳膊和腿随意地伸开;当人对谈话感到愉悦时,身体会朝向自己喜欢的发言者;当人的情绪紧张时,常常会紧紧握住双手。因此,通过一个人的体态表情,经常能判断出其"隐藏"的一些情绪。

再比如,考试成绩公布后,不用看面部表情,仅通过学生们从教室出来的体态表情,大概也能判断出他们考得怎样。当人情绪愉悦时,其身体姿态会更显挺拔;当人感到自信和骄傲时,其后背总是挺得很直,步伐轻快;当人情绪消沉时,其通常会驼着背,步子也显得拖沓。

3.语态表情

语态表情是指情绪在语言的声调、速度和重音上的表现。情绪愉快时语速轻快,悲伤时语气低沉、节奏缓慢,愤怒时音量变大、语速变快。比如,"你干吗"这三个字在不同的情绪下有不同的语气表达,当人愤怒时语速快,"干吗"两字语气加重、音调上扬。

情绪的三种表现方式以面部表情为主,体态表情和语态表情起辅助作用。

(三)生理唤醒

生理唤醒即与情绪密切相关的人体许多内部器官的活动。一般而言,手掌出汗、心怦怦跳和反胃等都与情绪密切相关。情绪的生理变化包括心率、血压、呼吸和其他很多身体状态的改变,这些反应大部分是由肾上腺素引起的。肾上腺素是一种由肾上腺分泌的激素,当交感神经系统被激活时,肾上腺素就会释放到血液中,进入循环。

许多不愉快情绪的生理反应都是一致的，包括心跳加快、肌肉紧张、口干、出汗、想吐、声音变大等。

练一练

在城市轨道交通客运服务中，识别乘客的情绪是进行调适的前提。图5-3是一组关于情绪的图片，请你试着识别图片中人的情绪，在相应的文字下方打"√"。

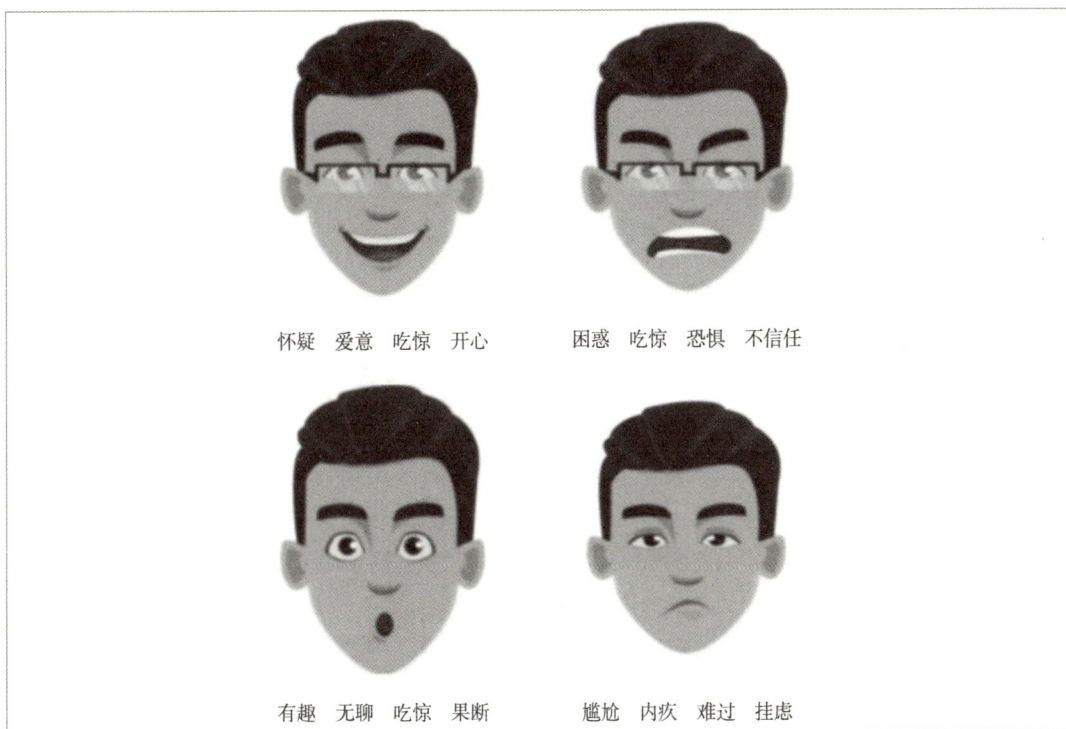

怀疑　爱意　吃惊　开心　　　　困惑　吃惊　恐惧　不信任

有趣　无聊　吃惊　果断　　　　尴尬　内疚　难过　挂虑

图5-3　关于情绪的图片

三、情绪的分类

（一）按人类的情感分类

人类的情绪复杂多样。《礼记》中记载了人的七种情绪，即喜、怒、哀、惧、爱、恶、欲。《荀子》一书列出六种情绪，即好、恶、喜、怒、哀、乐。

（二）按人类情绪的发展分类

（1）基本情绪：主要是指与人的生理需要相联系的内心体验。如快乐、恐惧、愤怒、悲哀、焦虑、满足等。

（2）社会情绪（情感）：情感是相对于情绪而言的一种内心体验，是与人的社会性需要相联系的，表现为一种较复杂而又稳定的态度体验，包括道德感、美感和理智感。

（三）按情绪的内容分类

（1）基本情绪：人类具有11种基本情绪，包括兴趣、惊奇、痛苦、厌恶、愉快、愤怒、恐惧、悲伤、害羞、轻蔑、自罪感等与生俱来的最基本、最原始的情绪。

（2）复合情绪：复合情绪是由不同的基本情绪复合而来的。如愤怒、厌恶、轻蔑几种情绪可复合为敌意，恐惧、自罪感、痛苦、愤怒几种情绪的复合是典型的焦虑。

（四）按情绪强度、发生速度及持续时间分类

（1）心境。心境是一种强度微弱、持续时间较长，且具有渲染性和弥漫性的情绪状态。孟郊"春风得意马蹄疾，一日看尽长安花"，说明在愉悦的心境中仿佛一切都是美好的，这有益于人的身心健康；林黛玉"一年三百六十日，风刀霜剑严相逼"，说明在不愉快的心境中仿佛一切都是凄凉的，这不利于人的身心健康。一般的情绪反应持续时间短则几秒，长则几小时，但一种心境可以持续一天甚至许多天。

（2）激情。激情是一种爆发强烈、持续时间短暂的情绪状态，具有明显的生理变化和外部行为表现。人在激情状态下，会产生明显的外部表现，如大哭大叫、手舞足蹈等；同时还会出现显著的生理变化，如血压升高、呼吸加快等。但短暂的激情过后，人又会很快平息下来，甚至出现精疲力竭的状态。

（3）应激。应激是人在突然出现的危险或意外等紧急情况下所产生的情绪状态。如在案例5-1中，事发时列车正在进站，乘客突然往轨道中投掷物品，当班列车司机在应激状态下会调动其体内全部的能量来应对突发的变故，迅速将列车紧急制动。一般来说，人在应激状态下产生的生理变化会受到经验、性格、价值观等因素的影响，因此，城市轨道交通行业对列车司机心理素质的要求是比较高的。

单元5.2　乘客情绪特征与影响因素

一、乘客的情绪特征

城市轨道交通乘客的情绪特征主要包括情绪的两极性、感染性、扩散性及非理性四个方面。

（一）情绪的两极性

情绪的两极性是情绪不同于其他心理过程的一个重要性质，即每一种情绪都能找到与之对立的情绪。主要体现在以下四个方面。

1. 肯定与否定的两极

情绪具有肯定与否定的对立性质,如满意与不满意、愉快与悲伤、爱慕与憎恨、兴奋与沮丧等。乘客对城市轨道交通客运服务认同时就会感到愉快和满意;但乘客认为客运服务不好时,就会感到不高兴或愤怒。构成乘客肯定和否定两极的情绪,并不绝对互相排斥,在一定条件下可以相互转化。

对于不同的情况或不同的人而言,同一种情绪可能既具有肯定积极的性质又具有否定消极的性质。例如,恐惧易抑制人的行动,减弱人的精力,但也可能驱使个体调动精力与危险情境作斗争。

2. 激动与平静的两极

激动的情绪表现为强烈的、短暂的、爆发式的体验,如狂喜、绝望、激愤等。激动情绪的产生往往与在人日常工作和生活中占重要地位、起重要作用的事件的出现有关,同时又出乎意料,违反原来的愿望和意向,并且超出了人的意志控制范围。与短暂而强烈的激动情绪相对立的是平静的情绪,人在多数情境下是处在平静的情绪状态之下的,这时,城市轨道交通乘客能够平安出行,客运服务人员能够进行持续的客运服务工作。

3. 紧张与轻松的两极

当所处的情境会直接影响个人重大需要的满足,以及在需要完成重大任务时,人们的情绪就会紧张起来;反之,则比较轻松。一般来说,紧张的情绪与人的活动的积极状态相关。城市轨道交通客运服务人员在应对地铁高峰时段大客流时,需要激发一定的紧张情绪,以更好地疏导客流。但紧张过度会使心理活动受到干扰,导致行为失调。

4. 由弱到强的两极状态

情绪的两极性还表现在强度上,即从弱到强的两极状态。许多形式的情绪都有强弱的等级变化,如从微弱的不安到强烈的激动、从愉快到狂喜、从微愠到暴怒、从担心到恐惧等。情绪的强度越大,个体被情绪影响的趋势越大。个体情绪的强度既与引起情绪的事件对人的意义大小有关,也与人的目的和动机强度有关。

以上从情绪的两极性分类中归纳了情绪的某些表现形式上的特征。这些从不同侧面归纳出来的情绪的表现形式,往往成为人们度量情绪的尺度,即情绪的强度、情绪的紧张度、情绪的激动程度、情绪的快感程度、情绪的复杂程度等。

(二)情绪的感染性

人的情绪具有很强的感染性,不仅影响自身的身心状态,还会感染其他人。在日常人际交往互动中,人们很容易受到他人情绪的感染,从而产生相应的情绪体验。积极的情绪向周围的人传递的是愉悦、满意、接纳的信息,让人心情愉快;消极的情绪向周围的人传递的是不满、排斥、拒绝等信息,会使人心情压抑。心理学家研究发现,人的恶劣情绪像病毒和细菌一样具有感染性,而且感染的速度非常快,只要 20 分钟,一个人就可以受到他人低落情绪的感染。为保障城市轨道交通安全、有序运营,客运服务人员一定要注意防止乘客负面情绪的蔓延。

地铁站用背景音乐缓解乘客的疲惫、焦虑

北京地铁 5 号线的站台设计和色彩非常具有特色,唯独背景音乐不尽人意,与周边环境不够协调。相关人士建议地铁 5 号线应根据不同的背景选择背景音乐,将背景音乐更加细化。比如传统味道十足的天坛东门站可以播放用古琴等传统乐器演奏的曲目;灯市口站位于市中心,可以选择古典与现代相结合的音乐等。

有关部门针对北京地铁的特点拟订了"地铁站背景音乐播放管理系统方案",从而提升地铁背景音乐的播放品质,使背景音乐与公共环境融合。据了解,不同的车站将播放不同的背景音乐,力求与周边环境协调。这套方案实施前期,"随站背景音乐"在北京地铁 5 号线雍和宫站和灯市口站进行了试用。

北京地铁 5 号线的站点都具有浓郁的北京特色,加之客流量大,站台的背景音乐就显得尤为重要了。一位 5 号线的乘客说:"地铁 5 号线内播放的大多是一些民乐、新民乐和轻音乐,听着这样的音乐去上班是一种享受。"地铁 5 号线管理人员告诉记者:"地铁 5 号线背景音乐的播放与所停靠车站的文化氛围相协调,这样一方面可以适当掩盖环境噪声,另一方面也能改善和缓解人们因劳累和拥挤产生的忧郁情绪和烦躁心情。"

(资料来源:https://www.musictherapy5.com/yeneidongtai-show-206.html)

(三)情绪的扩散性

情绪的扩散性包括内扩散和外扩散。内扩散是情绪在主体自身的扩散,表现为主体对某一对象产生的某种情绪体验,使主体对其他对象也产生同样的情绪体验。也就是说,当一个人处于某种心境时,往往会以同样的心境去看待其他事物。不良的情绪会使人感到枯燥乏味,而当一个人心情舒畅、情绪饱满时,对称心如意的事就表现出满意、愉快的心情,引起新鲜、亲切的体验。乘客情绪好,就会在乘车过程中表现出宽容大度,对乘车过程中的小是小非能够原谅容忍,并妥善处理。相反,乘客的情绪不佳就容易对小事求全责备,甚至会勃然大怒,容易把无名之火发在周围人甚至客运服务人员身上,引起乘客与客运服务人员之间的冲突。外扩散性又称情绪的感染性。乘客的情绪或心境会在乘车过程中通过语言、动作、表情影响其他乘客,从而引起情绪上的共鸣。

(四)情绪的非理性

人无论产生什么样的情绪,都伴随有相应的神经活动。例如,当人在快乐时,神经中枢会分泌出一种物质,科学家称其为"快乐因子";当人在烦闷时,神经中枢也会分泌出一种物质,科学家称其为"痛苦因子"。这些"因子"的分泌是人的自主神经活动和体内激素分泌的结果,所以,带有明显的本能反应特征,这使得人有时情绪会不受自身控制,做出一些连自己都吃惊的非理性行为。在城市轨道交通客运服务中,要注意引导和控制乘客的非理性行为。

地铁乘客情绪崩溃　工作人员耐心安慰

公共视频画面显示,10月10日的晚上,有一名男乘客跌跌撞撞准备从上海地铁8号线虹口足球场站坐自动扶梯换乘3号线,就在走上自动扶梯的一刹那,这名男子双腿一软,摔倒在电梯上。一旁的民警和地铁客运服务人员立即按下紧急按钮停下电梯,男子的腿上已经受伤开始流血,客运服务人员想为他进行包扎,但是他却拒绝了。

这时男乘客一下子情绪崩溃了,一边哭一边向客运服务人员诉说自己的工作生活压力大,就快要承受不住了。客运服务人员耐心倾听,并对其开导劝说。上海地铁8号线虹口足球场站值班站长卢站长表示:"我们救助这名乘客的时候发现他腿部有伤,帮他包扎的时候他表示拒绝,乘客又喝过酒,情绪一下子爆发出来了,就说要赶着去上班,一边流泪一边说自己经济压力非常大,生活如何艰辛,希望我们不要将事情告诉家人,我们劝说他还是要以身体健康为重,大家都在社会上工作,工作压力都非常大,还是要以积极乐观的心态调解自身来面对困难。"将近半个小时后,男子的情绪才慢慢平复,终于同意让工作人员为他清理一下伤口,并向工作人员表示了感谢,工作人员又将他送至3号线的站台候车。

(资料来源:https://www.ixigua.com/6884528681725886980)

♡ ♡ ♡

二、影响乘客情绪的主要因素

(一)乘客的需求能否得到满足

选择城市轨道交通方式出行的乘客主要有三方面的需求:

(1)安全的心理需求。安全需求是乘客最基本的出行需求,每位乘客都希望能够平平安安地乘坐城市轨道交通。

(2)便捷的心理需求。方便与快捷的心理需求体现在购票检票、候车乘车、换乘抵达、验票出站等程序当中。乘客希望购票迅速,检票设备、自动扶梯等车站设施运行顺畅。

(3)准点的心理需求。一般乘客出行都有一定的目的性和计划性,选择城市轨道交通出行正是看重其准点运营的优势。

(二)乘客的认知特点

乘客的情绪是伴随着一定的认识过程而产生的,因此,同一名客运服务人员提供同样的服务,不同乘客由于个体认知的差异,对其评估可能不同:判断为符合自己需要的乘客会产生肯定的情绪,判断为不符合自己需要的乘客则产生否定的情绪。同一乘客在不同的时间、地点和条件下对同一项客运服务的认知、评估可能不同,因而产生的情绪、情感也存在一定差异。

(三)乘客的归因方式

乘客不同的归因方式会引发不同的情绪和情感。例如,在地铁运营高峰时段,客流量较大,出现服务缺陷在所难免。对于客运服务缺陷,如果乘客将其归因于外部不可控的原因,乘客相对来说更容易被唤起接受、理解和感激等类似的情感;但如果乘客认为这是内部可控原因引起的(如客运服务人员经验不足),其则很容易产生愤怒等情绪,甚至去投诉。

(四)乘客的人际关系

乘车过程中,良好的人际接触和交往关系会带给乘客良好的乘车感受,而人际关系不和谐可能会给城市轨道交通造成损失,如案例 5-1 中的乘客,因与他人发生矛盾和冲突,产生了消极情绪,无法自我控制,最终导致不良后果的产生。

(五)乘客的身体状况

身体健康是愉快情绪产生的基础,因此,城市轨道交通客运服务人员应该随时注意乘客的身心状态,适时提供必要的帮助。

(六)乘客的个性

情绪还与每个人的性格和气质相关。例如,内向性格的人比较沉静,情绪平稳;外向性格的人则比较好动,情绪波动较大。

心理文摘5-3

挥霍情绪其实是挥霍自己

一日早高峰期,沈阳地铁内两名女子因车厢拥挤互相撕扯起来。事发时,地铁运行到工业展览馆站。事情的起因是车厢内拥挤,引发两女子争吵,进而上演"全武行"。有目击者称,厮打期间两名女子包内化妆品等杂物全部散落在地上,一名好心男乘客在现场拉架,也被挠伤。

就这两名女子打架事件,网友纷纷评论,大多数人都对这两名女子进行声讨。大家都认为,地铁内打架是没素质的表现。

网友"燕侠":挤一下又能怎么样?碰一下说一句"对不起"又能怎么样?这又是何苦呢?宽容一些,给别人带去方便,自己也会快乐!

网友"心静如水":有损沈阳人的形象。各让一步少说一句有什么大不了呢?弄得两败俱伤,满车厢人看笑话,你们觉得这事好吗?

网友"唯我独逸7871":我感觉就是要互相理解,被挤的以宽容的心态对待别人的无意冒犯,不小心碰到别人的说声"对不起"也不会矮化自己。

那些在人群中肆意挥霍情绪的人何尝不是在挥霍自己。

乘客的情绪树

请在白纸上画一棵情绪树(图5-4),并用自己喜欢的方式在树上表达出乘客在乘坐地铁时可能体会到的情绪。树的形状、装饰可以随意设计。画完之后,展示出来,并与周围的人分享自己的情绪树。

做情绪的主人

图5-4 情绪树示例

想一想:为什么乘客在乘坐地铁时会出现不同的情绪体验?这些情绪体验的出现与哪些因素有关?

♡ ♡ ♡

单元5.3 乘客情绪管理与服务

在正常运营状态下,城市轨道交通为乘客出行设计的正常流动路径为:进站购票→进站闸机→站台候车→登上列车→到站下车→离开站台→出站闸机→出站离开。城市轨道交通在多专业、多工种配合和衔接中难免会出现临时性故障,影响乘客出行的安全和便利,从而造成乘客的情绪波动。

一、认识情绪在城市轨道交通客运服务中的意义

(一)了解乘客的情绪是客运服务的着眼点

乘客的情绪是客运服务人员了解乘客心理的最佳途径,是客运服务的着眼点,同时为提升城市轨道交通客运服务工作水平提供重要依据。乘客的心理波动通常会伴随一些典型的外在表现,客运服务人员要学会分析乘客的异常情绪,管理和应对乘客的不良情绪反应。在确保安全的前提下,为乘客提供愉悦的出行体验是客运服务人员的不懈追求,也是城市轨道交通运营企业提高竞争力的重要手段。

（二）掌控乘客的不良情绪是客运服务的防御点

乘客背景复杂，有极少数乘客可能做出极端行为，这不仅影响正常的客运服务秩序，也会引发乘客不稳定的消极情绪。因此，一名优秀的城市轨道交通客运服务人员应该能够做到时刻以敏锐的眼光观察车站、列车等周围的一切，同时能够迅速、果断地调控周围人群的情绪，做到眼观六路、耳听八方，一旦感受到消极和危险的情绪苗头，就必须在第一时间进行化解和调适。因此，掌控乘客的不良情绪是城市轨道交通客运服务工作中的一个重要防御点。

二、乘客不良情绪的调适与服务管理

城市轨道交通乘客出行的不良情绪归结起来主要有焦虑、恐惧、愤怒等。

（一）焦虑情绪的调适与服务管理

焦虑是当人们遇到某些事情如困难、挑战或危险时出现的一种正常的情绪反应，可能在人遭受挫折时出现，也可能在没有明显诱因的情况下发生，焦虑就是人在缺乏充分客观依据的情况下出现的某些情绪紊乱。如案例5-1中的紧急情况，乘客因情绪焦虑而激动，竟逼停进站列车8分钟，对整个线路的客运服务造成了破坏性影响。由于焦虑是人们为应对情境中的一些特殊刺激而产生的正常心理反应，所以，只有当焦虑原因不存在、不明显或在人们对即将来临的后果有了心理上的承受准备时，焦虑情绪才会被消除。结合现代心理学理论，正确处理乘客焦虑情绪的方式主要包括以下四个步骤：接纳、分享、设范、规划。

首先是接纳。接受乘客的情绪，表露出"我接纳你并且愿意与你沟通"的诚意。

接纳乘客的情绪，就是不管乘客因为什么事情处于怎样的情绪状态，都要先假定这件事对他很重要，他所表现出来的情绪在你这里是能被接受和理解的。例如，当乘客表现出愤怒或急躁情绪时，可以走上前去，用关切的语气问："请问您发生了什么事？需要我的帮助吗？"当你用这种接纳的口吻与对方交流时，对方是能感受到你善意的关怀和诚意的。切忌用质问、批评的态度对待乘客的情绪，例如说："你急什么呀！"

其次是分享。分享乘客的感受与面临的状况。

与乘客分享情绪，并不是告诉乘客这是他应该有的感觉，而只是单纯地帮助乘客正确认识此时的内心感受。在与乘客分享情绪时，可以提供一些相关的词汇帮助乘客把内心的情绪厘清。例如，"您感到很难过，是吗？""您感到焦急不安，是吗？"如果客运服务人员先让乘客说出事情的内容而不是先化解对方的情绪，那么乘客很可能越说情绪越激动，使问题处理起来更加棘手。

再次是设范。勾勒一个规范框架，对妥当的行为予以肯定，对不妥的行为提出质疑。

这一步骤的实践技巧在于，先对乘客妥当的行为予以肯定，维护其尊严与自信，引起其心理共振；然后对其不妥行为提出质疑，让其明白什么是应当的，什么是不应当的。例如说："地铁里人多拥挤，我很理解您的感受。但磕碰总是避免不了的，您这么大火气不是伤到您自身了吗？"

最后是规划。提供解决问题的合理方案,引导乘客采纳方案。

通过以上步骤,乘客会思考:"我有这样的情绪原来不是错误,但应该怎样去处理问题呢?"此时客运服务人员可以帮助乘客找出更好的做法,还可以引导其拓展自己的想法,帮助其做出更好的选择,鼓励乘客自己解决问题。

心理文摘 5-4

负面情绪的控制与疏导

我国许多古人的境界很高,比如,孔子终身奉行一个"恕"字,恕己恕人。如果达不到这么高的境界,就去做一件喜欢的事发泄负面情绪。清代作家李渔的方法是写字:"予生无他癖,惟好著书,忧借以消,怒借以释"。郑板桥则更加直接,当他官场受挫、郁郁不得志时,就提笔画竹(图5-5)。画完以后,心情舒畅了,画艺也越发纯熟,一箭双雕。真正能成就事业的人是能把情绪调控好的人。

图5-5　郑板桥画竹

(二)恐惧情绪的调适与服务管理

恐惧是人们在面临危险时所产生的情绪反应。伴随恐惧情绪而来的生理感觉有心跳过快或过慢、盗汗、颤抖甚至一些更加强烈的生理反应。突然的、强烈的恐惧可能会导致人死亡。逃离危险是人先天就具有的心理特征,这种恐惧的本能使人们下意识地远离危险源,获得安全感。

在城市轨道交通正常运营的情况下,乘客一般不会产生恐惧情绪,只有当发生紧急状况,信息传递不及时、不畅通时,乘客才会恐慌。例如,韩国大邱地铁站发生火灾时,地铁站工作人员没有在第一时间对乘客进行应急指挥和疏导,突然的火灾使大多数乘客陷入极度恐慌的情绪中,地铁站客流组织失控,损失惨重。恐惧心理在人群中是具有感染性的,个别乘客的恐惧情绪如果没能得到及时消除,往往会在人群中弥漫和扩散,其蔓延速度与乘客对危险的判断及心理承受力相关。

在城市轨道交通客运服务中,客运服务人员必须在第一时间消除乘客的恐惧情绪,防止产生群体性恐慌,避免客运秩序失控。最有效的方法是通过广播等手段及时让乘客认识到整个事态和局面都在车站的掌控之中,因势利导地对处于恐惧中的人群进行合理的组织和疏导。如在案例5-1中,列车遭遇突发事件紧急停运,许多乘客被迫困于万寿路站—公主坟站隧道里,当时列车司机就做得很好,每隔两三分钟就通过广播告知是临时停车并安抚乘客的情绪。

以车站广播这样的权威方式及时进行信息发布,同时由穿着制服的车站人员进行现场指挥,可以有效地消除乘客的怀疑和恐惧心理,避免事态的进一步恶化,保证良好的城市轨道交通运营秩序。

(三)愤怒情绪的调适与服务管理

愤怒是当个体感觉自身需要不能得到满足、权益受到侵犯、遭遇不公正对待,或者被他人的行为、言语冒犯时,内心产生的一种较为强烈的负面情绪,常伴有脸红、肌肉紧张、心跳加快、浑身发热甚至想采取攻击性行为等外在表现。比如在地铁站排队时有人插队,被插队者就容易产生愤怒情绪。如果任由愤怒情绪不受控制地爆发出来,其很容易在地铁环境中被进一步放大。

对于乘客的愤怒情绪,客运服务人员可以通过张贴海报、播放广播、举办文明乘车活动等方式,积极宣传文明乘车的理念,提高乘客的规则意识和文明素养。可以引导乘客在乘坐地铁前通过深呼吸、放松训练、听音乐等方式调整自己的情绪状态。

情绪不好易生病

客运服务人员在工作中还可以通过地铁文化活动、社会公益活动等形式,营造友好的公共交通环境,同时在地铁车厢内设置紧急呼叫按钮和求助电话,方便乘客在遇到问题时及时求助,提升地铁服务质量。

✷ 实训任务

请完成实训任务5:体验和调适乘客的情绪。见本教材第185页配套实训活页。

✷ 课后交流

1. 城市轨道交通乘客情绪的特征有哪些?
2. 影响城市轨道交通乘客情绪的因素有哪些?
3. 客运服务人员应当如何调适乘客的负面情绪?

城市轨道交通客运服务心理学(第3版)

单元 6

城市轨道交通乘客
个性心理与服务

学习目标

1. 理解城市轨道交通乘客的个性心理特征。
2. 掌握乘客的气质差别并将其应用于客运服务。
3. 掌握乘客的性格差别并将其应用于客运服务。
4. 掌握乘客的能力差别并将其应用于客运服务。

内容结构

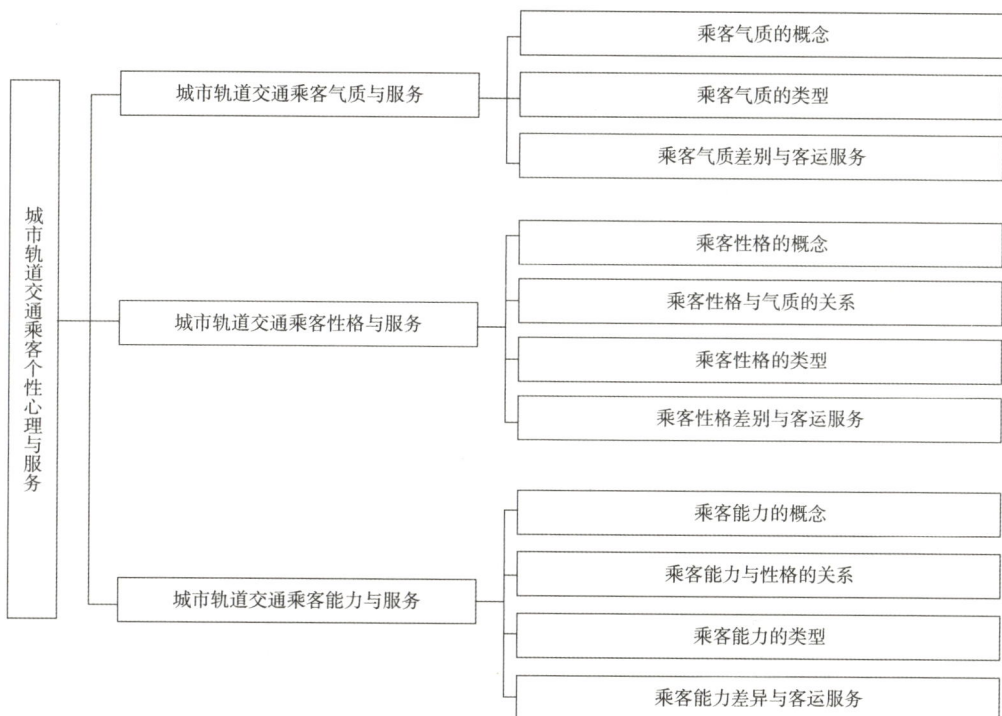

城市轨道交通乘客个性心理与服务

- 城市轨道交通乘客气质与服务
  - 乘客气质的概念
  - 乘客气质的类型
  - 乘客气质差别与客运服务

- 城市轨道交通乘客性格与服务
  - 乘客性格的概念
  - 乘客性格与气质的关系
  - 乘客性格的类型
  - 乘客性格差别与客运服务

- 城市轨道交通乘客能力与服务
  - 乘客能力的概念
  - 乘客能力与性格的关系
  - 乘客能力的类型
  - 乘客能力差异与客运服务

地铁 4 号线乘客手机声音外放，引发纠纷

在繁忙的轨道交通中，部分乘客习惯性地将电子设备声音外放，这已成为一种无形的"噪声暴力"，给其他乘客带来了不小的困扰。

2024 年 1 月，北京警方发布一则警示案例。案例中，刘某在乘坐地铁 4 号线时将手机声音外放，引起了周围乘客的不满。沈某出于维护公共环境的考虑，善意提醒刘某调低音量，但刘某并未理睬。地铁到站停车，刘某在起身离座的过程中，背包不慎与沈某发生碰撞。沈某误以为这是刘某的报复行为，顿时怒火中烧，两人随即发生了口角。幸运的是，地铁客运服务人员及时介入，将两人分开，避免了事态的进一步恶化。

然而，沈某的愤怒并未因此平息。他跟踪刘某至地铁 16 号线，并在那里对刘某进行了殴打。这一行为触犯了法律，沈某因殴打他人被警方依法行政拘留。

交通运输部印发的《城市轨道交通客运组织与服务管理办法》中明确规定，使用电子设备时不得外放声音。地铁每日承载着众多乘客，偶尔的摩擦在所难免。在采用地铁等轨道交通出行方式时，如果遇到矛盾，应保持冷静，避免直接冲突，用理性沟通解决问题，共同维护和谐有序的轨道交通乘车环境（图 6-1）。

图 6-1 和谐有序的轨道交通乘车环境

思考：

（1）案例中的乘客沈某为什么会有如此冲动的行为表现？

（2）面对个性不同的乘客，客运服务人员应该如何做好服务？

（资料来源：https://baijiahao.baidu.com/s? id = 1788881514290083604&wfr = spider&for = pc）

正如世界上没有两片完全相同的树叶一样，这个世界上也没有两个完全相同的人。有的乘客行为稳重，言语得体；而有的乘客则容易起急，脾气暴躁，这与每名乘客的个性心理特征不同有关。

乘客的个性心理特征是指乘客经常性地、稳定地表现出来的心理特点，主要包括气质、性格和能力，是多种心理特征的独特组合，集中反映了乘客个体的心理面貌的类型和差异。在城市轨道交通客运服务中，客运服务人员了解和把握好乘客的个性心理特征，将有助于妥善化解和处理好各种矛盾，提高服务质量。

单元 6.1 城市轨道交通乘客气质与服务

一、乘客气质的概念

气质是个体生来就具有的心理活动的动力特征，是人格的先天基础。但与人们日常所

说的"这个女孩好有气质啊"中的"气质"有所不同,而与生活中常说的"脾气""秉性"类似。在个体生长发育过程中,气质有可能随着环境和本身成熟度的变化而发生改变。例如,在后天的教育下,脾气急躁的人可能变得较能克制自己,而行动迟缓的人可能变得行动迅速。也就是说,一个人的气质具有极大的稳定性,但也有一定的可塑性。

二、乘客气质的类型

乘客的气质是乘客典型的、稳定的心理特点,包括乘客心理活动的速度(如语言、感知及思维的速度等)、强度(如情绪体验的强弱、意志的强弱等)、稳定性(如注意力集中时间的长短等)和指向性(如内向性、外向性)。这些特征的不同组合,构成了每个乘客的气质类型,使乘客的全部心理活动都染上了个性化的色彩。乘客的气质类型通常分为胆汁质、多血质、黏液质、抑郁质四种。不同气质类型的乘客行为特点也不相同。

(一)胆汁质类型

胆汁质类型的乘客反应速度快,具有较高的反应性与主动性。这类乘客情感和行为动作产生得迅速而且强烈,有极明显的外部表现;性情开朗、热情、坦率,但脾气暴躁,好争论;情绪易激动但不持久;精力旺盛,但有时缺乏耐心;思维具有一定的灵活性,但对问题的理解具有粗枝大叶、不求甚解的倾向;意志坚强、果断勇敢,注意力稳定而集中但难以转移;行动利落而又敏捷,说话速度快且声音洪亮。

在案例6-1中,当刘某手机声音外放影响了沈某时,沈某没有选择忽视或忍受,而是主动上前沟通,提醒刘某调整音量。这种行为体现了沈某对环境变化的高度敏感性和积极应对的态度,是胆汁质类型中"热情、直率"特点的一个表现。

在刘某背包与沈某发生碰撞后,沈某未经深入了解和冷静分析,便直接认为这是刘某的报复行为,并当场爆发情绪。这种快速且强烈的情绪反应,以及倾向于将事件负面化的解读方式,符合胆汁质类型中"脾气暴躁、易激动"的特点。

(二)多血质类型

多血质类型的乘客行动具有很高的反应性。这类乘客的情感和行为动作发生得很快,变化得也快,容易形成有朝气、热情、活泼、爱交际、有同情心、思想灵活等品质;易于产生情感,但体验不深,容易出现变化无常、粗枝大叶、浮躁、缺乏一贯性等特点。语言具有表达力和感染力,姿态活泼,表情生动,喜欢与人交往,有明显的外倾性特点;机智灵敏,思维灵活;注意力与兴趣易转移,不稳定;在意志力方面缺乏持久性,毅力不强。因此,多血质类型的乘客通常活泼好动,灵活性高,易于适应环境变化,善于交谈,喜欢与人交往,对什么都感兴趣,但兴趣易变化。

(三)黏液质类型

黏液质类型的乘客反应性低。情感和行为动作进行得迟缓、平静,善于克制忍让;情绪不易激动,也不易流露感情。态度持重,不卑不亢,不爱空谈,严肃认真,很少产生激情,遇到不愉快的事也不动声色；注意力比较稳定、持久，难以转移；思维灵活性较差，但比较细致，喜欢沉思；在意志力方面具有持久性，对自己的行为有较大的自制力，能克制冲动；沉默寡言，办事谨慎细致，从不鲁莽，恪守既定的工作制度和生活秩序，行为和情绪都表现出内倾性，可塑性差。

(四)抑郁质类型

抑郁质类型的乘客体验情绪的方式较少，情绪稳定且产生得很慢，对情感的体验深刻、有力、持久，而且具有高度的情绪易感性。抑郁质类型的乘客一般表现为聪明且观察敏锐，善于发现他人观察不到的细微事物，敏感性高，行为孤僻，不善交往，表情腼腆，多愁善感，行动迟缓，优柔寡断，具有明显的内倾性。

心理文摘 6-1

"看戏迟到"与气质类型

心理学家巧妙地设计了"看戏迟到"的特定问题情境，对四种典型气质类型的人进行观察研究，结果发现，具有四种基本气质类型的观众，在面临同一情境时有截然不同的行为表现，气质使其心理活动染上了一种独特的色彩。

胆汁质类型的人面红耳赤地与检票员争吵起来，甚至企图推开检票员，冲过检票口，径直跑到自己的座位上去，并且还会埋怨说，戏院时钟走得太快了。

多血质类型的人明白检票员不会放他进去，他不与检票员争吵，而是悄悄跑到楼上另寻一个适当的地方来看戏剧表演。

黏液质类型的人看到检票员不让他从检票口进去，便想反正第一场戏不太精彩，还是暂且到小卖部待一会儿，待幕间休息再进去。

抑郁质类型的人面对此情境会说自己老是不走运，偶尔来一次戏院，就这样倒霉，接着就垂头丧气地回家了。

在现实生活中，并不是每个人的气质都能归入某一单一类型。除少数人具有单一气质类型的典型特征之外，大多数人偏向于中间型或混合型，也就是说，他们较多地具有某一单一气质类型的特点，同时又具有其他气质类型的一些特点。

(资料来源：https://www.sohu.com/a/215582508_529012)

三、乘客气质差别与客运服务

(一)为胆汁质类型乘客服务

在为胆汁质类型乘客服务时，客运服务人员应注意自己的服务态度和情绪控制，及时应答，简洁明了，头脑冷静，不要触发该类乘客的冲动点，激怒对方，引发不必要的矛盾。例如，在案例6-1中，客运服务人员面对沈某的情绪化反应，应保持耐心冷静，倾听其诉求，展现出理解与尊重；对沈某要主动沟通解释，及时回应，消除疑虑，避免矛盾激化。同

城市轨道交通客运服务心理学（第3版）

时,客运服务人员在服务中要灵活调整策略,满足沈某变化的需求,与其建立信任关系,并不断总结和改进服务策略。

(二)为多血质类型乘客服务

在为多血质类型乘客服务时,客运服务人员应注意交谈的互动性,除了交谈,还应主动为乘客提供更多的信息。为多血质类型乘客解决疑难问题时应多注意其愿意尝试新鲜事物、变通性比较强的特点,转移其注意力,化解矛盾和问题。多血质类型乘客情绪一般明显外露,客运服务人员可以根据乘客情绪表现适时调整应对策略,耐心对待,有问必答,百问不厌。例如,在为喜欢与人攀谈的多血质类型老年乘客服务时,要耐心细致地解答,做好乘车引导服务。

(三)为黏液质类型乘客服务

在为黏液质类型乘客服务时,客运服务人员应仔细观察,尽快厘清事情的来龙去脉,理解乘客的真实意图。因为黏液质类型乘客表现一般比较内敛,客运服务人员通常不清楚其真实想法。黏液质类型乘客即使对客运服务不满意,也不会轻易表现出来,但有可能以后会选择其他出行方式出行。因此,客运服务人员要多注意自己的服务态度,严格按照正确的流程提供服务,在不过分关心的基础上提出合理的建议,有的放矢,注意服务细节。

(四)为抑郁质类型乘客服务

在为抑郁质类型乘客服务时,客运服务人员应当表现得放松或随意些,不特别关注他们,尽量避免造成此种类型乘客的不自在,避免不善交流且非常敏感的抑郁质类型乘客产生悲观情绪,进而影响其乘车行为。例如,在为抑郁质类型乘客提供问询服务时,态度应当温和、细致,增强其信心,打消顾虑,鼓励乘客一定可以顺利地完成乘车过程。

❋ 测一测

趣味测试:气质类型

气质是人心理活动和行为动作方面的动力特点的综合,其本身无所谓好坏。

请你阅读下列问题,然后根据你的实际情况在问题后面给予相应的评分:很符合自己的情况记 2 分;比较符合的记 1 分;介于符合与不符合之间的记 0 分;比较不符合的记 –1 分;完全不符合的记 –2 分。

1. 做事力求稳妥,不做无把握的事。(　　)
2. 遇到可气的事就怒不可遏,把心里话全都说出来才痛快。(　　)
3. 宁肯一个人干事,也不愿很多人一起工作。(　　)
4. 到一个新环境很快就能适应。(　　)
5. 厌恶那些强烈的刺激,如尖叫、噪声、危险镜头。(　　)
6. 和人争吵时,总是先发制人,喜欢挑衅。(　　)
7. 喜欢安静的环境。(　　)
8. 善于和人交往。(　　)
9. 羡慕那种善于克制自己感情的人。(　　)

10. 生活有规律,很少违反作息制度。(　)

11. 在多数情况下情绪是乐观的。(　)

12. 碰到陌生人觉得很拘束。(　)

13. 遇到令人气愤的事,能很好地自我控制。(　)

14. 做事总是有旺盛的精力。(　)

15. 遇到问题时常举棋不定,优柔寡断。(　)

16. 在人群中从不觉得过分拘束。(　)

17. 情绪高昂时,觉得干什么都有趣;情绪低落时,又觉得什么都没意思。(　)

18. 当注意力集中于某一事物时,别的事很难使我分心。(　)

19. 理解问题总比别人快。(　)

20. 碰到危险情境时,常有一种极度恐惧感。(　)

21. 对学习、工作、事业怀有很大的热情。(　)

22. 能够长时间做枯燥、单调的工作。(　)

23. 符合兴趣的事情,干起来劲头十足,否则就不想干。(　)

24. 一点小事就能引起情绪波动。(　)

25. 讨厌做那种需要耐心的细致的工作。(　)

26. 与人交往不卑不亢。(　)

27. 喜欢参加氛围热烈的活动。(　)

28. 爱看感情细腻、描写人物内心活动的文学作品。(　)

29. 工作、学习时间长了,常感到厌倦。(　)

30. 不喜欢长时间谈论一个问题,愿意实际动手干。(　)

31. 宁愿侃侃而谈,不愿窃窃私语。(　)

32. 被人说我总是闷闷不乐。(　)

33. 理解事情常比别人慢些。(　)

34. 疲倦时只要短暂地休息就能精神抖擞,重新投入工作。(　)

35. 心里有事,宁愿自己想,不愿说出来。(　)

36. 认准一个目标就希望尽快实现,不达目的誓不罢休。(　)

37. 和别人学习、工作相同的时间,常比别人更疲倦。(　)

38. 做事有些莽撞,常常不考虑后果。(　)

39. 老师或师傅讲授新知识、新技术时,总希望他讲慢些,多重复几遍。(　)

40. 能够很快忘记那些不愉快的事情。(　)

41. 做作业或完成一件工作总比人花的时间多。(　)

42. 喜欢运动量大的剧烈体育活动,或参加各种文艺活动。(　)

43. 不能很好地把注意力从一件事转移到另一件事上去。(　)

44. 接受一个任务后,就希望把它迅速解决。(　)

45. 认为墨守成规比冒风险强些。(　)

46. 能够同时注意几件事物。(　)

47. 当我烦闷的时候,别人很难使我高兴起来。(　)

48. 爱看情节起伏跌宕、激动人心的小说。(　)

49. 对工作抱着认真严谨、始终一贯的态度。(　)

50. 和周围人总是相处不好。(　)

51. 喜欢复习学过的知识,重复做已经掌握的工作。(　)

52. 希望做变化大、花样多的工作。(　)

53. 小时候会背的诗歌,我似乎比别人记得更清楚。(　)

54. 别人说我"出语伤人",可我并不这样觉得。（　　　）

55. 在体育活动中,常因反应慢而落后。（　　　）

56. 反应敏捷,头脑灵活。（　　　）

57. 喜欢有条理且不太麻烦的工作。（　　　）

58. 兴奋的事常常使我失眠。（　　　）

59. 老师讲新概念时,我常常听不懂,但是懂了以后就很难忘记。（　　　）

60. 假如工作枯燥,马上就会情绪低落。（　　　）

确定气质类型的方法:

(1)先将每题的得分填入相应的括号内。

(2)计算每种气质类型的总得分数(表6-1)。

分数计算表　　　　　　　　　　表6-1

气质类型	题号	得分
胆汁质	2 6 9 14 17 21 27 31 36 38 42 48 50 54 58	
多血质	4 8 11 16 19 23 25 29 34 40 44 46 52 56 60	
黏液质	1 7 10 13 18 22 26 30 33 39 43 45 49 55 57	
抑郁质	3 5 12 15 20 24 28 32 35 37 41 47 51 53 59	

(3)确定气质类型。

①如果某类气质得分明显高出其他三类,且高出4分以上,则可定为该类气质。此外,如果该类气质得分超过20分,则为典型,如果得分为10~20分,则为一般型。

②两种气质类型得分接近,其差值低于3分,而且又明显高于其他两种,且高出4分以上,则可定为这两种气质类型的混合型。

③三种气质类型得分均高于第四种,而且接近,则为这三种气质类型的混合型,如多血质-胆汁质-黏液质混合型或黏液质-多血质-抑郁质混合型。

单元6.2　城市轨道交通乘客性格与服务

一、乘客性格的概念

性格是指个人对现实的稳定的态度和习惯化的行为方式。例如,一名乘客在任何场合都表现出对人热情、与人为善,这种对人对事的稳定的态度和习惯化的行为方式表现出的心理特征就是乘客的性格,人与人的个性差别首先表现在性格上。人的性格是在社会生活实践过程中逐步形成的。每个人所处的客观环境不一样,先天的气质不同,由此形成了不同类型的性格。

二、乘客性格与气质的关系

性格与气质都是描述个人典型行为的个性心理特征,二者既有区别,又有联系。

(一)性格与气质的区别

首先,气质是先天的,一般产生于个人成长的早期阶段,主要体现为神经类型的自然表现;性格是后天的,个体在生命的初期并没有性格,性格是人在活动中与社会环境相互作用的产物,反映了人的社会性。其次,气质的变化较慢,可塑性较小,即使可能改变,也非常不容易;性格的可塑性较大,环境对性格的塑造作用是明显的,即使已经形成稳定的性格,改变起来也要容易些。最后,气质无好坏善恶之分;性格则表现出个体与社会环境的关系,因而有好坏善恶之分。

(二)气质对性格的影响

首先,气质会影响一个人性格的形成。其次,气质可以按照自己的动力方式,渲染性格特征,从而使性格特征具有独特的色彩。例如,同样是乐于助人的性格特征,多血质者在帮助别人时,往往动作敏捷,情感明显表露于外;而黏液质者则可能动作沉着,情感不表露于外。最后,气质还会影响性格特征形成或改变的速度。

三、乘客性格的类型

本教材以"大五人格理论"为基础对乘客的性格类型进行分类。所谓"大五",是指人的个性可从五大维度进行评估,即外向性、尽责性、宜人性、开放性、神经质。

(一)外向性

外向性的显著标志是个体对外部世界的积极投入。外向性强的乘客乐于和人相处,充满活力,常常怀有积极的情绪体验。内向性强的乘客往往安静、抑制、谨慎,对外部世界不太感兴趣;内向性强的乘客喜欢独处,其独立和谨慎有时会被错认为不友好或傲慢。

(二)尽责性

尽责性是细致小心或按照良心支配自己的行动的人格特质。具体来说,尽责性包括自律、细心、彻底性、条理性、审慎(三思而后行的倾向),以及成就需要等元素。尽责的人通常工作勤奋可靠,他们倾向于按照道德和良心的指引行事。然而,当尽责性处于极端状态时,个体可能会表现出工作狂、完美主义或强迫行为等特征。相反,尽责性表现不明显的人不一定是懒惰或不道德的,但他们往往较为悠闲,较少以目标为导向,以及较少被成功驱动。

(三)宜人性

宜人性反映了每一位乘客在合作与社会和谐性方面的差异。宜人的乘客重视和周围人的和谐相处,因此,他们体贴、友好、大方、乐于助人、愿意谦让。不宜人的乘客更加关注自己的利益,他们一般不关心他人,有时候还会怀疑他人的动机。

(四)开放性

开放性描述乘客的认知风格。开放性强的人富有想象力和创造力,好奇心强,喜欢欣赏艺术,对美的事物比较敏感;开放性强的人偏爱抽象思维,兴趣广泛。封闭性强的人讲求实际,偏爱常规,比较传统和保守。

(五)神经质

神经质指乘客个体体验消极情绪的倾向。神经质表现明显的乘客更容易体验到诸如愤怒、焦虑、抑郁等消极的情绪,他们对外界刺激反应比一般人强烈,对情绪的调节能力比较差,经常处于一种不良的情绪状态下,并且这些乘客的思维、决策及有效应对外部压力的能力比较差。相反,神经质表现不明显的乘客较少烦恼,较少情绪化,比较平静,但这并不表明他们经常会有积极的情绪体验,频繁的积极情绪体验是外向性的主要表现。

四、乘客性格差别与客运服务

城市轨道交通客运服务人员要在很短的时间内对乘客的性格做出精准的判断,需要不断地细致观察乘客的外在特点、行为表现及情绪特征,这样才能更好地为乘客提供个性化的服务。

(一)按外向性的不同提供服务

为外向性高的乘客服务时,客运服务人员应注意维护乘客外向、乐观、做人做事都喜欢占主导地位的心理,调整好自己的心理状态,尽量满足乘客的合理需求和乘车意愿,真诚对待,根据乘客的心理特点进行引导。为外向性低的乘客服务时,应给予充分的尊重,有条不紊地按照服务准则进行服务,以理服人,服务时还要做到有理有据,严守客运服务守则,提高服务水平。

(二)按尽责性的不同提供服务

尽责性性格的乘客最大特点是言语不多,交流互动很少,容易导致客运服务人员无法了解其是否明白自己所表达的意思。在为这种类型性格的乘客提供客运服务时应特别注意乘客的反馈,以免因为沟通不畅,造成麻烦和工作失误。

(三)按宜人性的不同提供服务

宜人性性格的乘客比较随和、易于相处。为这种性格的乘客服务时应注意语言标准和行为规范,客运服务人员可以在服务的同时,多应用同理心向其说明工作的要求和规范,争取对方的理解和支持。

（四）按开放性的不同提供服务

为开放性高的乘客服务时，客运服务人员应当尽量用专业知识回答乘客的提问，满足乘客的探索心理，以实现乘客的目标为导向。为开放性低的乘客服务时，要展示出客运服务人员的效率和能力。开放性高的乘客感情丰富、想象力强，为此类乘客提供客运服务时应真诚对待，注意细节。

（五）按神经质的不同提供服务

为神经质表现明显的乘客服务时，要注重细节，注重言语措辞，维护乘客的权利，通过精细化的服务消除乘客的不安全感和自怜心理。为神经质表现不明显的乘客服务时，应当直截了当，为乘客提供概要的信息和选项，凡事以乘车任务为导向，严谨正式，帮助乘客完成乘车过程。

单元6.3　城市轨道交通乘客能力与服务

一、乘客能力的概念

能力是人顺利完成某种活动所必备的心理特征。能力总是和人的某种活动相联系并表现在活动中，需要通过活动才能体现出来。例如，完成一幅绘画作品的活动需要色彩鉴别能力、形象思维能力、空间想象能力等不同能力的有机组合。

一个人的能力影响活动的效果，能力的大小只有在活动中才能比较得出。在其他条件（身体状况、知识储备、时间投入）相同的情况下，如买票进站时，甲比乙更快地了解车站布局，准确地刷卡进站，快速地走到站台候车，我们便说甲的乘车能力强于乙。倘若一个人不参加某种活动，就难以确定他是否具有特定能力。

但是，能力并不等同于知识和技能，知识是储存在头脑中的信息，技能是个人掌握的动作方式。例如，解一道数学题时，所用的定义和公式属于知识，解题过程中的思维灵活性和严密性则属于能力；学会骑自行车是一种技能，而掌握该技能体现出的肢体灵活性、平衡性则是一种能力。

能力的概念

二、乘客能力与性格的关系

能力与性格是个性心理特征中的两个不同侧面。能力与性格不同，能力是决定心理活动的基本因素，活动能否顺利进行与能力有关；性格则表现为人的活动指向什么、采取什么态度、怎样进行。能力与性格是在个体实践过程中发展起来的，两者之间相互影响、相互联系。

性格制约着能力的形成与发展。一方面，性格影响能力的发展水平。人对事物的责任感以及自信、自制等性格特征，都影响着能力的发展。另一方面，优良的性格特征往往能够补偿能力的某种缺陷，如"笨鸟先飞早入林""勤能补拙"，说的就是性格对能力的补偿作用。能力的形成与发展也会促使相应性格特征随之发展，例如长期的生活实践活动可以发展人的观察力、想象力和思维力，久而久之也就形成了主动观察型、广阔想象型、独立思考型等性格的理智特征。

三、乘客能力的类型

（1）按能力所表现的活动领域的不同可把乘客的能力分为一般能力和特殊能力。一般能力也称认识能力，这是完成每种活动都必须具备的能力，由注意力、观察力、记忆力、思维力、想象力五个因素构成。其中思维力是一般能力的核心。特殊能力也称专业能力，是指乘客在某一领域的专业水平。

（2）按照活动中能力的创造性大小可以把乘客的能力分为模仿能力和创造能力。模仿能力也称再造能力，是指人们通过观察别人的行为、活动来学习各种知识，然后以相同的方式作出反应的能力，如儿童在家庭中模仿父母的语言、表情。创造能力是指在活动中创造出独特的、新颖的、有社会价值的产品的能力。创造能力是在模仿能力的基础上发展起来的。

（3）按照能力的功能可把乘客的能力划分为认知能力、操作能力和社会交往能力。认知能力是指人脑加工、储存和提取信息的能力，包含观察力、记忆力、注意力、思维力和想象力等。操作能力是指人们有意识地调节自己的外部动作以完成各种活动的能力，如艺术表演能力、劳动能力、实验操作能力等。社会交往能力是指人们在社会交往活动中所表现出来的能力，如言语感染力、组织管理能力、决策能力、处理事故的能力等。这三种能力是相互联系的，操作能力和社会交往能力是在认知能力的基础上形成和发展起来的；在操作过程和社会活动中，认知能力又得到进一步丰富和发展。乘客的出行同样需要这三种能力的有机结合才能顺利进行。

❋ 测一测

观察能力测试

仔细观察图 6-2，图形里隐藏着多个心形，请找出来并报告个数。通常回答得越完整说明观察能力越强。

图 6-2　观察能力测试

【答案】9 个。

四、乘客能力差异与客运服务

能力差异是指人与人之间在智力、体力及工作能力等方面的差异。对于城市轨道交通客运服务而言,最应该关注的是不同年龄乘客能力的差异。

(一)为年龄较小的乘客服务

年龄较小的乘客,童心未泯,活泼好动,动手能力、自理能力都要差一些,语言交流和理解能力也不如成年人,但是年龄较小的乘客往往纪律性比较强,沟通好了就能够配合客运服务人员做到遵守乘客须知和乘车规则。在为年龄较小的乘客提供服务时,要注意语言的通俗易懂、简明有效,并且告诉他们如果需要帮助,要及时向客运服务人员求助。

乘客能力差别
与客运服务

(二)为年龄较大的乘客服务

年龄通常会影响人的运动速度,年龄为 18~40 岁的人运动速度明显高于 60 岁以上的老年人。老年人运动速度慢,与中年人有很大的差距;青少年运动速度与中年人相当。

随着年龄的增长,人的各种身体机能都会有不同程度的衰退,如视力和听力下降,动作和学习速度减慢,对环境的适应能力下降,加之记忆力和认知能力的减弱和心理改变,常常出现生活自理能力下降的情况。例如,老人身体平衡能力比较差,曾有两位老人在地铁站乘坐扶梯时不慎向后摔倒,上演"地铁惊魂"一幕,幸好工作人员发现后及时按下了紧急制动按钮,关闭了上行扶梯,才避免了严重事故的发生。

因此,针对年龄较大乘客的这些特点提供相应的服务,服务过程中一定要仔细,要有耐心,语气要缓,动作要慢、要稳,在保障老年乘客安全的前提下尽可能满足他们的意愿。

案例 6-2

京港地铁:五周年系列报道·一路心随行(二)

某日上午 9 时许,在北京地铁 4 号线角门西站,早高峰期的大客流还没有完全退去,一位戴着黑框眼镜的老人小心翼翼地走在人群中。坐在客服中心里的售票员小刘很快就捕捉到了人流中的这位老人,迅速瞄了一眼工作台上贴着的特殊提示,她熟练地开出一张福利票,握在手中的那一刻,老人正好走到跟前。老人报出了一串数字后,跟对暗号似的,小刘已将手中的福利票递了过去,并轻声嘱咐道:"您拿好了,现在车站人多,您别急,有需要就叫我。"

这看似简单流畅的过程,其实经过了两年多的磨合。

2011 年初,角门西站站务员第一次接待了刘大爷。由于患有视力残疾,持残疾证的刘大爷可以换取福利票,站务员也按照规定请刘大爷出示证件,由售票员核对照片等信息后,给他换了票。之后的日子里,已经退休的刘大爷经常在这站乘车。一段时间后,刘大爷每次拿残疾证都不太情愿,有时还跟站务员发生冲突。经过耐心的询问,站务员发现原来刘大爷年岁较大,且视力残疾,每次拿残疾证都很不方便。将心比心,本来出行就不方便,年岁又大了,谁愿意一遍又一遍地重复这样的流程啊!

于是,站务员想出了特殊的应对办法。他们和刘大爷沟通后,将他残疾证上的照片复印后贴在客服中心,照片下方记录了老人的残疾证与身份证号码。之后,刘大爷换票时只要报出证件号码就能完成定制服务。"现在坐车,一点不发怵啦!"刘大爷高兴地说。

地铁乘客中"老"和"小"的需求最特殊。"小"出现最集中的地铁站莫过于动物园站了。动物园站的装潢很有特色,巨型的动物壁画与吊顶上悬挂的彩色气球童趣盎然。不过真正的气球,特别是孩子们最喜欢的氢气球却因为安全原因不允许被带进站。2009年地铁4号线刚开通时,想要从小乘客手里收走这个"安全隐患"可是一大难题。家长们倒是通情理,只要站务员说明情况,就会主动上交,难的是孩子这一关。

站务员小赵对一次颇费周折的收气球场景记忆犹新。当时一位母亲带着手里拽着一个卡通氢气球的孩子正要进站,安检员把这对母子拦下说明了情况,家长本想强行上交气球,可还没说两句孩子就哇哇大哭,甚至为了保住气球满地打滚。这一情景让家长和站务员都有点傻眼。

为了搞定这群"重点保护对象",大家想出了妙招。当时动物园站的站长杨凤云说的"妙招"就藏在车站办公桌的抽屉里。与其他车站不同,这里除了急救用品与安全宣传品,还有作为必备"应急品"的五颜六色的糖果。"想要说服这些小家伙安全乘车,可是需要'贿赂'的!"站长幽默地道出了特殊"应急品"的用处。每次没收气球时,站务员都会及时拿出糖果交换,"姐姐拿糖果跟你换,你尝尝,可甜了!"拿到糖果的孩子们放松警惕,也就交出了气球,得以顺利进站。

(资料来源:http://roll.sohu.com/20141010/n404972415.shtml)

♡ ♡ ♡

❀ 实训任务

请完成实训任务6:针对不同个性心理特征的乘客开展服务。见本教材第187页配套实训活页。

❀ 课后交流

1. 乘客的个性心理特征指的是什么?包含几个方面?
2. 乘客的气质类型有哪些?如何做好相应的服务?
3. 乘客的性格类型有哪些?如何做好相应的服务?
4. 年龄大的乘客有何特点?如何做好相应的服务?

单元 7

城市轨道交通客运服务中的客我交往

学习目标

1. 了解城市轨道交通客运服务客我交往的含义与特征。
2. 理解客我交往的心理效应,提升客我交往的水平。
3. 掌握客我交往的技能技巧,处理好与乘客的关系。

内容结构

城市轨道交通客运服务中的客我交往

- 客我交往概述
  - 客我交往的含义
  - 客我交往的特征
  - 客我交往的心理状态
  - 客我交往关系对城市轨道交通客运服务的意义
- 客我交往的形式与影响因素
  - 客我交往的形式
  - 客我交往形式的运用
  - 影响客我交往的因素
- 客我交往的原则、技能与技巧
  - 客我交往的原则
  - 客我交往的技能与技巧
  - 客我交往中的注意事项

案例 7-1

良好的客我关系有助于客运服务效果的提升（一）

一位乘客在微博上点赞沈阳地铁工作人员："今早挤地铁看见地铁报的工作人员正在耐心劝说一位收乘客报纸的大爷，没有批评，也没有大声呵斥，而是耐心和大爷聊天，并且还询问大爷是否有什么困难，需不需要帮忙解决……最终大爷决定不再收乘客的报纸。沟通和理解永远是化解问题的钥匙。"

案例 7-2

良好的客我关系有助于客运服务效果的提升（二）

2023 年 7 月 3 日，青岛市民冯先生乘坐地铁 11 号线上班途中，在庙石站候车时突发心脏疾病，呼吸困难，生命危在旦夕。紧急关头，冯先生向在岗的站务员刘旭照寻求帮助。

刘旭照了解情况后，立刻通过对讲机召集同事，同时拨打了 120 急救电话。在等待救援的过程中，冯先生的状况愈发严重，几度失去意识。在这个关键时刻，刘旭照和值班站长于顺德挺身而出，他们运用专业的急救知识，迅速启动自动体外除颤器(AED)进行了两轮心肺复苏，成功将冯先生从死神手中夺回，为他赢得了宝贵的抢救时间。

考虑到冯先生没有家属陪同，车站安排工作人员跟随救护车到医院，全程送诊直至其家属赶到医院，才默默离开。

出院后，冯先生带着深深的感激，亲手将"热心救助施援手，无私奉献显真情"的锦旗交到了地铁工作人员手中。同时，他还写了一封感谢信，信中连用七个"感谢"，表达了对青岛地铁服务的高度赞扬与肯定。

这起事件不仅展现了青岛地铁工作人员的专业素养和人文关怀，更彰显了青岛地铁始终坚持以乘客为中心的服务理念。他们不仅在保障乘客出行安全方面下足了功夫，更在乘客遇到危难时伸出援手，用实际行动诠释了"以人为本"的深刻内涵(图 7-1)。正是因为有了这样一支高素质、专业化的服务团队，青岛地铁赢得了广大乘客的高度认可和一致好评。

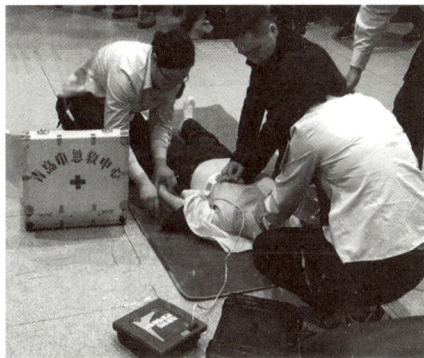

图 7-1　客运服务人员模拟为乘客提供紧急救助

（资料来源：https://baijiahao.baidu.com/s？id＝17727539379178836062&wfr＝spider&for＝pc）

思考：

(1) 案例场景中，客运服务人员的哪些行为受到了乘客的高度认可？

(2) 实际工作中，客运服务人员该如何与乘客建立良好的客我交往关系？

城市轨道交通客运服务中的人际交往大致有三类:第一类是服务人员与乘客之间的交往,称为"客我交往",这是城市轨道交通客运服务中的最典型、最有价值的人际交往;第二类是乘客之间的交往,在通常情形下,这类交往发生频率较低;第三类是员工之间的交往。城市轨道交通客运服务主要是通过"客我交往"完成运营工作任务的。

单元 7.1　客我交往概述

一、客我交往的含义

城市轨道交通客运服务中的客我交往是人际关系在城市轨道交通客运服务场所中的一种特殊表现形式,是客运服务人员同乘客之间为了共同营造安全、便利、舒适、快捷的乘车、候车环境,沟通思想、交流感情、表达意愿、解决乘车过程中共同关心的一些问题而相互施加影响的过程。

乘客和客运服务人员之间的客我交往是城市轨道交通客运服务的先决条件和存在方式,即没有客我交往,也就不可能有客运服务。从心理学的角度理解和掌握客我交往中应该注意的问题,有助于客运服务人员提高城市轨道交通服务质量。

二、客我交往的特征

城市轨道交通客运服务人员和乘客之间从人格上讲是平等的,但是从职业角色和职责上讲,是一种管理与被管理、服务与被服务的关系,这就决定了客我交往关系具有短暂性、公务性、不对等性、不稳定性的特征。

(一)交往时间的短暂性

从总体上看,城市轨道交通客运服务中客我交往是大量的、频繁的。据交通运输部数据,2024 年 1—4 月,全国城市轨道交通客运量为 102.7 亿人次,较 2023 年同期增长了 0.83%。如此大的客流量下,客运服务人员和乘客个体之间的接触时间也相对短暂。在正常城市轨道交通运营状态下,乘客如果比较熟悉城市轨道交通的运营方式,在没有特殊需求的情况下,几乎不会感受到客运服务人员的存在;而客运服务人员尽管每天不停地为乘客服务,但是行色匆匆的乘客极少会对客运服务人员的付出给予回应和反馈,客我交往深度受限,这也是不少客我交往问题产生的原因。

(二)客我交往的公务性

从客运服务人员的角度来说,与乘客的交往基于工作需求,多是一种公务上的需要,而很少是一种个人兴趣、爱好上的需要。因此,在交往过程中,客运服务人员在感情上有勉强的成分,服务工作容易程式化或机械化,没有感情投入。除了为乘客提供服务外,客运服务人员还承担着安全、有序的客运管理职责,还需要对乘客进行管理,这种职责上的优势有时候会转化为客运服务人员面对乘客的心理优势。

(三)客我交往地位的不对等性

从乘客的角度来说,乘客是客运服务的主体,是接受服务的对象,客运服务人员是提供服务的主体,处于提供服务的地位。同时,乘客会理所应当地认为服务是自己付出金钱购买的,是自己应该享受的,会存在对客运服务的挑剔心理,加上乘客有对客运服务进行监督、投诉的权利,因此,客运服务过程中客我交往地位通常具有不对等性。这种不对等性容易让乘客对客运服务存在较高的期望值,对不礼貌、冷漠、不周到的服务特别敏感;也容易让客运服务人员产生"不平等"的心理感受,从而以更加麻木、烦躁、抵触的方式对待乘客。

(四)客我交往结果的不稳定性

城市轨道交通客运服务人员与乘客交往的结果具有不稳定性,这体现为即便是同一名客运服务人员在不同时间、地点对乘客提供同一服务项目也会产生不同的服务效果。

乘客在客运服务的过程中是流动的、短暂的,客运服务人员实际承担着处理和调节客我关系的重大责任。从双方的交往特点看,虽然有互相矛盾的因素,但是只要客运服务人员能够正确认识乘客的需要,提供诚恳、热情、周到的服务,乘客的心理需求一般来讲是容易得到满足的。

三、客我交往的心理状态

乘客与客运服务人员交往主要有以下三种心理状态。

(一)家长型

家长型以权威为特征,包括:
(1)命令式。包括专制、责骂等,例如:"无论怎样,一定要这样才行。"
(2)慈爱式。包括关怀、怜悯等,例如:"请别着急,我们会想办法。"

(二)幼儿型

幼儿型以情感为特征,包括:
(1)服从、顺从式。例如:"请稍等,事情马上可以解决。"
(2)自然式。具有冲动、任性的特点,例如:"我就这样啊!"

(三)成人型

成人型以思考为特征,包括:
(1)询问式。例如:"请问到草桥该如何换乘?"
(2)回答式。例如:"乘4号线到黄庄站再换乘10号线。"
(3)建议式。例如:"服务员,能帮我换一下零钱吗?"

(4)赞同式。例如:"好的,马上给您换。"

(5)反对式。例如:"您不能将危险品带入地铁。"

(6)道歉式。例如:"对不起,不能满足您的需求。"

(7)总结式。例如:"这是您要的三张地铁票。"

四、客我交往关系对城市轨道交通客运服务的意义

(一)良好的客我交往关系是安全运营的基础

地铁列车每天承担成千上万人的出行,地铁站里每天都发生着大量的客我交往,只有营造和谐、良好的客我交往关系,才能保证客运服务工作的正常、有序开展。否则,乘客与客运服务人员动辄就吵架、投诉,甚至动手,不利于城市轨道交通客运服务的正常进行。

(二)良好的客我交往关系能够提升客运管理效率

不同的人际关系会使人产生不同的情绪体验,影响行为的协调,从而影响活动的效率。人际关系好,人与人之间感情融洽、互相体谅,人就会心情舒畅,行为上就会表现为互相帮助、相互支持、协调一致。如在案例 7-1 中,客运服务人员努力营造良好的客我交往关系,用热情、礼貌的口气与乘客交换意见,平等相待,案例中的老人自然愿意主动配合客运服务人员的管理工作。当客运服务人员主动询问乘客的需求时,乘客自然会降低对服务的心理期待,更愿意服从客运服务人员的安排。

(三)良好的客我交往关系有利于身心健康

人际关系良好,能够满足人们交往与归属的心理需求,保持心理平衡,使机体保持正常的机能状态。客运服务人员常年与乘客打交道,有意识地营造良好的客我交往关系,能够让客运服务人员对工作更加有认同感,工作就又会反过来滋养其内心,使其能够长时间保持热情、饱满的精神状态,对身心健康产生有益的影响。

单元7.2 客我交往的形式与影响因素

一、客我交往的形式

乘客与城市轨道交通客运服务人员之间的交往主要有平行性交往和交叉性交往两种形式。

(一)平行性交往

平行性交往是一种顺从和融洽的交往。客运服务人员符合乘客的期待,双方的交往愉快而融洽。平行性交往有以下三种形式:

（1）成人型与成人型交往。这种客我交往的形式最常见。例如,乘客对客运服务人员说:"请协助我将这位坐轮椅的老人送上列车。"客运服务人员回应:"好的,我们马上协助您。"

（2）家长型与幼儿型交往。如乘客喊道:"买一张地铁票。"客运服务人员回应:"好的,请告诉我您买到哪儿的地铁票。"

（3）幼儿型与家长型交往。如一位女乘客因丢失物品求助客运服务人员:"哎呀,我的钱包丢了,怎么办啊?"客运服务人员安慰道:"别着急,我们帮您想想办法。"

（二）交叉性交往

交叉性交往是客运服务人员的行为并不符合乘客需要的一种交往。这样的客我交往形式必然会导致双方关系紧张,甚至中断。交叉性交往主要有以下四种形式:

（1）成人型与家长型交往。如客运服务人员说:"请按秩序排队,不要拥挤。"乘客怒气冲冲地说:"看清楚了吗？不是我挤,是人太多了。"

（2）家长型与家长型交往。如客运服务人员大声说:"别挤了!"乘客大声说:"谁想挤啦,人太多了!"

（3）成人型与幼儿型交往。如乘客说:"请帮忙找一下我丢失的皮包。"客运服务人员回应:"找一下可以,但能不能找到我可不管。"

（4）幼儿型与幼儿型交往。如乘客因找不到丢失的物品而焦急万分:"哎呀!我的钱包丢了,我可怎么办啊?"客运服务人员幸灾乐祸地说:"活该,谁叫你没看管好的。"

二、客我交往形式的运用

当客运服务人员与乘客出现分歧时,客运服务人员解决问题的方式多种多样。

第一种,家长对幼儿。"严父—幼儿",即"我压,你屈从"。

第二种,幼儿对家长。"幼儿—慈母",即"我闹,你迁就"。

第三种,家长对家长。都想"我压,你屈从"。

第四种,幼儿对幼儿。即"你闹,我也闹"。

第五种,成人对成人。即通过沟通和协商解决问题。

第一至第四种方式都属于容易激化客我矛盾的交往方式,属于不讲理的方式,无助于问题的真正解决。只有采取第五种方式,即平等待人、通情达理地沟通与协商才可能做到既解决问题,又建立起良好的客我交往关系。

● 案例 7-3

六岁男童离家出走迷路　地铁员工帮忙找家人

近日,一名 6 岁男童负气"离家出走",在广州地铁京溪南方医院站迷路,工作人员几经波折联系到男童家长,防止了一起悲剧的发生。

当天 19 时 40 分,地铁京溪南方医院站已过晚高峰期,一名小男孩徘徊的身影进入了车站员工小郑的视线。见其没有家人陪护,小郑便上前询问情况。原来小男孩今年 6 岁,因与姐姐吵架负气"离家出走",从五仙桥一直走到地铁站。

于是,值班站长将小男孩带到设备区,对其悉心照顾并询问其家人的联系方式,小男孩只知道自己就读的幼儿园为艺新幼儿园,家长和老师的电话均不记得。线索断了,工作人员都很着急,值班站长急中生智,通过咨询12580查询到该幼儿园的电话,再通过该幼儿园找到老师,借由老师通知小男孩的家长,几经波折,小男孩的家长终于与车站取得了联系。20时15分,小男孩的家长到达车站接回小男孩,并对车站的工作人员表示感谢。

"春运马上就要开始了,车站的客流较大,要看好自己的孩子,万一让不法分子有机可乘,麻烦就大了。"车站服务人员叮嘱来接孩子的家长。广州地铁也借此机会再次提醒广大乘客要格外注意自己和孩子的安全。

(资料来源:http://news.sina.com.cn/c/2014-01-16/083029258008.shtml)

三、影响客我交往的因素

(一)人际吸引的因素

(1)客我能否接近且接纳。接近是指人与人在活动空间内彼此接近。接纳则是指接纳对方的态度与意见,接纳对方的观念或想法。

(2)客我之间的相似程度。在态度、信仰、兴趣爱好、语言、种族、国籍、文化、受教育水平、年龄、职业、社会阶层等方面,彼此越相似就越容易沟通,尤其是认知相似、价值观一致会更有利于客我交往。

(3)客我能否做到互惠互利。人际交往是向着增加酬赏和减弱代价的方向发展的,既有功利层面的,也有心理层面的。功利的互惠较为现实但不能长久,而心理上的互惠更加持久。例如,感激的表达很重要,能激励对方更多地付出。

(4)客我人格的吸引。客运服务人员的性格、气质、能力等人格品质,会对客我交往关系的建立和维持产生持久的影响。对于热情、开朗、真诚、自信的客运服务人员,乘客愿意接近;对于冷漠、封闭、虚伪、自卑的客运服务人员,乘客就会疏远。

(5)客我外貌的吸引。外貌给人以第一印象。虽然人的长相和身材是很难改变的,但是人的整体精神面貌、仪态风度是可以塑造的。客运服务人员要特别注重眼神、举止、面部表情、精神状态等。

(6)客我交往的心理效应。社会心理学研究表明,人际交往中存在一些有趣的心理效应,如首因效应、近因效应、光环效应、刻板效应等,这些在一定程度上会影响人际交往的效果。在客我交往中,科学地运用这些心理效应能够创造出更加和谐的客我关系。

案例 7-4

智能服务"小智""小爱"上线,构筑信任与便捷新桥梁

随着科技的飞速发展,北京地铁服务热线中心也迎来了服务模式的重大升级。尹莉娟在服务热线中心的大屏幕前介绍，为提升乘客诉求受理效率，服务热线中心已从单一电话受理模式，扩展至多渠道、多方式受理。屏幕上的乘客来电提示清晰明了，实时反映了服务热线的繁忙程度。

值得一提的是，2020年北京地铁服务热线中心推出了智能客服机器人自助服务（图7-2）。这一创新举措，以生动拟人化的机器人客服"小智"和"小爱"为代表，不仅提供了智能语音导航等服务，还实现了乘客自助查询地铁路线、票价信息和票价优惠政策的功能。其中，"小智"以男生形象象征着智能倾听服务，而"小爱"则以女生形象代表着人工倾听服务。乘客只需向智能客服说明查询需求，查询结果便能以短信形式迅速发送至乘客手机上，极大地提升了服务效率与便捷性。

这一根热线，串起了乘客出行的万千需求。北京地铁服务热线用"声音"搭建起与乘客沟通的"桥梁"，在不断升级中展现出其卓越的服务品质和务实的工作态度。面向未来，北京地铁服务热线将继续秉持尽善尽美的服务理念和求真务实的态度，致力于成

图7-2　城市轨道交通客运服务中的智能机器人

为乘客的"活地图"和"贴心人"，将96165打造成乘客信任、职工理解、智能高效的沟通平台。
（资料来源：https://baijiahao.baidu.com/s？id=1779969209469049528&wfr=spider&for=pc）

（二）客运服务人员可能存在的心理障碍

在客我交往过程中，客运服务人员需要克服以下心理障碍，让乘客感到更贴心。

（1）以自我为中心。客运服务人员完全从自己的角度考虑问题，只关心自己的利益和兴趣，却忽视了乘客的利益和处境。例如，在服务时目中无人、盛气凌人、自私自利等。

（2）羞怯。客运服务人员在工作中羞于启齿或害怕见人。例如，言语上支支吾吾、行动上手足无措。

（3）孤僻。表现为不喜欢与人交往，孤芳自赏、自命清高。

（4）干涉。有的客运服务人员喜欢询问、打听、传播乘客的私事。

（5）讨好。出于功利性目的讨好乘客，阿谀奉承、曲意逢迎。

在客我交往中，一定要打破心理障碍，敞开心扉，坦荡、真挚，这样才能赢得乘客的理解和尊重。

单元7.3　客我交往的原则、技能与技巧

一、客我交往的原则

（一）平等的原则

客运服务人员和乘客是服务与被服务的关系，在角色上是不平等的，但是对于任何一方

来说,人格都是平等的,这是客我交往的基础。客运服务人员应该做到服务热情、周到,但不应卑微低下,尤其是面对一些盛气凌人、蛮不讲理的乘客,客运服务人员要做到不卑不亢,礼貌而坚定地要求乘客遵照乘车须知乘车。

(二)尊重的原则

尊重意味着接纳和一视同仁。客运服务人员不管面对什么样的乘客,都需要理解不同类型的人受到文化、教育、经验和身体状况的影响会有不同的外在行为表现,在理解的基础上,给予每一位乘客友好和尊重,以及他们需要的引导和帮助。

(三)真诚的原则

真诚是人与人之间沟通的桥梁。真诚地对待乘客,就是指客运服务人员要对乘客热情关心,真心地关注乘客的需要,热心地提供帮助。真诚的服务和公务化或机械化的服务是相对的,"请您往车厢中部走,中部人少车空"——同样是用言语进行客流组织,真诚的表达和公务化、机械化的表达带给乘客的感受是不同的。公务化、机械化的表达会让乘客不自觉地忽略或抵触,而真诚的表达更容易让乘客从心里接受这个引导信息,客运服务工作也就更容易进行。

(四)互惠互利的原则

客运服务人员工作时的基本心理需求是乘客能够安全、有序地候车、乘车;乘客在乘车时的基本心理需求是安全、快捷、舒适。尽管客运服务人员和乘客的心理需求有所不同,但仍能够找到结合点。例如,一名乘客拿着大件行李站在车门正中位置候车,站务员多次提醒他应该在车门两边排队但他就是不动,站务员可以这样说:"这位乘客,您是不是担心自己行李多,一会儿上不去车呀? 这站下车人多,您站这儿的话,一会儿下车的人涌下来,您就更上不去了,麻烦您来车门两边排队。旁边排队的这位乘客,麻烦您让这位拿行李的乘客排在前面,上车后让他把行李往车厢里面放,这样不堵门,方便大家,谢谢您!"在理解乘客需求的基础上,提出客我共赢的解决方案,会更加容易赢得乘客的配合,服务和管理效果也会更好。

(五)宽容的原则

客运服务人员对非原则性问题一定不能斤斤计较,要宽以待客。尤其是面对不理智、大吵大闹的乘客,要谦让大度、不计较对方的态度和言辞,要勇于承担自己的行为责任,并学会换位思考,在保护自身安全的情况下,尽量冷静处理。

如案例7-2中,青岛地铁客运服务人员在乘客突发疾病时挺身而出,将乘客从死神手中夺回,从而得到乘客发自内心的赞扬:"热心救助施援手,无私奉献显真情",这样的客我关系和谐而美好。

当然,因为城市轨道交通客运服务客流量大,工作压力和工作环境都难以尽如人意,一时的情绪失控在所难免,但是作为专业的服务人员,客运服务人员应做到克制忍让,一百天的克制忍让也会因一时的不克制、不忍让前功尽弃,应坚决杜绝与乘客发生正面冲突。

案例7-1中的客我关系和谐的关键就在于客运服务人员并没有批评,也没有大声呵斥,而是耐心地劝说那位收乘客报纸的大爷,甚至还询问大爷是否有什么困难,需不需要帮忙解决……最终赢得了大爷的理解和配合。

由此可见,掌握客我交往的原则是非常重要的。

二、客我交往的技能与技巧

(一)塑造良好的自身形象

良好的自身形象和大方的仪容仪表是客我交往的基础。服饰和身姿动作是客运服务人员精神状态的外在表现,一位科学家说过,"精神应该通过姿势和四肢的运动来表现",而服饰则是人自我形象的延伸扩展。客运服务人员通常穿制服工作,必须使制服保持干净而挺括的状态,无异味、无异色、无破损,身姿挺拔、端正,动作符合礼仪要求,言行举止得体文雅,坦诚热情,乐于助人。

(二)真诚地赞美

一句话能把人说笑,也能把人说跳。学会赞美别人,是客运服务人员日常为人处世、做好客运服务工作必须明白的一个道理。

有一个小故事,甲、乙两名猎人各猎得两只兔子回来。甲猎人的妻子看见后,冷漠地说:"你一天只打到两只小野兔吗? 真没用!"甲猎人不太高兴,心里埋怨起来:"你以为很容易打到吗?"第二天他故意空手而回,让妻子知道打猎是件不容易的事情。

乙猎人的妻子则恰恰相反,她看到乙猎人带回了两只兔子,欢天喜地地说:"你一天打了两只野兔吗? 真了不起!"乙猎人听了满心喜悦,心想两只算什么,结果第二天他打了四只野兔回来。

相同的情况,不同的表达,会产生完全相反的结果。人都喜欢自己主动去做事情,而不是被动地做,赞美就有让人主动做事的神奇效果。

其实,无论是六岁的孩子还是古稀老人都一样喜欢被赞美。赞美是人际关系的润滑剂,能够拉近人与人之间的距离。通过赞美他人,我们表达了对对方的尊重和欣赏,从而建立起更加和谐、信任的关系。而冷漠的面孔和缺乏热情的表达则往往会令人失望。

(三)用心倾听

在客我交往中,倾听也是非常重要的沟通技巧,只有懂得倾听,才能赢得乘客的信任和好感,使沟通能够顺利、有效地进行。在客运服务中,尤其是面对乘客的不满和投诉时,用心倾听对解决问题有很大的帮助。

首先,要了解"听到"和"倾听"的区别,"听到"是耳朵接收到对方所说的事情,而"倾听"除了听到,更是一种情感活动,除接收到对方的信息外,还能真正理解对方要表达的真实意图。乘客遇到问题时可能会有焦急、愤怒、疑惑等情绪,客运服务人员要试着站在乘客的角度思考问题,将心比心地感受乘客的心情,只有带着这样的情感去倾听乘客的叙述,才能真正听懂乘客的心声。只有听懂了乘客的心声,客运服务人员为乘客提供的服务和建议才能符合乘客的需求，才能被乘客接受。因此，倾听首先要做到的是用心、用情感去听。

其次，良好的倾听有一些技巧，比如客运服务人员用一些简短的鼓励性语言，如"哦""嗯""好的""有道理""我理解""我明白了"等来回应乘客，表示自己在专注地听，这样做可以鼓励乘客充分表述，因为表述的过程就是其整理思路、平复情绪的过程。

再次，有效的倾听要做到适当的共情，也就是说，当客运服务人员理解了乘客所要表达的内容和情绪后，可以给予乘客肯定和认同，如"那的确很让人生气""真是太不应该了"等，这样乘客会感觉到自己被理解，对客运服务人员也能够建立起信任感。

最后，客运服务人员可以在心里回顾乘客的谈话内容，分析总结其中的重点，在乘客基本表述完毕、情绪也基本平复下来后，给予乘客清晰的反馈，如"您刚才的意思是……吗？""如果我没有理解错的话，您的意思是……，对吗？"等，此时如果得到了乘客肯定的回答，就可以开始处理问题。通常做好了倾听工作，处理问题的效果就会相对较好。

心理文摘7-1

"我要去拿燃料，我还要回来"

某节目上主持人询问一名小朋友，问他："你长大后想要当什么呀？"小朋友天真地回答："嗯……我要当飞机的驾驶员！"主持人接着问："如果有一天，你的飞机飞到太平洋上空时所有引擎都熄火了，你会怎么办？"小朋友想了想说："我会先告诉坐在飞机上的人绑好安全带，然后我挂上我的降落伞跳出去。"当在场的观众笑得东倒西歪时，主持人继续注视着他，想看他是不是自作聪明的家伙。没想到，小朋友的两行热泪夺眶而出。于是主持人问他："你为什么要这么做？"小朋友的答案透露了他真挚的想法："我要去拿燃料，我还要回来！"

在这里主持人先作为一个信息发送者向作为信息接收者的小朋友发问，小朋友接收到信息后给予反馈，但是此时主持人并没有真正懂得小朋友所说的"我挂上我的降落伞跳出去"的意义何在，直到最后才问出了结果。

这个故事也给我们一些启示：当你在听别人说话的时候，你真的听懂他的意思了吗？其实这也就是所谓"听的艺术"。首先，听话不要听一半；其次，不要把自己的意思投射到别人所讲的话上去。要学会倾听，用心听，虚心听。

(资料来源：http://www.doc88.com/p-773826168368.html)

♡ ♡ ♡

练一练

学 会 倾 听

倾听即全身心地听对方的表达。倾听不仅指听取对方语言表达的内容，还包括观察非语言的行为，如动作、表情、声音(如音量的大小、语音的高低、语速的快慢)等。不仅如此，还需要有适当的反应，表示听了并且听懂了。

倾听的要求：全神贯注，不打断对方讲话，不做任何价值判断，努力体验对方的感受，及时给予语言和非语言反馈。

在班里挑选A、B、C、D、E五位同学，让B、C、D、E四位同学回避，给A同学读一个三百字左右的小故事(小故事可由老师提前准备),A听完后,将故事重复给B听,B听完后重复给C听,依此类推,E听完后向全班同学复述。

想一想:

(1)故事还保留了多少本来面目?这个练习可以给我们带来哪些关于有效倾听的启示?

(2)为了听清内容,倾听者都采用了哪些主动倾听的技巧?

(3)还有哪些有助于信息记忆的技巧没有用到?请举例说明。

(四)有礼有节地沟通

《文心雕龙·论说》中说:"三寸之舌,强于百万之师。"可见沟通的重要性。不少客运服务人员在工作中兢兢业业,付出了很多劳动,却因为不善于与乘客沟通,遭到乘客投诉,因此,客运服务人员一定要在日常工作中培养自己良好的沟通习惯。

心理学家曾提出过一个公式:

信息的全部表达 = 7%的言语 + 38%的声音语调 + 55%的表情动作

有礼有节地沟通

1.言语

客运服务工作使用的是服务语言,服务语言有两个特点:清晰、礼貌。

清晰的语言指的是客运服务人员的语言表达应当很容易被乘客理解,这包含两个层面的要求:一是使用普通话。在客运服务中,面对南来北往的乘客,普通话是最容易被所有人听懂的语言,客运服务人员的吐字要明确,发音要标准。二是语言内容指向要明确,不含糊表达,以免造成歧义。例如,乘客向站务员询问如何换乘时,站务员边指边说"往那边走,上去,往前走,一拐就到了",这样的表达对于不熟悉站内情况的乘客来说理解起来就很吃力,清晰的表达应该是"您向我手指的方向走,从第一个扶梯上去,然后直走,注意看头顶换乘标识,您的右手边有换乘通道"。

常言道,"良言一句暖三冬,恶语伤人六月寒",在客运服务工作中,使用礼貌的语言能够让乘客感受到被尊重,容易有良好的乘车体验。礼貌的语言最基本的要求为:"请"字当头,"谢谢"压阵,"您好"处处说,"不好意思"常出口。

2.声音语调

说话中的语音、语调表达的是说话人的情绪态度。一般情况下,柔和的声调表示坦率和友善,激动时声音可能会颤抖,表示同情时声音略为低沉。不管说什么样的话,如果语调阴阳怪气,就显得冷嘲热讽;用鼻音哼声往往表示傲慢、冷漠、恼怒和鄙视,是缺乏诚意的,会令人感到不快。客运服务人员在与乘客沟通时,应该用温和、亲切的语气,音量适中,语调表现出亲切和关注。

3.表情动作

客运服务人员需要注意目光和微笑。客运服务人员和乘客交谈时,眼睛应自然地注视对方,表示关切,面带友善的微笑,而不要盯着乘客、上下打量乘客、斜视乘客,也不要面无表情、皱眉、撇嘴,这些都是会让人感到敌意或轻视的面部表情。

另外还要注意空间距离。人与人之间有着看不见但是实际存在的界限,这就是个人领域意识,人与人之间的距离也代表着双方交往的情感、意图和关系程度。在客我交往中,通常客运服务人员要注意和乘客保持120厘米左右的社交距离。离得太近,可能会让乘客感到压迫和紧张;而离得太远,又容易让乘客觉得被冷落和不受重视。另外,客运服务人员在组织客流时也要注意乘客之间的人际距离是否过近,适当加以引导,以提升乘客的候车、乘车舒适度。

心理文摘7-2

心理学家发现存在着以下四类人际距离,大家在日常人际交往中要注意根据习俗和社交规范把握适当的人际距离。

1. 亲密距离

亲密距离在45厘米以内,适用于私下情境。多用于情侣,也可用于父母与子女之间或知心朋友间。两位成年男子一般不采用此距离,但两位女性知己间往往喜欢以这种距离交往。亲密距离属于很敏感的领域,交往时要特别注意不能轻易采用这种距离。

2. 私人距离

私人距离一般为45～120厘米,表现为伸手可以握到对方的手,但不易接触到对方身体。这一距离对讨论个人问题是很合适的,一般的朋友交谈时多采用这一距离。

3. 社交距离

社交距离为120～360厘米,适用于礼节上较为正式的交往关系。一般工作场合人们多采用这种距离交谈,在小型招待会上,与没有过多交往的人打招呼可采用此距离。

4. 公共距离

公共距离指大于360厘米的空间距离,一般适用于演讲者与听众之间及非正式的场合。

(资料来源:http://www.360doc.com/content/13/1205/12/13789206_334655038.shtml)

三、客我交往中的注意事项

(一)不卑不亢,心态平和

不卑,就是不显得低贱;不亢,就是不显得高傲。客运服务人员在为乘客服务时既不要感觉低人一等,也不要傲慢无礼。

(二)不与乘客过分亲密

客运服务人员服务时要注意公私有别。工作中简单交谈,不能影响工作和离题太远。不讨论敏感的政治问题和耸人听闻的小道消息。

(三)不喋喋不休,不过分殷勤

对乘客托办的事项,不必喋喋不休,说"好的""明白"即可。做"看不见的服务",避免过分殷勤而打扰乘客。

(四)一视同仁,适当区别对待

不因为衣着、身份、地位、年龄、健康状况不一样而区别对待乘客。对熟人和亲人也要注意分寸,不可在乘客面前过分照顾。但对于老弱病残孕等乘客,注意给予适当的特殊照顾。

客我交往的表情动作

(五)表情适度,举止得体

适当的表情可以表达对乘客的热情友好之意。笑容要得体,忌躲在一边偷笑、扎堆说笑、狂笑等;眼神要得体,忌长时间盯着乘客、打量乘客、斜视乘客。

严禁不讲卫生、不文明、不尊重他人的行为和举止。

❀ 测一测

你的非言语沟通意识强吗?

在城市轨道交通客运服务中,非言语沟通意识的强化,能使你变得更加自信,更容易被他人接受,从而取得人际交往和事业上的成功。因为良好的非言语沟通技巧能使你变得更有吸引力、更有魅力。

以下自我评估小测试,共有 10 道题,每题分值为 0~7 分。题目描述的行为越符合你的行为,分数越靠近 7 分;越不符合你的行为,分数越靠近 0 分。

1. 与他人沟通时,我会直视他们的眼睛。(　　)
2. 与他人沟通时,我会用手和胳膊做出示意动作。(　　)
3. 与他人沟通时,我会正对着他们。(　　)
4. 与他人说话时,我尽量用愉快和合适的声调。(　　)
5. 与他人说话时,我用合适的音量。(　　)
6. 听他人说话时,我注意到他们传递的非言语信号并做出回应。(　　)
7. 听他人说话时,我保持安静,在他们表达自己的观点时不打断他们。(　　)
8. 听他人说话时,如果他们很幽默,我会微笑,并在适当的时候点点头。(　　)
9. 听他人说话时,我通过非言语信号暗示我的支持和关注。(　　)
10. 在我说话或对他人的话做出反应时,我用非言语信号表达我的舒适、镇定和信心。
(　　)

虽然测试的是小场景,但却是一个很重要的测试。从中你意识到了什么?其实,你只要通过一些非常简单的行为来提升非言语沟通的能力,就能取得更好的认同效果。

测试结果判断:

61~70 分,非言语沟通意识极强。

51～60分,非言语沟通意识较强。

41～50分,非言语沟通意识一般(平均水平)。

0～40分,非言语沟通意识差,需要努力。

✳ 实训任务

请完成实训任务7:建构良好的城市轨道交通客我关系。见本教材第189页配套实训活页。

✳ 课后交流

1.客我交往的特点有哪些?

2.影响客我交往的因素有哪些?

3.城市轨道交通客运服务人员应当如何与乘客建立良好的客我关系?

城市轨道交通客运服务心理学(第3版)

单元 8

城市轨道交通乘客应急服务与投诉心理

学习目标

1. 了解城市轨道交通应急服务的管理流程。
2. 理解城市轨道交通乘客的投诉心理。
3. 掌握城市轨道交通乘客投诉的服务方式。

内容结构

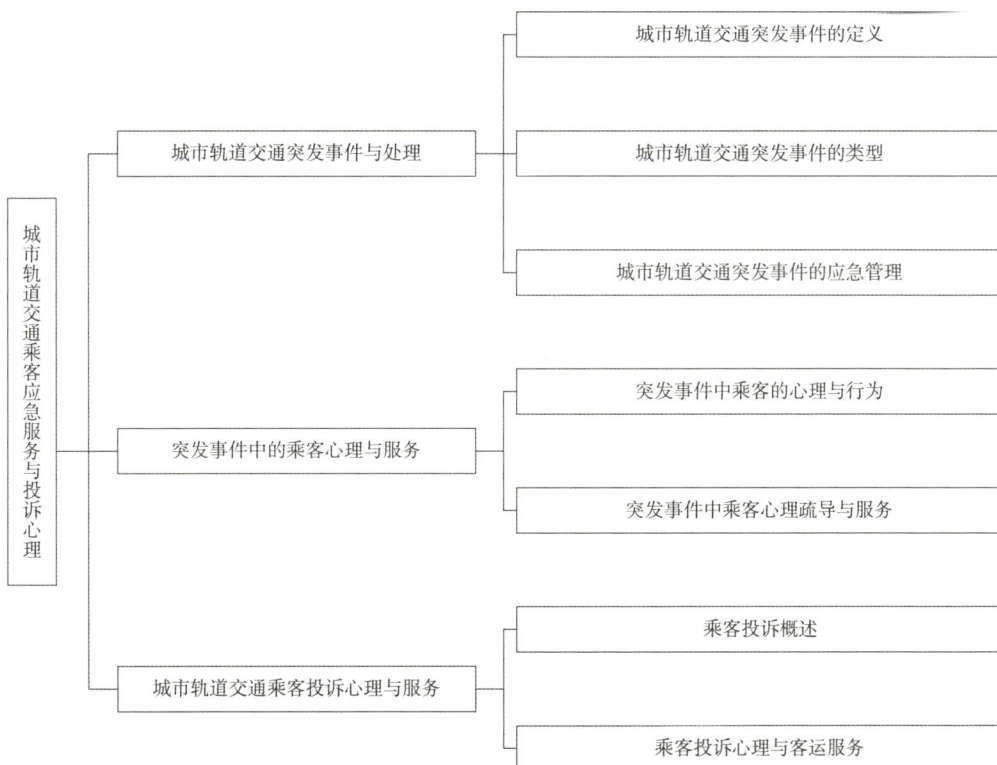

城市轨道交通乘客应急服务与投诉心理
- 城市轨道交通突发事件与处理
  - 城市轨道交通突发事件的定义
  - 城市轨道交通突发事件的类型
  - 城市轨道交通突发事件的应急管理
- 突发事件中的乘客心理与服务
  - 突发事件中乘客的心理与行为
  - 突发事件中乘客心理疏导与服务
- 城市轨道交通乘客投诉心理与服务
  - 乘客投诉概述
  - 乘客投诉心理与客运服务

乘客擅拉紧急拉手致上海地铁 1 号线列车停车

某日 8 时 10 分,上海地铁 1 号线延长路站(往莘庄站方向)一列车出站时,第 5 节车厢的紧急拉手突然被激活,导致列车紧急停车。司机迅速从车头驾驶室穿越 4 节车厢,于 8 时 15 分到达现场,手动复位紧急拉手。随后,列车于 8 时 18 分重新启动。

据了解,此次事件是由一名乘客擅自拉下车门紧急拉手所致。在早高峰时段,这一行为不仅导致了列车迫停站台,也影响了其他乘客的出行。

面对这一突发情况,上海地铁运营方迅速启动应急处置措施。首先,对受影响的富锦路至中山北路区段车站采取临时限流管控,确保乘车与候车安全。其次,利用上海火车站站折返线组织列车调整,最大限度降低上海火车站站往莘庄站方向运营所受影响。同时,通过站/车广播、PIS 显示屏、官网、微博、App 等渠道及时发布运营相关信息,引导乘客合理安排出行。

在事件处置期间,现场乘客积极配合,使得 1 号线运营总体有序,客运组织安全可控。上海地铁方面表示,将持续加强突发事件的应急管理,尽最大努力保障地铁运营和乘客出行安全。

此外,将通过各种渠道告知乘客,地铁车厢内的紧急拉手作为应急装置,在非紧急状态下严禁使用。如有急事,乘客应通过车厢内的紧急呼叫装置与司机联系,或拨打服务热线获取帮助。乘客如发现有人员在非紧急状态下擅动紧急拉手,可第一时间劝阻,并及时向工作人员报告。

(资料来源:https://baijiahao.baidu.com/s? id = 1802726318025875404&wfr = spider&for = pc)

思考:

客运服务人员应该如何应对地铁运行中的突发事件?

城市轨道交通具有开放性、公众性和社会性的特点,这就使得城市轨道交通一旦发生突发事件,轻则给城市民众的正常出行带来不便,重则影响当地社会的和谐和稳定。因此,城市轨道交通客运服务人员必须对可能发生的突发事件保持高度警惕和重视,共同努力将可能对公众和社会造成的危害降到最低。

单元 8.1 城市轨道交通突发事件与处理

一、城市轨道交通突发事件的定义

城市轨道交通突发事件是指城市轨道交通运营管辖范围内突然发生,造成或者可能造成设备损失、影响正常运营、损害企业形象或严重损害乘客人身与财产安全的必须立即处理的事件。例如,列车运行异常、人员伤亡、火灾、爆炸、毒气袭击、地震、恶劣天气、恶性传染病疫情、突发大客流、重要设备严重故障或损坏等原因造成列车中断运营的非正常事件。在案例 8-1 中,第 5 节车厢的某乘客擅自拉下车门紧急拉手后,不仅导致列车紧急停车,也影响了其他乘客的出行,这就属于地铁运营突发事件。地铁运营方需要迅速启动限流管控、列车运行调整、多渠道更新运营信息等应急处置措施来积极应对,保障乘客出行安全。

城市轨道交通客运服务人员要对突发事件有所了解,掌握面临突发事件时乘客的心理特点,这有助于保障乘客的人身、财产安全,控制损失在相关区域的扩散,消除可能造成的不良社会影响,从而圆满完成客运组织任务。

二、城市轨道交通突发事件的类型

(一)按照突发事件是否可预测分类

(1)可预见性突发事件。可预见性突发事件是指城市轨道交通运营企业在突发事件发生前就已经通过仿真分析、模拟演练等措施,做好了一系列完备的应急预案来加以防范和应对的事件,如区间积水、隧道坍塌、列车或车站设备故障、站内失火、恐怖袭击等。

在日常城市轨道交通运营中,突发事件危及安全和秩序,乘客因为对此毫无防备,极易产生心理上的恐慌;而对于客运服务人员而言,因为可预测、有预案,心理上会相对从容和稳定,便于迅速执行预案和处理危机。

(2)不可预见性突发事件。不可预见性突发事件是指由各种因素引起的、难以预料的城市轨道交通突发事件,其对乘客和客运服务人员都会产生较大的心理影响和压力。不可预见性突发事件,对客运服务人员的心理素质、抗压能力和应急处置能力都提出了较高的要求。

(二)按照突发事件后果的严重程度分类

城市轨道交通的突发事件按其后果的严重程度可分为一般突发事件、严重突发事件、重大突发事件、特别重大突发事件。

三、城市轨道交通突发事件的应急管理

城市轨道交通客运服务人员应当严格遵守应急管理原则:一是事故发生时,快速处置,控制事态的发展,防止次生、衍生灾害的发生,减轻负面影响,减少损失;二是快速反应,协调行动,在城市轨道交通运营企业的统一指挥下,有效处置;三是抢险与运营并重,最大限度维持其他线路的安全运营。

城市轨道交通突发事件应急管理主要包括预防、准备、响应和恢复四个阶段。

(一)预防阶段

预防就是将可能导致突发事件发生的各种可能性予以排除,是城市轨道交通突发事件应急管理的重要一环。预防工作主要是针对运营危险源,制定相关管理办法进行运营监控。

(二)准备阶段

准备阶段包括制定应急预案、建立应急组织机构,并且做好资金、应急物资和设备等方

面的准备。

1. 突发事件的应急预案

城市轨道交通运营企业一般采用三个层次的应急预案，即综合预案、专项预案和现场处置预案。

2. 突发事件的应急组织

突发事件应急组织是突发事件应急救援的基本组织保障，主要包括应急指挥和救援两大环节。

(1)应急指挥机构。应急指挥机构由高到低分为三个层级：应急领导小组、现场指挥小组、事件处理主任。城市轨道交通运营控制中心(OCC)为突发事件的调度指挥中心，负责突发事件的信息传递、集散和联系。

①应急领导小组：由运营分公司领导班子组成。

②现场指挥小组：运营生产类突发事件由客运部门(正线)或车辆部门(车辆段)负责，消防治安类突发事件由安保部门负责，自然灾害类突发事件由技术部门负责。

③事件处理主任：区间由司机负责，车站由站长(值班站长)负责；车辆段由行车调度员负责；不影响运营的施工现场由施工班长负责。

例如，在案例8-1中，乘客擅自拉下车门紧急拉手导致的列车紧急停车。应急领导小组应由运营分公司领导负责，现场指挥小组应由正线客运部门负责。其中，车站由值班站长进行限流管控，列车运行由行车调度员对其进行临时调整。涉及的相关客运服务人员包括值班站长、行车调度员、行车值班员、司机、站务员和站台保安等。

(2)应急救援机构。应急救援机构主要指各专业救援队，包括维修救援队、车辆救援队、医疗救援队等，救援人员随时保持待命状态。

(三)响应阶段

应急响应程序包括：接警—应急启动—救援行动—应急结束。

1. 列车恢复运营之前，各岗位的应急服务行动

(1)行车值班员：接到行车调度员的调度命令后，密切关注列车运行状况，监控记录列车到发时间。

(2)值班站长：接报后，统一指挥，带领客运值班员分工合作。

(3)客运值班员：接值班站长指示后发出疏散广播，疏散客流，对乘客表示歉意并建议乘客选择其他出行方式，引导乘客有序离开车站。

(4)站台保安：接值班站长指示后立即到现场支援，维持站台秩序，确保乘客有序离开站台，同时注意乘坐扶梯安全，防止出现可能的电梯故障和踩踏事件。

2. 列车恢复运营时，各岗位的应急服务行动

(1)行车值班员：接到OCC行车调度员列车恢复运行的报告后，立即报值班站长；同时，利用闭路电视(CCTV)监控记录列车到发点。

（2）值班站长：接报后，统一指挥，带领客运值班员分工合作。

（3）客运值班员：接值班站长指示后发出广播，恢复正常运行；确保乘客有序安检、购票和进入站台，同时注意乘坐扶梯安全；监控站台秩序，带领站务员维护站台安全，待乘客上车、车门关闭后，由站务员向司机显示"好了"信号。

例如，在案例8-1中，现场客运服务人员在保证安全、及时应对的前提下，逐级将突发事件上报至领导小组；领导小组通知各岗位工作人员启动应急预案，根据车站情况要求相关车站值班站长负责限流管控；值班站长监控列车运行情况，各部门协同配合，尽快恢复正常运营秩序，直至应急结束。

采取应急响应行动前要慎重考虑：应急预案的适用范围；事件可能发生的地点和可能发生的后果；事件应急救援的组织机构及其组成单位、组成人员、职责分工；事件报告的程序、方式和内容；发现事件征兆或事件发生后应采取的行动和措施；事件应急救援（包括事件伤员救治）的资源信息，包括队伍、装备、物资、专家等有关信息；事件报告及应急救援有关的具体通信联系方式；相关的保障措施，相关应急预案的衔接关系和应急预案管理的措施、要求；等等。

（四）恢复阶段

突发事件处置完成后，需要对恢复或重建进行管理，城市轨道交通运营企业各部门应尽快组织城市轨道交通客运服务秩序，恢复正常运营，消除事件对正常运营的影响。

例如，在案例8-1中，突发事件解除后，应急领导小组要对应急处理过程进行总结，对应急救援能力做出评估，就事故应急救援过程中暴露出来的问题及时调整、完善并改进措施，并将结果反馈给应急预防阶段，作为制定或修改安全措施和技术手段的依据。同时上报运营分公司，并做好事件处理记录。按照上级要求，向新闻媒体发布有关突发事件的信息，消除可能带来的负面影响。

案例8-2

提升应急能力，共筑安全出行环境

某日晚9时，重庆轨道交通（图8-1）2号线马王场站突发紧急情况，轨道上火光四射，白烟弥漫，随后伴随多次闪爆，震惊全城。大量乘客被困于列车车厢内，随着时间推移，车厢内温度急剧攀升，空气变得浑浊闷热，老人、孕妇与孩童更是面临严峻考验，中暑症状频发，情况危急。

在这生死攸关之际，一位勇敢的大爷挺身而出，他迅速找到安全锤，不顾个人安危，奋力敲击车窗边缘，终于为车厢内众人开辟了一条生命通道，新鲜空气涌入，瞬间缓解了车厢内的窒息感，为乘客赢得了宝贵的生存空间。经过长达40分钟的煎熬和等待，维修人员终于排除故障，车门缓缓开启，乘客得以安全撤离。这段经历对每位被困者来说，都是一次难忘的考验。此次事故再次将轨道交通安全问题推向风口浪尖，重庆市轨道

图8-1　重庆轨道交通客运场景

交通(集团)有限公司面临严峻考验。首先,设备检修维护的漏洞不容忽视,公司需立即行动,加强日常巡检,完善检修制度,确保每一环节都达到安全标准。其次,应急抢险能力的提升刻不容缓。公司应加大对应急队伍的培训力度,定期组织实战演练,提升快速响应与高效救援能力,最大限度减轻乘客在突发事件中的伤害与恐慌。

同时,乘客的理性应对同样重要。面对突发情况,保持冷静、听从指挥是自救的关键。公众也应给予轨道交通公司理解与支持,但监督与批评同样不可或缺,唯有如此,才能推动轨道交通行业不断向前发展,达到更高水平的安全标准。重庆市轨道交通(集团)有限公司以此次事故为鉴,深刻反思,全面整改,加强与公众的沟通互动,确保信息透明公开,努力构建安全、便捷、舒适的轨道交通环境,为市民的出行保驾护航。

(资料来源:https://baijiahao.baidu.com/s? id = 1772852517633809411&wfr = spider&for = pc)

单元8.2 突发事件中的乘客心理与服务

一、突发事件中乘客的心理与行为

当乘客在乘车过程中遇到突发事件时,往往会迅速形成临时性的、安全逃生的群体,向着某一个方向聚集或者向四面八方散开。这时候的乘客心理往往处于一个非常不稳定的状态。

(一)从众心理与行为

从众是指个人受到外界人群行为的影响时,在个人的知觉、判断、认知上表现出顺应公众舆论或多数人的行为方式。从众心理是人类的思维定势。这种定势使得个人有一种归属感和安全感,能够消除孤单和恐惧等心理。心理学的实验表明,只有很少的人能保持独立性,不从众,所以从众心理是大部分个体普遍具有的心理现象。人们从众是因为通常情况下,多数人的意见往往比较客观和准确,从众心理就表现为少数服从多数。但缺乏独立的判断、不做深入思考、不论是非与否一概服从多数、人云亦云随大流是不可取的,这是一种消极的盲从心理。

当发生突发事件需要进行紧急疏散时,大多数乘客会处在十分紧张的心理状态中,尤其是在日常生活中本就缺乏信心和个人主见的乘客会更趋向于跟随周围人群的行为,从而形成突发事件中的乘客从众行为(conformity behavior)。在城市轨道交通客运服务中,既要发扬从众的积极面,又要避免从众的消极面,做到合理利用乘客的从众心理和行为,提高突发事件中的客流组织效率,保障城市轨道交通的正常和安全运营。

从众心理与行为

(二)恐慌心理与逃离行为

恐慌心理是人们在面对想象或现实的威胁时所产生的一种特定心理反应,实际上源自不安全感。远离危险源是人类的本能。遇到突发事件时,一般乘客都会本能地向着远离危险的地方奔逃。例如,某日早8时30分左右,深圳的"上班族"们像往常一样穿梭于地铁的人流之间,开始新的工作周。在蛇口线换乘环中线的黄贝岭站,一名女乘客因没吃早餐而低血糖晕倒,引发乘客奔逃踩踏,造成12名伤者被急救送医。相似的情形还有在上海地铁2号线上一乘客在座位上晕倒,引起前后3节车厢乘客惊慌,蜂拥冲出车门,甚至摔倒……我国某些城市人口密集度大,加上地铁站里人流迅速流动,更容易产生"公共交通恐慌症"。公共未知恐慌像一个潜在的"不定时炸弹"一样,威胁着群体安全和公共秩序。

案例8-3

乘客地铁晕倒事件中从众行为不可取

乘客的"从众行为"在公共交通系统中,特别是地铁、公交等密闭或半密闭环境中,表现得尤为明显,上海地铁2号线就曾发生过此类案例。一位乘客在乘车过程中,突然昏倒,其头部歪向旁边的一位女士。面对这一突发情况,那位女士迅速起身并躲开。此时,地铁列车恰好停靠在金科路站,由于惯性作用,昏倒的男子翻滚并躺倒在了列车地板上。

监控显示(图8-2),由于事发突然,男子倒地后,对面座位上数名乘客猛地起身离开,周围不明情况的乘客见状亦立即躲开跑到邻近车厢内,邻近车厢乘客也受到这种慌张气氛的影响,在列车停稳开门后纷纷冲出车厢,场面一度混乱。

有乘客跑下车厢后立即向站务员求助,站务员立即对该名晕倒的男子进行救助,并引导惊慌的乘客平复心情,继续乘车。

面对突发状况,缺乏应对经验的乘客很容易感到恐慌从而反应过度,仓皇逃离。一旦出现这种情况,其他不明情况的乘客不可能不惊慌,从而造成大批乘客从众的躲避行为。

对于从众现象来讲,起关键作用的是带头的"第一人"。以这次事件为例,"对面座位上数名乘客猛地起身离开",才是全车人都惊慌失措的原因所在。如果这几名乘客能够冷静应对,第一时间上前进行救助,或及时拨打报警电话,而不是起身就跑,或许此次事件便不会发生。客观地说,出于人的本能,从众心理和从众行为都难以避

a)

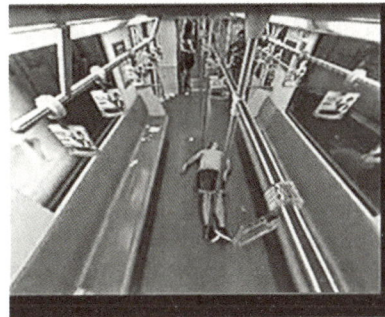

b)

图8-2 乘客地铁晕倒

免。不过,如果发生突发事件时我们正好站在最前沿,此刻我们应该做冷静的"第一人"。保持镇定,用自己的知识、阅历、公德心,判断事件的危险程度,再决定自己的行为。只要每个人心里都绷着这根弦,那么这个社会在突发事件面前就会运行有序。

地铁客运服务人员也应当使用多种途径向乘客宣传面对各类突发事件时的处置方法,一旦遭遇突发事件,让乘客做到心中有数,才能避免盲目的恐慌心理的产生和逃离行为的发生。

(资料来源:http://edu.ysmlg.com/rhh/4487.html)

(三)自主心理与行为

面对突发事件,有些乘客自主分析和判断能力比较强,能够做到头脑冷静、意志坚强、行为果断、行动敏捷、快速疏散,身边还会聚集许多跟从的乘客。虽然自主意识非常强的乘客在整个庞大的城市轨道交通客流中所占比例不大,但影响和作用却是巨大的。在突发事件的处理中,理智型乘客的自主心理和行为将使他起到"领头羊"的作用,配合客运服务人员将乘客流带往安全疏散通道。反之,乘客盲目的自主心理和行为则具有不确定性,有可能会给应急疏散带来一定的负面影响,延误时间的同时可能连带身边的乘客一起陷入危险的环境中。

(四)排他心理与行为

一些乘客在面临突发事件时,由于自我保护意识非常强烈,常常不顾及他人,将全部精力都集中于尽早逃离现场。行为上表现为拼命地推挤前面的乘客、与其他乘客争抢逃生空间等。这些乘客的排他心理与行为会加重应急疏散困难,使得周围的乘客群更加恐慌,尤其在楼梯口、地铁出入口等处容易造成拥堵、混乱和踩踏。

(五)旁观者效应

旁观者效应,也称责任分散效应。如果单个个体被要求单独完成任务,其责任感就会很强,会做出积极的反应。但如果要求一个群体共同完成任务,群体中的每个个体的责任感就会很弱,遇到困难或面对责任时往往会退缩。因为前者独立承担责任,后者期望别人多承担责任。当面临突发事件时,比如车厢内有人突然倒地,许多乘客的第一反应往往是立即躲开,期望别人上前查看和救助。

> ### 心理文摘 8-1
>
> #### 三个和尚没水吃——责任分散效应
>
> 大家都知道这样一个故事:一个和尚挑水吃,两个和尚抬水吃,三个和尚没水吃。当只有一个和尚时,挑水是自己的责任,没有别人可依靠,只能自给自足;有两个和尚时,二人相互依赖,每人分担的责任减少;有三个和尚时,大家相互推诿责任,导致无水可吃。
>
> 责任分散效应可以解释人们现实生活中的很多现象。如一个办公室里原本有三个人,每次办公室的卫生都由小张负责。后来,办公室又新来了一位同事,小张就和那位新同事商定轮流打扫卫生。两个人也配合得相当好,办公室仍被打扫得干干净净。再后来,又来了一名大学生,他来的第二天早上,当同事都来上班时却发现地上一片狼藉,大家面面相觑。原来,小张和原来的同事都认为卫生应该由最后来的同事负责,而那位大学生却认为卫生已经有人负责了,自己只需要做自己的本职工作就行了。由此可见,当大家都认为别人会承担某种责任的时候,恰恰无人承担责任。
>
> 当一个人单独进行选择的时候,他必须担当起所有责任。但当大家组成一个群体,面对问题时,每个个体的责任感就会减弱。大家都有这样的想法:如果出了问题,责任是大家的,

不是我一个人的。这是值得警惕的。

（资料来源：https://www.sohu.com/a/436365233_806467）

▽ ▽ ▽

二、突发事件中乘客心理疏导与服务

在城市轨道交通突发事件中，许多损失可能不是事件本身造成的，而是人们的过度反应和慌乱导致的。在突发事件中，乘客会受到周边个体或群体的极大影响，表现为心理上易受他人情绪的影响，行为上常常参考其他乘客的状态或逃生方式。例如，某乘客在车厢内拼命向前挤，常常会带动周围乘客跟随他一同挤，如果这时没有很好地进行应急疏导，最终可能发展到整个人群都在相互拥挤、推搡，导致踩踏事件的发生。因此，做好应急状态下乘客的心理疏导和服务是很重要的。

（一）为乘客提供及时有效的信息

城市轨道交通是一个相对封闭的环境，且人群相对密集，所以极易让人产生压抑心理。当发生突发事件时，乘客心情必然焦急，对信息需求特别迫切，因此，应尽量给其提供精确的信息。例如，案例8-1中，上海地铁运营方在迅速启动应急处置措施的同时，通过站/车广播、PIS显示屏、官网、微博、App等渠道及时发布运营相关信息，引导乘客合理安排出行。及时有效的运营信息迅速打消了列车迫停可能引发的乘客焦虑，现场乘客积极配合，使得1号线运营总体有序，客运组织安全可控。

🔵 案例 8-4

地铁"闸门常开"，乘客"心门敞开"

2024年6月，深圳地铁14号线的部分车站试行"闸门常开"模式（图8-3），乘客入闸无须等待闸门动作，刷卡或扫码后闸机屏幕显示"绿色箭头"即可快速通过。此模式旨在提高通行效率，缓解早晚高峰客流拥挤情况，并降低设备维修成本，显著提升乘客出行体验。

然而，新模式也引发了一些质疑，如是否会给恶意逃票者提供机会，以及乘客是否会对常开的闸门感到困惑。实际上，闸机在未感应到刷卡或扫码时会迅速关闭，基本杜绝逃票可能。同时，地铁站内安排有工作人员引导、帮助乘客适应新模式。

图8-3 车站试点"闸门常开"

当然，新模式也可能遇到特殊情况，如乘客刷卡或扫码异常时，闸机会立刻关闭，需要乘客重新操作或寻求协助，这可能会增加一些等待时间。因此，"闸门常开"新模式需要乘客和地铁站共同磨合，地铁方面需关注乘客反馈，不断优化细节，如闸机识别敏感度、站内指示、工作人员引导等，以提升乘客出行便捷性和舒适度。

"闸机常开"模式的推行是地铁服务创新的一个新起点。未来，地铁还可以从提高安检效率等方面入手，进一步提升乘客出行效率。例如，探索人与行李一次通过安检的方式，或增加安检口以提高通行速度。

目前,"闸门常开"模式仍在试行阶段,具体效果有待进一步检验。但无论结果如何,这种开放式的创新思维都值得肯定。公众期待看到更多此类有益探索在城市发展中涌现,也希望其他城市的地铁能够发扬创新精神,为人们创造更加美好的出行环境和条件。地铁发展的一小步,就是城市文明的一大步,这样的服务模式创新无疑为城市公共交通的发展注入了新的活力。

(资料来源:https://www.zgjtb.com/2024-06/26/content_419774.html)

(二)加大乘客安全教育力度

经常对乘客进行安全常识教育能够使乘客在面临突发事件时保持镇定,从而减少恐慌心理和盲目从众行为带来的次生危险。同时,要通过宣传或预演让乘客了解突发事件下城市轨道交通运营企业是有足够的预案和能力组织救援的,从而在危机事件发生时能够信任救援人员,听从组织和引导,配合救援。乘客对安全知识了解得越多,在应急情况下,心理上就会越冷静,行为上就会越理性。

城市轨道交通客运服务人员要善于利用乘客群体在突发事件中本能的自发奔逃行为,将人群引入车站应急预案规划的乘客疏散通道,这将大大提高人群的疏散效率,防止拥堵和踩踏事件的发生。

(三)做好乘客的心理安抚工作

当列车停驶或延误时,在及时向乘客说明情况的同时,要做好乘客的心理安抚工作,特别是对一些有特殊需要的乘客,要提供更贴心的关怀和服务;对情绪激动的乘客,一定要语气温和,尽力缓和气氛,让乘客在第一时间找到"主心骨",想办法让乘客的情绪平稳下来。

案例 8-5

创新宣传方式,共筑安全防线

2024 年 6 月,全国迎来了第 23 个"安全生产月",主题定为"人人讲安全、个个会应急——畅通生命通道"。在这一背景下,广州市积极响应,6 月 13 日下午,在天河公园地铁站成功举办了一场别开生面的"平安地铁乐出行"——安全宣传"进地铁"文化活动(图 8-4)。本次活动由广州市安全生产委员会办公室、广州市应急管理局统一指导,旨在深入贯彻"安全生产月"和"安全生产广州行"的活动要求。

图 8-4 活动现场

活动现场热闹非凡,地铁员工们带来了丰富多彩的表演,包括情景剧《最后一课》《地铁保护那些事儿》《安全有瘾》,舞蹈《自豪的建设者》,弹唱表演《安全出行在有轨》,三字经表演《诉说安全》以及原创歌曲《一起出发》等,为市民们带来了一场视觉与听觉的盛宴。同时,有奖知识问答环节更是激发了市民们的参与热情,大家在欢声笑语中学习了安全知识。

除此之外,广州地铁还充分利用地铁媒体资源,广泛宣传安全生产。他们在2.89万个地铁电视屏幕上滚动播放"安全生产月"公益广告,同时在重要车站投放了50个灯箱公益海报,进一步扩大了宣传的覆盖面。

广州地铁表示将持续开展既有声势又有实效的宣教活动,以群众喜闻乐见的方式普及多方面的安全知识,提升市民的安全防范能力,为乘客提供安全优质的出行服务。

(资料来源:https://baijiahao.baidu.com/s?id=1801837562982606712&wfr=spider&for=pc)

单元8.3 城市轨道交通乘客投诉心理与服务

一、乘客投诉概述

(一)乘客投诉的概念

当乘客乘坐城市轨道交通出行时,会对出行本身和城市轨道交通的服务抱有美好的愿望和期盼,如果这些愿望和期盼得不到满足,就会失去心理平衡,有可能产生"讨个说法"的想法和行为,即投诉。广义地说,乘客任何表示不满意的行为都可以看作投诉。案例8-4中,深圳地铁创新"闸门常开"的服务模式,提升了乘客出行便捷性和舒适度。同时,在站内安排工作人员引导、帮助乘客适应新模式。地铁以"闸门常开"换取乘客"心门敞开",提升了服务水平,避免了乘客刷卡进站不畅可能导致的不满。

(二)乘客投诉的分类

根据乘客投诉的原因、目的和方式的不同分类如下。

1.按投诉的原因分类

乘客投诉的原因多种多样,既有主观方面的,如司机、客运服务人员、乘客自身因素引起的;也有客观方面的,如硬件设施等因素引起的。乘客可能对乘车过程不满意,也可能对结果不满意。

(1)对过程不满意的投诉,即乘客在接受服务的过程中感觉精神上受到了伤害。例如,乘客在购买地铁票的过程中,无端受到客运服务人员的轻慢对待,乘客感觉自己没有被尊重而进行投诉的行为就属于对过程不满意的投诉。

(2)对结果不满意的投诉,这主要是由于乘客在接受服务的过程中在物质经济利益方面受到了损失。例如,某乘客在用自助售票机买票的过程中,交钱后并没有成功买到票,钱也退不回来了,因此打电话投诉,这就属于对结果不满意的投诉。

2.按投诉的目的分类

(1)求助型投诉。求助型投诉是指乘客在乘坐城市轨道交通的过程中,遇到困难或有问题没有得到帮助或解决而产生的投诉。例如不熟悉自动售票机使用方法的乘客,在买票的过程中可能会向客运服务人员提出很多问题或者意见,此时客运服务人员应该耐心给予解释,并提示乘客正确的购票流程与操作,以及相关的注意事项,使乘客能顺利购票,得到有效帮助。

(2)建议型投诉。建议型投诉是指客运服务存在不足,有待改进和提高,投诉者本人利益不一定受到损害,但发现了一些问题,并提出建议。例如,乘客提醒地铁公司应该在所有的车站站台加装屏蔽门,避免乘客坠入轨道区间,提高乘车的安全性。

(3)发泄型投诉。发泄型投诉是指乘客对客运服务存在不满情绪,或由于理解差异及误会等产生了心理不平衡,要求解决问题或想要讨个说法的行为。例如,怀孕女乘客在乘坐地铁的过程中,因没有其他乘客为其让座而感到非常气愤,从而拨打地铁热线进行投诉。

3.按投诉的方式分类

(1)现场投诉。即乘客当场提出意见,指出存在的问题,同时要求客运服务人员及时解决,这是常见的投诉方式。

(2)间接投诉。即乘客通过电话、电子邮件、聊天软件等间接方式向城市轨道交通客运部门投诉,这也是常见的乘客投诉方式。

(3)媒体曝光。即乘客通过报刊、网络、电视等大众媒体曝光,利用社会影响,促使城市轨道交通客运部门解决存在的问题。这种投诉方式常见于对交通安全隐患的排除与预防,或是满足广大乘客合法利益与合理需求等重要问题。

二、乘客投诉心理与客运服务

乘客在情绪正常的状态下,不容易产生投诉心理;乘客心里不舒服、憋着气,即使是小事也容易引发投诉。因此,客运服务人员要有充分的准备,在适当时机寻求最佳途径让乘客释放心中怒气,力求把投诉消灭在萌芽状态。一旦遇到乘客投诉,客运服务人员务必努力洞察乘客的心理状态,尽力准确分析乘客心理诉求,圆满解决乘客的投诉,让客运服务能够真正做到有的放矢。

(一)乘客从不满到投诉的心理过程

乘客从不满意到投诉,在心理上表现为一个渐进过程。当乘客在乘坐城市轨道交通的过程中得到的服务低于期望值时,其会感到失望,从而产生挫折感,对城市轨道交通企业也会产生情感抵触。如果乘客在表达不满时,客运服务人员能够做到用心倾听、及时道歉、认真解释和用心为乘客服务,许多时候就能够缓解乘客的消极情绪,甚至化解矛盾。

乘客从不满到
投诉的心理过程

如果乘客的不满情绪得不到关注和化解,情感抵触逐步积蓄上升为情感冲动,就会导致行为上的不理性,比如,乘客在投诉时经常说"简直太气人了!我要找你们领导!"冲突爆发的形式和程度依乘客道德修养和个性而定。理智的乘客会据理力争,而失去理智的乘客则表现出愤怒甚至产生过激行为。总之,乘客的不满情绪若得不到及时疏解,就会寻求情感宣泄的方式,通常会升级为投诉。

(二)乘客的投诉心理与服务

乘客投诉心理即乘客对即将进行或已经进行的投诉行为的心理反应,这种心理随时会受到社会环境及个人情绪、情感的影响。客运服务人员在日常工作中经常会因为各种各样的事情遭到乘客的投诉,这是在所难免的现象。只要是服务性行业,就无法避免消费者的抱怨和投诉,即使是最优秀的服务企业,也不可能保证永远不发生失误或引起投诉。城市轨道交通客运服务人员要能够理解乘客的投诉心理需求,从而有针对性地进行积极、有效的沟通,努力补救服务中的失误以提高服务质量,这对于保障城市轨道交通客运安全与顺畅非常重要。

1. 乘客寻求尊重的心理及服务

在整个乘车过程中,乘客作为消费者始终处于"客人"的地位,寻求尊重的心理是十分明显的,这是正常的心理。寻求尊重心理引起的投诉一般是乘客因为乘车服务某方面达不到自己的要求或者是一些现象让乘客感到不舒服而投诉。例如,售票员的态度不友好,乘客感觉自己不被尊重而去投诉。

因此,乘客投诉时希望得到他人的相信、尊重、同情、支持,渴望被投诉者向他们表示歉意并立即采取相应的举措,以使问题得到解决。处理投诉的工作人员只要对乘客本人予以认真接待,及时向乘客表示歉意,承诺进一步调查和尽快解决问题,并请求得到乘客的谅解和支持,就能化解乘客因为自尊心受损而产生的不满。即便乘客在投诉过程中发现是自身原因造成了误会,客运服务人员也要用智慧的办法缓解乘客的尴尬情绪,这也是为了满足乘客受尊重心理的需要。

2. 乘客寻求宣泄的心理及服务

乘客投诉时,一般是带着愤怒与抱怨的心态进行的,无论采取何种投诉形式,都难免会发牢骚甚至谩骂。投诉者的这种外在表现,就是为了发泄内心的不满,其心理明显处于失衡状态。

客运服务人员在接到此类乘客投诉时,首先,一定要注意调整心态,耐心倾听,让乘客把话讲完以满足乘客的宣泄需求;然后,客运服务人员从工作的角度出发,采用乘客能够接受的方式进行劝说,尽量引发乘客的同理心;最后,客运服务人员需要再次向乘客表示理解和歉意,进一步提出行之有效的建议,提高乘客乘车的满意度,避免此类投诉的再次发生。

3. 乘客寻求补偿的心理及服务

在客运服务过程中,如果客运服务人员或运营单位未能履行相关承诺,使乘客遭受物质上的损失或精神上的伤害,乘客就会用投诉的方式向城市轨道交通企业索赔,要求其给予物质补偿;或通过法律诉讼要求赔偿,以弥补自身损失,这也是一种正常的、普遍的心理现象。损坏、丢失乘客物品理应进行赔偿;如果职务性行为对乘客造成某些精神伤害,在法律上乘客也有权利要求物质赔偿。例如,北京地铁信息服务中心曾接到电话投诉,林小姐于某日16时40分在地铁站售票亭购买了一张车票,结果到站后发现需要补票,她认为是售票员的失误耽误了其行程,因此产生不满并投诉。经调查,售票员没有问清楚乘客的目的地就进行了售票,导致乘客票款不足,从而引起此投诉的发生。后当班工作人员及时致电乘客,做出解释并对此事进行道歉。

面对寻求补偿心理的乘客投诉,客运服务人员应当详细了解乘客的投诉原因,并认真记录时间、地点、人物等关键词,向乘客承诺在确认情况以后会尽快给乘客一个满意的答复,然后向相关部门了解具体原因,视事件严重程度逐级上报,及时消除客运服务方面存在的不足和缺陷,提高服务质量,避免类似事件的再次发生。同时,客运服务人员应当根据城市轨道交通企业相关规定对乘客物质上的损失或身体上、精神上的伤害进行赔偿,尽量降低事件带来的不良影响,弥补乘客的损失,维护城市轨道交通企业形象。

4. 乘客寻求平衡的心理及服务

乘客在乘车过程中的满足或抱怨,是乘客将城市轨道交通客运服务的设施及服务质量与期望值进行对比所产生的情绪体验。如果乘客认为比期望值好,就会产生满足感;如果认为比期望值差,就会产生挫折感。例如,车厢设施不完善,客运服务人员态度不够主动热情、对乘客的询问与求助态度冷淡、不尊重乘客的习惯等,会使乘客产生挫折感。

乘客受挫后,会对客运服务感到失望,心情比较低落,本该平衡的心理状态会失衡从而通过投诉寻求平衡点,以达到物质和精神上的平衡。俗话说,"水不平则流,人不平则语",这是正常人寻求心理平衡、保持心理健康的一种方式。

乘客投诉还源于乘客对人的主体性和社会角色的认知。乘客付费乘车,当然希望获得人性化的服务,有一段愉快的乘车经历,如果他得到的是不公平、是烦恼,这种强烈的反差会促使他选择投诉来维护其作为消费者的权益。

城市轨道交通客运服务人员在接到乘客投诉以后,应尽快找出投诉原因,消除投诉所产生的负面影响,处理乘客投诉的过程就是维护乘客利益的过程。如何在短时间内对乘客投诉做出妥善处理?工作人员需要总结经验,细致观察,尽快采取恰当的方式与乘客沟通,以便更好地为乘客服务。

此外,要认识到乘客投诉具有两重性,既有负面的影响,也会产生积极的作用。虽然乘客投诉会影响城市轨道交通企业的声誉,但是如果从积极方面考虑,投诉也是契机,能使城市轨道交通企业从投诉中发现自身问题,弥补工作中的漏洞,提高客运服务人员的工作质量和服务水平。

案例 8-6

优化服务,助力城市发展,满足乘客多元需求

天津地铁始终致力于提供平稳有序的运营服务,以满足市民的出行需求。天津地铁2024年上半年共加开客运列车106列次,延长运营时间7次,确保了高达99.99%的运行图兑现率和列车运行正点率。同时,售票机、闸机以及乘客信息系统的可靠度也均保持在极高水平,这些数据充分展示了天津地铁在保障乘客出行方面的卓越表现。

遇到节假日、重点专项活动等重要时期,天津地铁会启动专用运行图,并通过一系列保障措施,确保市民的出行顺畅。特别是每周五晚上延长运营服务时间30分钟,这一举措极

大地方便了津滨通勤乘客的出行。

为了进一步提升乘客的出行体验,天津地铁在服务升级方面也下足了功夫。他们提供了"同站进出"服务,方便了需要在地铁站使用卫生间的乘客。同时,天津地铁还因地制宜地优化了标识指引,在多个站点增设了地铁指引标识、地面流线标识,以及公共卫生间、母婴室的"立式指引牌",并对多个车站的指引标识进行了优化,特别是重点对津滨大道沿线车站、换乘站的指引标识进行了优化,为乘客提供了更加便捷的出行环境(图8-5)。

图8-5 天津地铁指引标识

此外,天津地铁还在全线网重点车站增加了"车站电话",让乘客感受到地铁窗口的"步步有指引、处处有服务"。他们还在不同站点根据不同类型的乘客需求提供了特色服务,如实施彩虹行李坡道、爱心候车区、敬老休息区等微设施改造,打造"地铁研学体验馆""优学驿站"等特色区域,为市民提供更加贴心的出行服务。

总的来说,天津地铁通过优化服务和满足乘客的多元需求,不仅提升了市民的出行体验,还为天津的经济发展作出了积极贡献。他们的一系列举措让市民的出行更加便捷、舒适,也让天津这座城市的魅力更加彰显。

(资料来源:http://news.enorth.com.cn/system/2024/06/24/056838697.shtml)

▽ ▽ ▽

✴ 实训任务

请完成实训任务8:处理城市轨道交通乘客投诉。见本教材第191页配套实训活页。

✴ 课后交流

1. 城市轨道交通客运服务中的突发事件是如何定义的?

2. 在城市轨道交通客运服务过程中,突发事件的应急组织包括哪些内容?

3. 突发事件中的乘客心理是怎样的?应该如何进行有效疏导和服务?

4. 处理乘客投诉事件时,城市轨道交通客运服务人员应当如何分析和理解乘客的投诉心理?

模块 3
根植内心修养

单元 9

城市轨道交通客运服务人员职业人格与礼仪

学习目标

1. 了解城市轨道交通客运服务人员职业人格的概念。
2. 理解城市轨道交通客运服务人员职业人格培养。
3. 掌握城市轨道交通客运服务人员职业礼仪规范。

内容结构

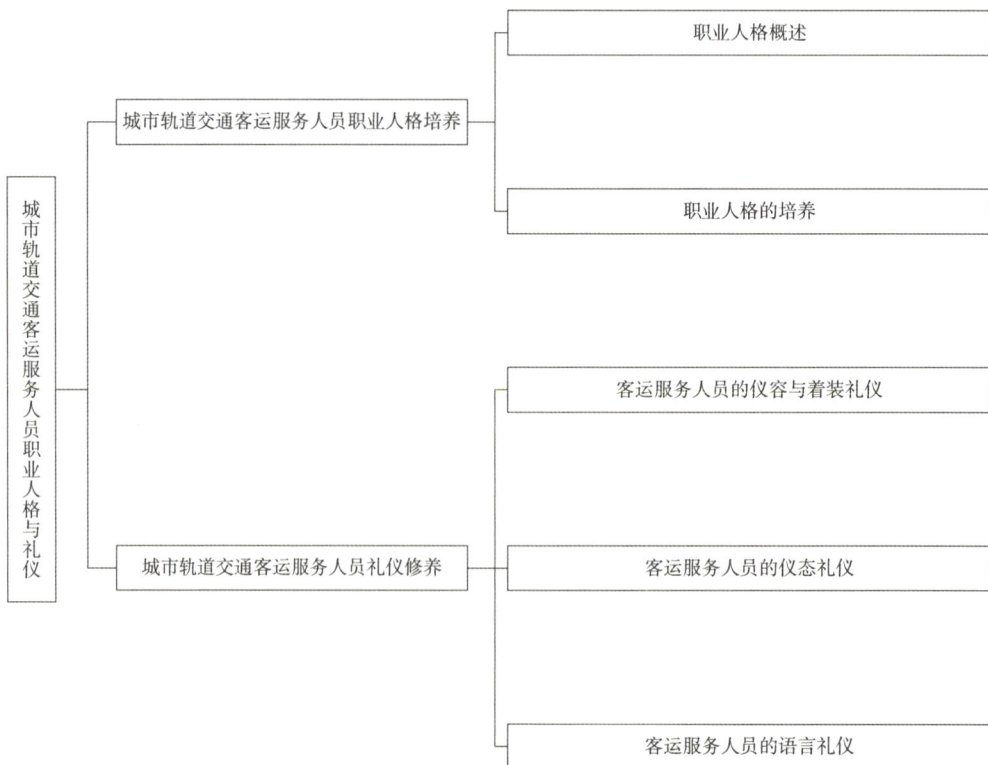

上海地铁7号线员工拾金不昧，乘客遗失的电脑完璧归赵

某日，上海地铁7号线杨高南路站值班员沈力皓正在进行晚高峰清客作业，忽然发现有一辆列车车厢座位上遗留有一个电脑包，四处询问后无人认领，凭借多年的工作经验，他判定肯定是乘客遗忘在车厢里的，便将电脑包带至站长室，并与值班站长一起查看包内物品，发现内有一台惠普笔记本电脑。想到乘客此刻肯定非常着急，值班站长立刻打开遗失物品平台进行登记，希望乘客可以及时赶来，以便物归原主。

一段时间后，一名女乘客来到站台询问正在进行清客作业的沈力皓有没有捡到过电脑，在和乘客初步核对过遗失物品信息后，确认刚才捡到的电脑正是这位乘客的，在对失物进行详细核对后，将失物完璧归赵。乘客很感动，感谢地铁工作人员能拾金不昧，将电脑完好无损归还（图9-1）。

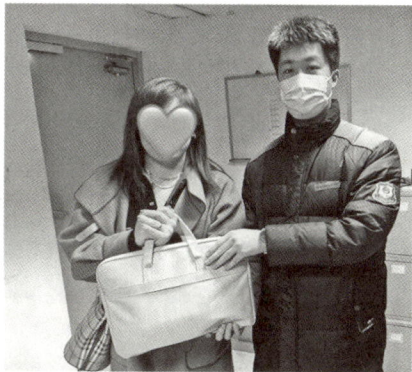

图 9-1　工作人员完好无损归还电脑

（资料来源：http://whzg. chinareports. org. cn/whzg/news/17185. html）

思考：

（1）案例中体现了客运服务人员什么样的精神？

（2）如何在工作中培养客运服务人员的职业人格？

城市轨道交通客运服务人员要为乘客做好贴心的服务就必须提升内心的修养。城市轨道交通客运服务人员只有将自身的职业素养提升到一定水平，才能由内而外地散发人格魅力，真正地做到乐于助人，注重承诺，谦虚诚实，积极、热情地对待乘客。

单元 9.1　城市轨道交通客运服务人员职业人格培养

一、职业人格概述

(一)职业人格的内涵

职业人格是人作为职业的权利和义务的主体所应具备的，是社会的政治制度、物质经济关系、道德文化、价值取向、精神素养、理想情操、行为方式的综合。职业人格既是人的基本素质之一，又是人的职业素质的核心部分。

健全的职业人格是人们在求职和就业后顺利完成工作任务、适应工作环境的重要心理基础。健康的职业人格包括以下四个方面。

1. 正确的职业观

职业是人们由于特定的社会分工而形成的具有专门业务和特定职责的社会活动。职业观就是人们对这一特定的社会活动的认识、态度、看法和观点,是一个人的世界观、人生观及价值观在职业生活中的反映。

2. 良好的职业性格

职业性格是职业对从业者在性格上的要求。高度的责任心、团结协作、勇于创新、认真细致、勤奋好学、坚毅自信、严于律己等特点,是商品经济社会要求每一个从业人员必须具备的基本性格特征。而每一种特定的职业又要求从业者具有适应职业特点的职业性格。

如城市轨道交通客运服务行业要求从业者具有耐心、礼貌、热情大方等性格特征,如果缺少了这些性格,或与这些性格相距甚远,就很难胜任这项工作。所以,良好的职业性格对城市轨道交通客运服务人员综合职业能力的形成与提高有着极大的推动作用。

3. 积极的创新意识

创新原本是人的基本特征,人类就是在不断地"首创前所未有"的过程中前进的。个性的发展强调创新,从某种程度上说,没有个性就没有创新、没有特色。因此,积极主动的创新意识、创新精神和创新能力是健康职业人格不可缺少的一部分。

4. 较强的社会能力

社会能力指从事职业活动所需要的社会行为能力,如环境适应能力、人际交往能力、团结协作能力等,是一个人生存与发展的必备条件。

在交通压力巨大的社会背景下,城市轨道交通客运服务人员要培养自身良好的职业人格。良好的职业人格一经形成,往往能使外在的职业要求成为一种自觉的行为表现,使员工发自内心地表现出自制力、创造力以及坚定、果断、自信、守信等优良品质。

心理文摘 9-1

服务工作的"警戒线"

(1)"没有办法"。规范操作:尽可能创造条件努力、尽力解决乘客的问题,若有相关规定,应做好耐心而诚恳的宣传和解释,或者向乘客承诺会向有关部门反映乘客的需求。

(2)"我不知道"。规范操作:尽可能通过其他途径尽快告知,或者让乘客留下电话号码,并说"我会负责地告知有关问题的答案的"。

(3)"这件事你找我们领导"。规范操作是跟乘客说:"我有责任接待并处理好,如果您不满意,我让我们站长来处置。"

(4)"你投诉好了"。规范操作是跟乘客说:"您有权指出、批评我工作中存在的问题,我会认真听取,注意改正,请您今后来关心和监督我工作的整改情况和状态。"

(5)"你自己去看(买)"。规范操作:应尽力、主动地给予解决方法,如实在忙碌,应向乘客表示"对不起,请稍等",待忙完后立即过去处理。

(二)职业人格的类型

(1)工具型人格。思想单纯,思维简单,情绪反应小,可接受枯燥、重复、繁重的工作。在社会中,工具型人格最为普遍,众多劳动强度大、技术含量低的工作由这种人格的人员承担。

(2)技术型人格。具备较强的思维变通能力,可以完善地、创造性地处理专项事务。技术型人格是目前我国大学培养学生的目标,好的技术型人格的人才仍是供不应求的。

(3)专家型人格。在一定领域内达到相当高的专业水平,甚至具备一定的权威性。专家型人格是技术型人格的升级版,但不是所有技术型人格都可以成为专家型人格。

(4)管理型人格。性格精细,富于耐心,自制力强,善于处理错综复杂、烦琐无趣的事务。管理型人格的人才是经济社会的中坚力量,他们构成庞大的经理群体,使社会效益最大化。

(5)社交型人格。精于世故,人情练达。社交型人格的人才是人类社会的精灵,他们往往构成一个社会的精英阶层,他们不仅是意见领袖,而且扮演着各类型人格整合者的重要角色。

对具体的个人而言,每个人的职业人格都不是单一的,而是复合型的,也就是同时体现两种或者两种以上职业人格。

心理文摘9-2

"主动热情"的魅力

一家服务型企业对服务员的面试十分独特。企业主管会突然中断面试,然后安排另一个人向这名应试者询问某个问题,如询问洗手间在什么位置。他们得到的回答通常有三种:第一种是直接回答"我不知道";第二种回答是"不知道",并对自己的身份做一个说明;第三种回答是"对不起,我是来面试的,不过我去帮您问一下然后告诉您"。对于第一种回答的应试者企业是不会录用的,而第三种回答的应试者会被安排到重要的岗位。因为,能积极主动地提供服务是一名服务人员最基本的素质。

二、职业人格的培养

职业人格是一个人为适应社会职业所具备的稳定的态度以及与之相适应的行为方式的独特结合。城市轨道交通客运服务人员职业人格可以从职业意识、职业精神、职业道德、职业技能、职业性格五个方面进行塑造和培养。

(一)强化职业意识

职业意识是职业人应具有的意识,也称主人翁精神,是人们对职业劳动的认识、评价、情感和态度等心理成分的综合反映。在城市轨道交通客运服务管理中,应着力从协作与创新、竞争与奉献等方面强化客运服务人员的职业意识。

(二)培养职业精神

职业精神的实践内涵体现在敬业、勤业、创业、立业四个方面。客运服务人员在工作中积极主动地展示自身的价值,由此形成一定的职业精神。

1. 敬业

敬业与人的存在方式、人的本质、人的全面发展有着直接的联系,并共同构成职业精神的完整价值系统。从事职业活动,既是对社会承担职责和义务,又是对自我价值的肯定和完善。职业精神所要求的敬业,承载着强烈的主观需求和明确的价值取向,这种主观需求和价值取向构成从业者实践活动的内在尺度,规定着职业实践活动的价值目标。

因此,敬业是客运服务人员职业精神的首要实践内涵,是客运服务人员对城市轨道交通事业的尊敬和热爱,其本质是一种文化精神,更是客运服务人员通过自身的职业实践,去实现自身的文化价值追求的职业伦理和观念。

2. 勤业

要做到勤业,不仅要强化职业责任,端正职业态度,还需要努力提高职业能力。客运服务人员需要在解决日常工作中的复杂矛盾和突出问题的实践中,在应对各种挑战和风险的实践中提高自身的职业能力。

3. 创业

创新是一个民族进步的灵魂,是一个国家兴旺发达的不竭动力。职业发展的动力在于创新。具备创新能力、能够进行创新,是在当今世界范围内经济和职业竞争中取胜的决定性因素。

4. 立业

当前,全面建成社会主义现代化强国、实现第二个百年奋斗目标,以中国式现代化全面推进中华民族伟大复兴是我国所要"立"的根本大业,各行各业的职业精神必须服从和服务于这个大业,城市轨道交通运营管理和客运服务工作也不例外。

案例 9-2

上海地铁站务员工作状态实录

每天上下班,忙碌的"地铁族"常和我们擦肩而过,但对于这些"最熟悉的人",我们却有

城市轨道交通客运服务心理学(第3版)

些陌生。今天,就请大家跟随我们去体验城市轨道交通站务员的工作和生活。

在站务员的指挥下,乘客们排队候车。早高峰时,地铁2号线人民广场站人流如潮,站务员要把乘客推一下,车门才关得上。

1. 消耗的不仅是体力,而且是精力

清晨6时50分,小袁顶着寒风出门,暗自庆幸:"总算睡了个懒觉。"他在上海地铁1号线北延伸段当站务员,上早班时,每天5时起床。这天和同事换班,多睡了一会儿。

2. 推一把,多挤进一个人也好

小袁7时20分到岗,恰逢早高峰,延长路站人山人海。"有时,一扇车门只能挤进1个人,我们不推乘客一把,门根本关不上。"说完,他戴上手套,加入"推人大军"。

值班站长、区域站长、志愿者、站务员共十余人,每天早高峰都在重复同一个动作——"推"。从7时30分一直忙到9时30分。小袁这才发现中指隐隐作痛,刚才只顾推人,不知何时手指竟被车门夹到了。

"原则上,尽量让每个乘客上车。"小袁说,"不少人主动要求我推他一把,也有个别女乘客不让推,说我占她便宜。现在规定戴手套推,以免引起麻烦;还有的人不能推,如老人和体弱多病者,尽量劝他们等下一班车。"

3. 两个"收获",一是增肥,二是戒烟

去年上岗前,小袁刚从职校毕业。他以为,站务员每天站着,还能经常走动,应该有助于减肥。结果干了不到一年,重了5千克。

"如果你想增肥,就来当站务员吧,大多数同事都比进来的时候胖。"他无奈地解释,"这个工作,看似轻松,其实很累,消耗的不仅是体力,而且是精力。上班时,走动空间有限;下班后,筋疲力尽,懒得运动;再加上早班晚班轮流转,作息不规律,腰围就像气球一样越吹越大。"

虽然减肥失败,他却得到了意外收获:戒烟成功。"有些同事,戒烟10年了都戒不掉,干站务员才2年,就自动戒掉了。"地铁站内严禁吸烟,站务员经常劝说乘客不要吸烟,自己必须以身作则。

(资料来源:http://roll.sohu.com/20110427/n306531029.shtml)

(三)提高职业道德

职业道德是同人们的职业活动紧密联系的符合职业特点的道德准则、道德情操与道德品质的总和,既是职业对从业人员在职业活动中的行为标准和要求,同时又是职业对于社会所肩负的道德责任与义务。

良好的职业道德是每一名城市轨道交通客运服务人员都必须具备的基本品质,也是城市轨道交通行业和企业对员工最基本的规范和要求。

(四)提升职业技能

提升职业技能,一方面是行业发展、技术进步的需要,另一方面是为员工今后能更进一步发展、取得更好的职位、承担更重要的工作所做的准备。一般可以把员工应具备的技能划分为三种:技术技能、人际关系技能和解决问题的技能。即便企业没有提供相应的机会,员工个人也要努力进行自我培训和提升。

1.技术技能

职业技术技能的鉴定需要按照国家规定的职业标准,通过政府授权的考核鉴定机构客观公正、科学规范地评价与认证。持证上岗也是城市轨道交通运营企业对客运服务人员的基本要求。

2.人际关系技能

一个曾经很不擅长与同事一起工作的员工发现,通过一次 3 小时的小组座谈会,她与同事们的关系有了很大的改善。在这次座谈会上,她和同事们开诚布公地分享了对彼此的看法。她的同事们一致认为她说话像施令,过于傲慢。她接受了建议,努力改变自己的说话方式,终于改善了人际关系,提升了工作效率。由此可见,提高人际关系技能将有效改善同事之间的关系及客我关系,有助于城市轨道交通客运服务人员处理好如何做一个好的听众、如何与乘客沟通自己的思想、如何避免冲突等问题。

3.解决问题的技能

客运服务工作中需要不断解决问题,提高工作效率。如果客运服务人员解决问题的技能不尽如人意,那么可以通过强化逻辑推理和确定问题的能力,制订解决、分析问题的可行方案来加以改善和提高。

(五)塑造职业性格

职业性格是人们在长期特定的职业生活中所形成的、与职业相联系的、稳定的心理特征。例如,有的人对待工作总是一丝不苟,踏实认真;在待人处事中总是表现出高度的原则性,果断、活泼、负责;对待自己总是谦虚、自信、严于律己等,所有这些特征的总和就是他的职业性格。

单元9.2　城市轨道交通客运服务人员礼仪修养

城市轨道交通客运服务礼仪是客运服务人员在工作岗位上通过言谈、举止等对乘客表示尊重和友好的行为规范。良好的客运服务礼仪不仅有利于提高客运服务人员的内在修养,提升企业形象,而且有利于客运服务人员拉近与乘客的距离,为乘客带来安慰和安全感。

一、客运服务人员的仪容与着装礼仪

(一)仪容礼仪

(1)发式。头发需勤洗且梳理整齐,不烫染夸张的发型及颜色。男士不留长发,前不遮额,侧不盖耳,后不触领;女士长发应盘于脑后,短发拢于耳后(图9-2)。

(2)面容。面部保持清洁,眼角不可留有分泌物,鼻孔清洁;如需戴眼镜,应保持镜片的清洁。男士养成每天修面剃须的良好习惯;女士工作时应化淡妆,以淡雅、自然为宜。

(3)口腔。保持口腔清洁,用餐时不能吃葱、蒜等有异味的食品,不得饮酒或含有酒精的饮料,不得在工作时间吸烟。

图9-2　客运服务人员仪容礼仪示范

(4)耳部。耳廓、耳根后及外耳应每日清洗,不得佩戴夸张的耳饰。

(5)手部。保持手部的清洁,要养成勤洗手、勤修剪指甲的良好习惯。

(6)体味。勤换内外衣物,保持清新、干净,给人良好的感觉。

(二)着装礼仪

(1)制服要求。客运服务人员在工作时间内应穿着相应岗位规定制服,制服应干净、平整,无明显污迹、破损。制服穿着按照企业规定执行,不可擅自改变制服的穿着形式,私自增减饰物。不敞开外衣,不卷起裤脚、衣袖。制服外不得显露个人物品,衣裤口袋平整。

(2)工作鞋要求。工作期间穿统一的工作鞋,其他鞋子均不得在工作期间穿着,且保持鞋面清洁。

(3)工作牌要求。工作时间须按规定佩戴工作牌,一般佩戴在左胸前口袋上方。客运服务人员必须佩戴本人的工作牌,禁止使用其他人的工作牌。

(4)佩饰要求。女士可佩戴直径1厘米以下的素色无坠耳钉,男士禁止打耳洞;女士可佩戴框架直径小于0.5厘米的素色项链,项链款式简单大方,禁止佩戴较为夸张的颈部饰品;手部可佩戴手表、手链、手镯、戒指等,但要求款式简洁、符合职场要求,禁止佩戴颜色鲜艳、款式夸张的佩饰;眼镜款式要求简洁大方,可选择无框或细框(框架直径小于0.5厘米)眼镜,镜片颜色要求为无色,禁止佩戴颜色鲜艳的大宽边眼镜或有色镜片眼镜。

(5)袜子要求。女士可着黑色、肉色丝袜,禁止穿着彩色丝袜;男士以深色棉质袜为宜,无花纹。

案例 9-3

客运服务人员仪容仪表礼仪规范

客运服务人员仪容仪表礼仪规范如图9-3所示。

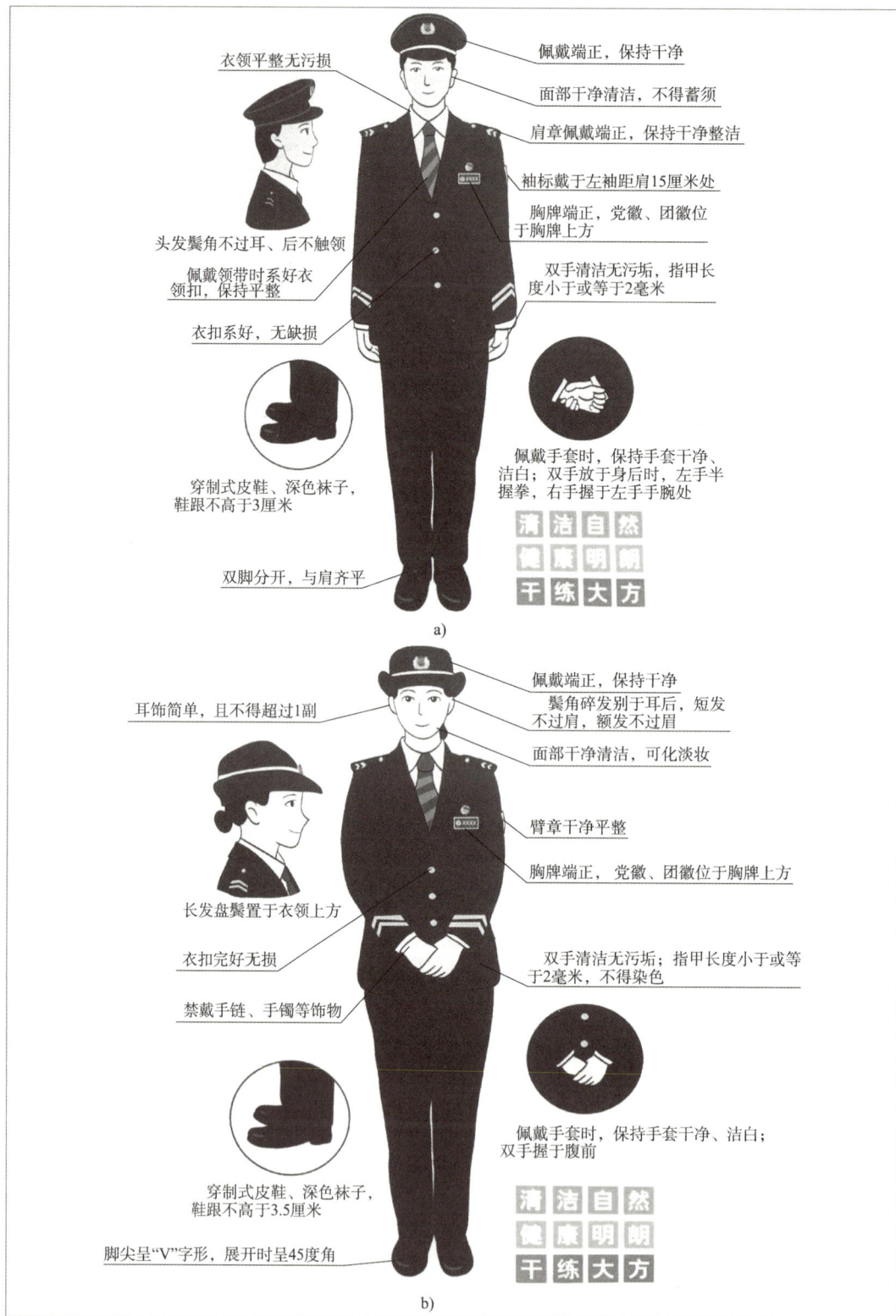

衣领平整无污损

佩戴端正，保持干净

面部干净清洁，不得蓄须

肩章佩戴端正，保持干净整洁

袖标戴于左袖距肩15厘米处

头发鬓角不过耳、后不触领

胸牌端正，党徽、团徽位于胸牌上方

佩戴领带时系好衣领扣，保持平整

双手清洁无污垢，指甲长度小于或等于2毫米

衣扣系好，无缺损

穿制式皮鞋、深色袜子，鞋跟不高于3厘米

佩戴手套时，保持手套干净、洁白；双手放于身后时，左手半握拳，右手握于左手手腕处

双脚分开，与肩齐平

清洁自然
健康明朗
干练大方

a)

耳饰简单，且不得超过1副

佩戴端正，保持干净

鬓角碎发别于耳后，短发不过肩，额发不过眉

面部干净清洁，可化淡妆

臂章干净平整

胸牌端正，党徽、团徽位于胸牌上方

长发盘鬓置于衣领上方

衣扣完好无损

禁戴手链、手镯等饰物

双手清洁无污垢；指甲长度小于或等于2毫米，不得染色

穿制式皮鞋、深色袜子，鞋跟不高于3.5厘米

佩戴手套时，保持手套干净、洁白；双手握于腹前

脚尖呈"V"字形，展开时呈45度角

清洁自然
健康明朗
干练大方

b)

图9-3　客运服务人员仪容仪表礼仪规范

（资料来源：北京地铁员工培训手册）

二、客运服务人员的仪态礼仪

城市轨道交通客运服务人员的仪态礼仪包括基本仪态礼仪和工作仪态礼仪。基本仪态礼仪包括站姿、坐姿、蹲姿、行姿等；工作仪态礼仪主要包括引导礼仪，递物、接物礼仪，握手礼仪，乘坐电梯礼仪等。

（一）基本仪态礼仪

1. 站姿

站姿可以体现出一个人的整体气质。城市轨道交通客运服务人员每天面对来来往往的乘客，良好挺拔的站姿会让乘客感受到客运服务人员的大方、得体，更能体现出客运服务人员的素质。

（1）男士基本站姿：身体立直，抬头挺胸、收腹、下颌微收，双目平视，两腿分开，两脚平行，宽不过肩，双手自然下垂贴近腿部或交叉于身后。

（2）女士基本站姿：身体立直，抬头挺胸、收腹、下颌微收，双目平视，两脚成丁字步，左脚在前，左脚脚跟靠于右脚脚弓部位，膝和脚后跟尽量靠拢，两脚尖张开距离为两拳，双手自然放下或交叉。

（3）客运服务人员的站姿：服务站姿常采用腹前握手式，即在基本站姿的基础上，双手握于腹前，右手在上，男子握住左手的手背部位，女子握住左手的手指部位（图9-4）。

图9-4 腹前握手式站姿示范

2. 坐姿

客运服务人员在进行售票作业和进行沟通服务时，都需要坐着面对乘客，因此，具有良好的坐姿同样重要。

（1）男士坐姿：后背轻靠椅背，双腿分开略向前伸、不超肩宽，两脚平行，两手分别放在双膝上。身体稍向前倾，表示尊重和谦虚。

（2）女士坐姿（图9-5）：入座时动作要轻缓，坐满椅子的2/3，身体保持立腰、挺胸，双膝自然并拢，两手叠放于左右腿上。如长时间端坐可将两腿交叉重叠，但要注意上面的腿向回收，脚尖向下；也可两脚同时向左放或向右放，两手相叠后放在左腿或右腿上。女士在着裙装时，要先轻拢裙摆然后入座。

图9-5 女士坐姿示范

3. 蹲姿

蹲姿在日常服务作业中也会经常出现，例如，帮助乘客拾起掉落在地上的物品、安抚儿童时。所以，了解正确的蹲姿要求，能够使服务仪态更加标准。

（1）男士蹲姿：脊背保持挺直，一定要蹲下来时，避免弯腰翘臀的姿势，双腿姿势自然，之间可留有适当的缝隙。

（2）女士蹲姿：一脚在前，另一脚在后，两腿向下蹲，前脚全着地，小腿基本垂直于地面，后脚脚后跟提起，脚掌着地，臀部向下（图9-6）。

4. 行姿

行姿看似很简单，实际做起来却并不简单。每一项作业都离不开行走，行走体现了服务人员整体的作业状态。

（1）行走时，上体正直，身体重心略向前倾。头部端正，双目平视前方，肩部放松，挺胸收腹，两臂自然前后摆（图9-7）。

（2）行走时注意步伐均匀，步速不宜过快，双手不能插在口袋里。女士行走时，两脚内侧着地的轨迹要在同一条直线上；男士行走时，步位应在相距较近的直线上。

（3）相对而行时，应主动让道，尽量走右边；相向而行时，不抢道；穿行时，不能直接从中间穿行，应先道一声"不好意思，请让一下"。

（二）工作仪态礼仪

1. 引导礼仪

为乘客指示方向时应拇指弯曲，紧贴食指，另四指并拢伸直；手臂伸直，指尖朝向所指的方向（图9-8）；男士出手有力，女士出手优雅；不可用一个手指为客人指示方向。

2. 递物、接物礼仪

在递给乘客票款或接过乘客钱物时，应用双手恭敬地奉上或接受，绝不允许漫不经心地一扔或单手取接；禁止用手指或笔尖直接指向乘客；递物时面对乘客，亲切地望着对方，面带微笑，双手捧着物品（如有文字，将文字的正方向对着乘客）递向乘客，并礼貌地对乘客说："先生/女士，您的×××。"（图9-9）。

3. 握手礼仪

握手时，伸手的先后顺序是上级在先、主人在先、长者在先、女性在先。握手时间一般以2～5秒为宜。握手不宜力度过猛或毫无力度。女士握位为食指位，男士握位为整个手掌。客运服务人员在行握手礼仪时，要与乘客有目光接触，注视对方并面带微笑（图9-10）。

握手礼仪的禁忌：禁使用左手；禁戴墨镜、帽子、手套；禁左顾右盼；先问候再握手；切忌手脏、湿、凉；切忌掌心向下；不宜时间过长，用力过大；不可越过他人交叉握手。

4. 乘坐电梯礼仪

如果是与乘客一起进入电梯，按住"开"按钮并礼让乘客。到达目标层时，按住"开"按

图9-6　女士蹲姿示范

图9-7　客运服务人员行姿示范

钮,请乘客先下。电梯内不可大声喧哗或嬉笑吵闹;电梯内已有很多人时,后进的人应面向电梯门站立(图9-11)。

图9-8　客运服务人员引导礼仪示范

图9-9　客运服务人员递物礼仪示范

图9-10　客运服务人员握手礼仪示范

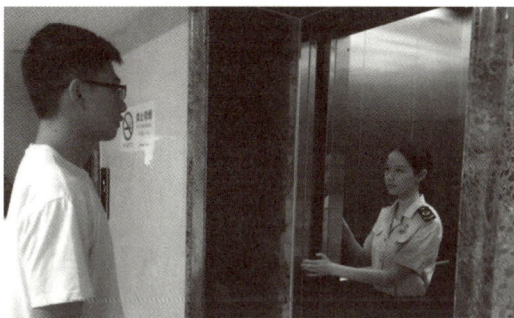

图9-11　客运服务人员乘坐电梯礼仪示范

练一练

城市轨道交通客运服务人员基本仪态礼仪

(1)城市轨道交通客运服务人员的站姿。

(2)城市轨道交通客运服务人员的行姿。

(3)城市轨道交通客运服务人员的蹲姿。

(4)城市轨道交通客运服务人员的坐姿。

(5)城市轨道交通客运服务中的引导、递物、接物、握手礼仪。

三、客运服务人员的语言礼仪

语言传递的不单单是信息,更是说话人的情绪与情感。客运服务人员通过语言礼仪赢得乘客的满意,这样也会让自己的心情更加愉悦。语言礼仪主要包括口头语言、表情语言和肢体语言。

(一)口头语言

城市轨道交通客运服务中常用的敬语有"请""您""劳驾""谢谢""再见"等,常用的赞美语有"太好了""您真是太配合了""您说得真对"等,常用的致歉语有"对不起""非常抱歉""请原谅""不好意思"等。客运服务人员在与乘客接触和提供服务时,倾听、应答、解释、劝告和说服等是常用的语言与交谈形式,语言表述中宜采用提问、赞同等方法,比如"您的看法如何?""再详细谈谈好吗?""我很理解""想象得出",总之,鼓励乘客把想说的话说完。

与乘客交流时,客运服务人员还要注意乘客年龄差异、乘客身份差异、乘客的心情及其所处的环境等因素,进行恰当的语言交流,同样的一句话会因为这些因素的不同而产生不同的效果。对于乘客提出的意见和建议要心平气和地接受,多站在乘客角度考虑问题,一定是先对乘客的想法表示理解,然后表明城市轨道交通企业的工作原则,让乘客了解城市轨道交通企业为乘客做好服务的出发点,有礼有节地化解可能的分歧,平息乘客的激动情绪。

(二)表情语言

人际交往中,表情真实可信地反映着人们的思想、情感、心理活动及其变化,表情传达信息要比语言巧妙得多。因此,客运服务工作中,更要注意自己的表情。客运服务人员在面对乘客时,应面带微笑,注视对方,并适度与对方互动,做到不卑不亢,注意风度,有礼有节。

1. 微笑

微笑有两个标准:一是要求发自内心,不做作、真诚、自然;二是符合国际标准,即"三米六齿"。"三米六齿"指的是当乘客进入三米范围时即露出六颗上牙微笑,注意露出的牙齿是六颗上牙而不是下牙,六颗也不是上下牙加在一起的数量(图9-12)。

图9-12 地铁礼仪岗前培训——微笑礼仪训练

2. 眼神

眼睛平视,眼、鼻、口、额头、双肩形成两个三角区域,与乘客交流的过程中,眼神在乘客的两个三角区域内变换,并保持良好的精神状态。

练一练

笑容的练习与保持

1. 笑容练习操

(1)两根食指抵住两边嘴角,慢慢上升,保持10秒。

(2)接着做适中的笑脸,嘴角更往上挑,保持10秒,其他部分保持松弛状。

(3)嘴角接平瞳孔的延长线,做大笑状,持续10秒,复原。

(4)手指沿颧骨按住面部,反复做笑容和松弛状,确保肌肉运动。

（5）最后放松脸部的肌肉，展现一个自己喜欢的笑容。

2．笑容保持操

（1）做大笑状，嘴角用食指固定，不让肌肉复原，保持10秒。

（2）回到适中的笑，固定嘴角，保持10秒。

（3）用食指按住嘴角回到微笑状，保持10秒。

（4）抿嘴，嘴角略微上挑，保持10秒。

（5）最后，食指按住嘴角，尽量嘟嘴，保持10秒。

♡ ♡ ♡

（三）肢体语言

肢体语言指凭借身体的动作来表达某种意思，是情绪的无声语言，主要包括握手、指引、扶助等行为动作。

案例9-4

世界微笑日，让每位乘客开心乘坐武汉地铁

"天空是绵绵的糖……"伴随《彩虹的微笑》音乐声突然响起，2023年5月8日上午10时，在武汉地铁1号线、7号线三阳路站换乘通道里，5名身穿玫红色制服的地铁工作人员闪现，表演了一段礼仪操，引来不少乘客围观，更有小朋友跟着跳了起来。

原来，5月8日是世界微笑日。武汉地铁运营客运一部在三阳路站"橙意＋"服务体验区举行"保持微笑，快乐橙倍"主题活动。乘客可以在"我的今日情绪墙"上画表情包，还可以在"我的微笑心愿墙"上写下心愿，也可以在照片墙（图9-13）上留下最美的照片，参加活动还可以获得地铁文创纪念品。

西马路小学六年级的孩子们在"我的今日情绪墙"上画开心表情包。"今天学校组织

图9-13 乘客与地铁员工共展笑颜，共建照片墙

我们来参加世界微笑日活动，很开心。"他们笑着说，这个表情包代表自己的心情，就是要每天多笑一下，乐观面对世界。

活动还吸引了一对来自山西、在武汉居住15年的夫妇。据妻子介绍，女儿以前在武汉读大学，他们现在也在武汉定居，这15年武汉发展得很快，地铁变化很大。"我们经常乘坐地铁，感觉工作人员特别友善，武汉人诚实热情，我们在这儿新交了许多朋友。"丈夫补充道，他们最喜欢武汉的江滩，经常去汉口江滩晨练。

"这是换乘无忧小纸条，如您不了解换乘路线，可以去客服中心寻求帮助，工作人员会将换乘路线写在纸条上，方便您直奔目的地。"在集中展示区，获评"十佳车站"的三阳路站、香港路站、循礼门站、汉口北站、武昌火车站站等的工作人员，向来往乘客推广特色服务举措。

"我们希望通过自己的努力，让外地旅客和武汉市民在乘坐地铁时感受到舒适开心，希

望每名乘客的每一次地铁出行都能成为一场美妙的体验。"武昌火车站站客运值班员李诗杰笑着说。

工作人员为乘客拍摄灿烂笑容,并将照片张贴在照片墙上。武汉市民在车站扫描"云畅听"二维码,还可以给地铁服务品质提升建言献策。"当天活动开展仅半小时,后台就已经收到 70 余名乘客的留言,我们希望通过与乘客的共谋共建,让地铁服务中的笑容更多、满意更多。"

(资料来源:https://baijiahao.baidu.com/s? id=1765311735783319829&wfr=spider&for=pc)

实训任务

请完成实训任务 9:城市轨道交通客运服务人员礼仪训练。见本教材第 193 页配套实训活页。

课后交流

1. 什么是职业人格? 如何培养客运服务人员的职业人格?

2. 城市轨道交通客运服务人员的仪表与着装礼仪有哪些要求?

3. 城市轨道交通客运服务人员的语言礼仪表现在哪些方面?

城市轨道交通客运服务心理学(第 3 版)

城市轨道交通客运服务人员心理健康

🌿 学习目标

1. 了解心理健康的重要性,树立正确的健康观。
2. 掌握心理健康的标准,培养良好的心理弹性。
3. 掌握自我调适的技巧,合理应对职业压力和职业倦怠。

◉ 内容结构

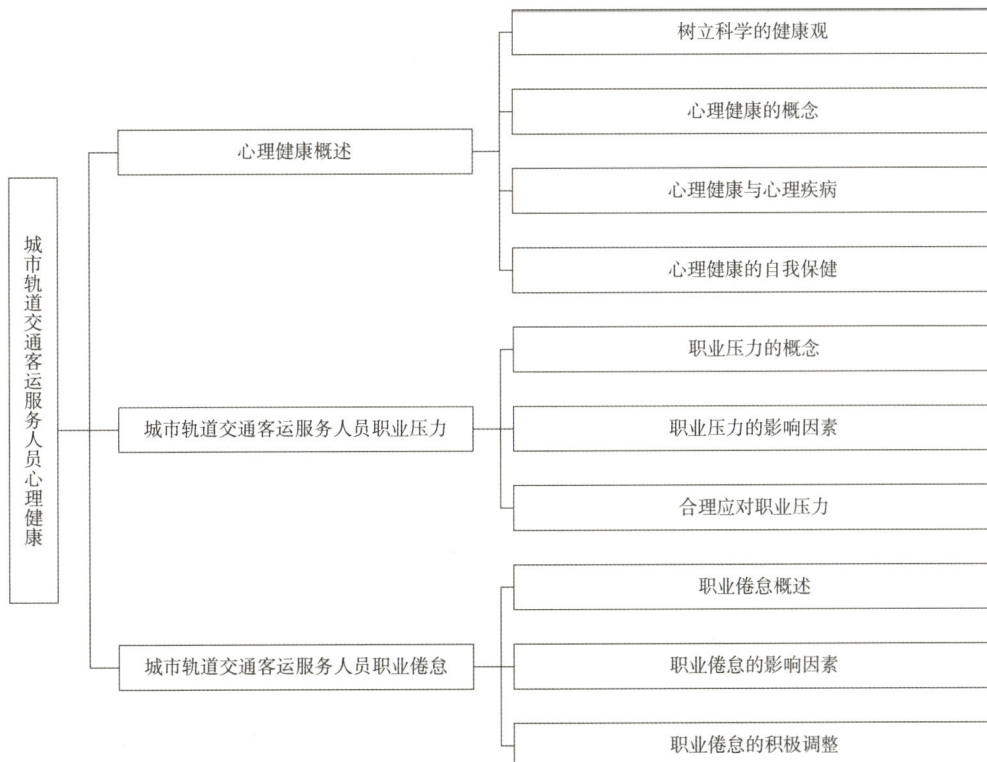

城市轨道交通客运服务人员心理健康

- 心理健康概述
  - 树立科学的健康观
  - 心理健康的概念
  - 心理健康与心理疾病
  - 心理健康的自我保健
- 城市轨道交通客运服务人员职业压力
  - 职业压力的概念
  - 职业压力的影响因素
  - 合理应对职业压力
- 城市轨道交通客运服务人员职业倦怠
  - 职业倦怠概述
  - 职业倦怠的影响因素
  - 职业倦怠的积极调整

关注城市轨道交通客运服务人员的心理健康问题

小吕是某车站一名普通的站务员,皮肤比较黑,上学的时候就经常有同学给她起外号,

叫她"小黑""黑皮"等。小吕性格内向,每次听到别人叫她的外号,都会在心里默默难过(图 10-1)。

一个月前,一名乘客问路,嫌小吕回答得慢而心生不满:"丑八怪一样,还站这儿给人服务呢!"从那以后,小吕更加郁郁寡欢,总是找各种理由请假,对工作一点热情也提不起来,整个人看起来无精打采,人也瘦了一大圈。

站长留意到了小吕的变化,找机会跟小吕谈话了解情况,在站长耐心的开导下,小吕吐露了心

图 10-1 案例配图

声。原来小吕的姐姐长得十分漂亮,皮肤白皙,家人和邻居都很喜欢姐姐,连妈妈都经常开玩笑一样地说小吕:"你怎么长得一点也不像咱们家人啊,你看你姐姐长得多白,你不会是在医院抱错了吧!"还给小吕起了个小名叫"黑丫头",小吕曾因此跟妈妈产生过矛盾。所以小吕从小就很自卑,很在意别人对自己外貌的评价,上学后变得越来越内向,上课不爱回答问题,怕老师批评,也不爱参加集体活动,怕被同学嘲笑。工作后,家人开始给她介绍男朋友,但是一连三个男生都以性格不合适、没有共同话题为由拒绝了她。小吕觉得这一定是因为对方看不上自己的长相,心里更加自卑了。直到那天连乘客都说她是丑八怪,小吕感觉这个世界上应该不会有人喜欢自己了,心情很抑郁,每天吃不下睡不着,一度觉得生活毫无生趣。

(资料来源:根据三级心理咨询师技能教材案例改编)

思考:

(1)在日常生活中,你都遇到过哪些心理健康问题?

(2)如何才能在生活和工作中保持心理平衡与健康?

你不能左右天气,但可以改变心情;你不能改变容貌,但可以展现笑容;你不能控制他人,但可以控制自己。面对失败和挫折,一笑而过是一种乐观自信,重整旗鼓是一种勇气;面对误解和仇恨,一笑而过是一种坦然宽容,保持本色是一种达观;面对赞扬和激励,一笑而过是一种谦虚、清醒,不断进取是一种力量;面对烦恼和忧愁,一笑而过是一种平和、释然,努力化解是一种境界。

快乐的钥匙一定要掌握在自己手里,一个心灵成熟的人不仅能够自得其乐,而且还能用自己的快乐与幸福感染周围更多的人。

单元 10.1 心理健康概述

人不仅是一个生物体,而且有着复杂的心理活动。生活在一定的社会环境中的完整的人,是生理、心理和社会层面的统一体。

一、树立科学的健康观

健康是人快乐、幸福和成功的前提和基础。随着社会的发展以及人类对自身认识的深化，那种认为只要身体没有疾病就等于健康的观念正在被一种"立体健康观"替代，即健康应由心理尺度、医学尺度和社会尺度共同衡量。

世界卫生组织（WHO）早在 1948 年成立之初发布的《世界卫生组织宪章》中就指出，健康不仅是没有疾病和不虚弱，而且是身体、心理、社会功能三方面的完满状态。1990 年 WHO 将健康进一步阐述为：在躯体健康、心理健康、社会适应良好和道德健康四个方面皆健全。其中，道德健康是指不损害他人的利益来满足自己的需要，能按照社会认可的行为道德来约束自己及支配自己的思维和行动，具有辨别真伪、善恶、荣辱的是非观念和能力。医学研究发现，为人正直、心地善良和淡泊、坦荡等品质，能使人保持心理平衡，有助于身体健康。

生理健康有较为明确的标准，比如生长发育、成熟衰老等。成年人正常的体温为 36 ~ 37℃，血压标准为舒张压 60 ~ 89 毫米汞柱、收缩压 90 ~ 139 毫米汞柱，正常心率为 60 ~ 100 次/分钟，这是人体生理健康的正常指标。

由此可见，健康涉及身体和心理两方面，二者相互影响，缺一不可。当生理产生疾病时，个体的心理也必然受到影响，会产生情绪低落、烦躁不安、容易发怒等情况，导致心理不适；同样，那些长期心情抑郁、心理存在巨大压力、无法感知幸福的人，其身体机能也必然受到不良影响。

二、心理健康的概念

第三届国际心理卫生大会提出，心理健康是指：身体、智力、情绪十分调和；适应环境，在人际关系中能彼此谦让；有幸福感，在工作和职业中，能充分发挥自己的能力，过着有效率的生活。心理健康包括两层含义：一是无心理疾病，这是心理健康的基本条件，心理疾病包括各种心理及行为异常的情形；二是具有积极向上的心理状态，这是从积极的、预防的角度对人们提出的要求，目的是保持和促进心理健康，消除不健康的心理倾向，使心理处于最佳发展状态。比如遇到困难不逃避、积极主动地调节不良情绪、善于从积极角度思考问题等，都是积极的心理状态。

探索人类心智奥秘的拓荒者弗洛伊德将心理健康归结为爱与工作的能力。他列出了心理健康人士的一些共同特点：保持理智与平衡；具有自我价值感；具有爱的能力；具有建立和维持密切关系的能力；能接受现实中的各种可能性和局限性；对工作的追求与自己的天资和教育背景相适应；能体验到某种内在的宁静与满足感，让自己觉得此生没有虚度。

我国心理学家林崇德教授提出心理健康标准的核心是：凡对一切有益于心理健康的事件或活动做出积极反应的人，其心理便是健康的。

国内外学者普遍认为，心理健康主要有以下十条标准：

（1）了解自我。对自己有充分的了解和认识，并能恰当地评价自己的能力。

（2）信任自我。对自己有充分的信任感，能克服困难，面对挫折能坦然处之，并能正确地评价自己的失败。

（3）悦纳自我。对自己的外貌特征、人格、智力、能力等都能愉快地接纳、认同。

（4）控制自我。能适度地表达和控制自己的情绪和行为。

（5）调节自我。对自己不切实际的行为目标、心理不平衡状态、环境不适应性，能做出及时的反馈、修正、选择、变革和调整。

（6）完善自我。能不断地完善自己，保持人格完整与和谐。

（7）发展自我。具备从经验中学习的能力，能充分发展自己的智力，能根据自身的特点发展自己的人格。

（8）调适自我。对环境有充分的安全感，能与环境保持良好的接触，理解他人，接受他人，能保持良好的人际关系。

（9）设计自我。有自己的生活理想，且理想与目标能切合实际。

（10）满足自我。在社会规范准则的许可范围内，适度地满足个人的基本需求。

心理文摘 10-1

健康的身心缺一不可

图 10-2　木桶理论示意图

管理学上有一个著名的"木桶理论"，是指用一个木桶来装水，如果组成木桶的木板参差不齐，那么它能盛下的水的容量不是由这个木桶中最长的木板决定的，而是由这个木桶中最短的木板决定的，因此"短板"的长度决定木桶整体发展程度（图 10-2）。这个理论也可以引申到心理健康领域，一个人的发展，一切智慧、成就、财富和幸福都始于健康的身体和心理，缺一不可。

三、心理健康与心理疾病

提起心理疾病，许多人仍然将其和精神疾病相提并论，好像谁要承认自己有心理问题或心理不健康，就是一件很丢脸的事情。人们出现失眠、神经性头痛、疲劳健忘、长期情绪低落等问题时也很少将其和心理健康问题联系起来，这是缺乏心理保健意识的表现。世界卫生组织统计，全球约 10 亿人遭受精神障碍困扰。《2022 年国民抑郁症蓝皮书》显示，我国成人抑郁障碍终生患病率为 6.8%，心理疾病已经像伤风感冒一样常见，感冒了要吃药、休养，发烧了要就医，而出现了心理疾病，接受心理辅导、心理咨询或心理治疗也是很自然的事情。

案例 10-1 中的小吕遇到的就是典型的心理健康问题。家人对小吕和姐姐的比较、同学给小吕起外号，都让小吕觉得长得黑是自己的缺点，造成了小吕对外貌的自卑，这种自卑又进一步导致小吕在社交、学习方面的退缩，因而更难培养自己在其他方面优秀的品质。成年后退缩、自卑的小吕在恋爱方面屡受挫折，乘客的话成为压垮骆驼的最后一根稻草，长期压抑的负面情绪终于导致小吕病发陷入抑郁，这不仅损害了小吕的健康，也使她的工作受到影响。

心理健康与否的界限是相对的,正常与异常更像是连续体的两端,没有明显的分水岭(图10-3)。心理完全健康的人在人群中总是少数,精神疾病患者在人群中也总是少数,绝大多数人的心理处于"灰色区域"。人们在日常生活中遇到的心理问题往往属于浅灰色的区域,作为心理咨询的服务对象时,该区域的人通过咨询,往往能全面、深刻地认识影响其正常生活的内外矛盾,学习应对方法和技巧,寻找支持和资源,积极地适应和解决,最终获得内心的和谐,增强自信心和自主能力,积极地适应生活。而深灰色区域的人,应该进行心理治疗,改变影响正常生活的行为与思维方式,以减轻心理上的痛苦与压抑,控制或摆脱病态的行为,正常地工作和生活。

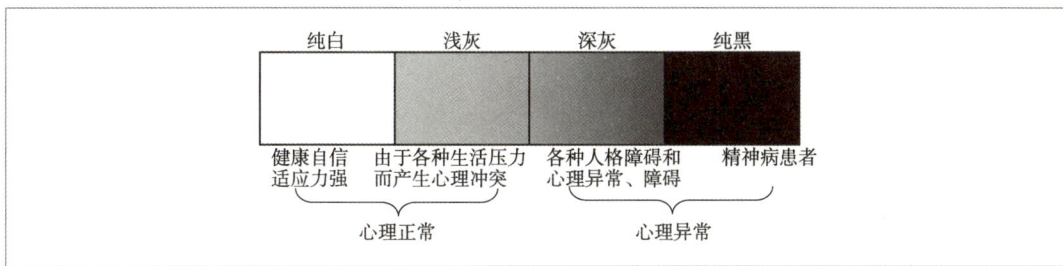

图10-3 心理健康"灰色区域"示意图
图片来源:俞国良、李媛,《心理健康教学参考书》(修订版),高等教育出版社,2014。

四、心理健康的自我保健

城市轨道交通客运服务人员身系千百万名乘客的安全和地铁有序运行的责任,更要关注自身的心理健康,只有拥有健康的身心,才能做好这份平凡而又神圣的工作。因此,时刻观察自我状态,保持身心的健康、稳定是非常必要的。

(一)警惕心理问题信号

人的身体就好比一台机器,一旦出现问题,就会自动发出警报,客运服务人员如果细心观察,留意身心发出的信号,就会知道自己的心理状态是否需要调整。当人们出现心理问题时,首先发出的信号就是人体生物节律活动的紊乱,具体表现为三个方面:第一,身体上通常表现为失眠、食欲不振、心悸等;第二,情绪上通常会出现焦虑、抑郁、烦躁、易怒等;第三,意识上容易出现注意力难以集中、健忘等。若发现自己出现了这些症状,就要注意自己的心理状态是否需要调整了。

(二)学习使用心理测评工具

生活中,不少人都能够察觉到自己的心理健康状态出现了问题,但是这些问题究竟有多严重,是否需要去看心理医生以寻求专业的帮助,很少有人能准确地判断。因此,学习使用科学的心理测评工具显得十分重要,这就像人们发烧的时候用体温计量体温一样,心理测评工具是准确、快速判断心理问题严重程度的方法。科学的心理测评工具和网络上的趣味心理测试不同,是心理学家在大量的临床观察和测量中总结出来的,具有较高的科学性和灵敏度。

焦虑自评量表（SAS）

表 10-1 中有 20 道题目，请仔细阅读每一道题目，把意思弄明白，然后按照自己最近一周的实际情况进行选择，在相应的方框里打"√"。

焦虑自评量表   表 10-1

题目	①很少	②有时	③经常	④持续
1. 觉得比平常更容易紧张和着急				
2. 无缘无故地感到害怕				
3. 容易心里烦乱或觉得惊恐				
4. 觉得自己可能要发疯				
5. 觉得一切都很好，也不会发生什么不幸				
6. 手脚发抖打战				
7. 因为头痛、头颈痛和背痛而苦恼				
8. 感觉容易衰弱和疲乏				
9. 觉得心平气和，并且能够安静地坐着				
10. 觉得心跳得很快				
11. 因为一阵阵头晕而苦恼				
12. 突然晕倒，或觉得要晕倒似的				
13. 吸气、呼气都感到很顺畅				
14. 手脚麻木和刺痛				
15. 因为胃痛和消化不良而苦恼				
16. 常常要小便				
17. 手常常是干燥温暖的				
18. 脸红发热				
19. 容易入睡并且睡得很好				
20. 做噩梦				
总分				
标准分 = 总分 × 1.25				

（1）计分方法：第 5、9、13、17、19 题，①＝4 分；②＝3 分；③＝2 分；④＝1 分。其余题目，①＝1 分；②＝2 分；③＝3 分；④＝4 分。所有题目得分相加得总分，总分乘 1.25 得到标准分。

（2）分数说明：焦虑评定的分界值为 50 分，分数越高，焦虑倾向越明显。49 分及以下为

城市轨道交通客运服务心理学（第3版）

正常,50~59 分为轻度焦虑,60~69 分为中度焦虑,69 分以上为重度焦虑。通常来讲,重度焦虑就应该去看心理医生,寻求专业的帮助和治疗。

（资料来源：心理卫生评定量表手册,格式有修改）

SAS 是临床常用的测量焦虑情绪严重程度的量表,类似的量表还有"抑郁自评量表（SDS）""症状自评量表（SCL-90）",这些量表在网上很容易找到,通常这些量表的总分如果达到重度心理症状的标准就应该去寻求专业的心理帮助了。

（三）用健康生活方式打造心理资本

积极心理学将每个人都看作一个有潜能的个体,人们之所以出现各种心理问题,是因为他们的潜能发挥受到了阻碍。人们所拥有的潜能即心理资本,在生活中打造心理资本发挥潜能的最好方式就是采用健康的生活方式。根据世界卫生组织的调查,导致疾病的因素中,内因占15%,社会因素占10%,医疗因素占8%,气候地理因素占7%,个人生活方式因素则占60%。因此,世界卫生组织1992年在于加拿大维多利亚召开的国际心脏健康会议上发表了著名的《维多利亚宣言》。宣言提出健康有四大基石:合理膳食、适量运动、戒烟限酒、心理平衡。

1.合理膳食

合理膳食是指保证良好的饮食习惯和营养搭配。定时、定量吃饭,有粗有细,不甜不咸,三四五顿,七八分饱;多吃健康多样化的食物,包括新鲜的水果蔬菜、鱼类、坚果类、蛋类、海藻类、糙米类食物;适度饮水,少量多饮,不能等到口渴时才喝水。

2.适量运动

适度的运动能够降低机体的紧张程度,有助于维生素和矿物质的吸收,促进睡眠。任何形式的体育运动都是有益的,如散步、游泳、跑步、骑车等。若在运动时邀上三五好友,效果会更好。切记,运动不是越激烈越好,规律、适度的运动最好。

目前国际上流行以心率为衡量运动是否适量的标准,即$(220-年龄)\times(65\%~85\%)$,只要在此心率范围内运动,就能达到最佳效果,并能保证运动的安全性。另外,还可以练太极拳,研究表明,坚持练太极拳,人的神经平衡功能可以年轻3~10年。

3.戒烟限酒

吸烟对人体百害而无一利,吸烟不仅会引起慢性支气管炎及肺部疾病,还会增加心脏病和高血压的风险,因此应戒烟。适量饮酒可以促进血液循环,过量饮酒就会对五脏的健康不利,影响营养物质的消化吸收和新陈代谢,对各种疾病的治疗和康复也有较大的负面影响。

4.心理平衡

心理平衡是最关键的一条,比其他一切因素都重要。世界卫生组织指出,生理、心理、社会人际适应的完满状态才是健康,心理健康,生理才能健康,《黄帝内经》中"恬淡虚无,真气从之;精神内守,病安从来"说的就是这个道理。学会自我调节,保持心态健康,就会拥有一个健康的身体。

心理平衡,就是人们所说的保持良好的心态,因为疾病在很大程度上受心理因素的影响。大量研究表明,心理健康的人抵抗力强,少得病,即使生病也会很快痊愈。

那么,怎样保持稳定的心态呢?三句话:正确对待自己,正确对待他人,正确对待社会。也就是说,人一方面要正确对待自己,不要居功自傲,也不要妄自菲薄;另一方面要正确对待他人,正确对待社会,永远对社会存有感激之心。此外,还要做到三个"乐":顺境时助人为乐,平常知足常乐,逆境时自得其乐。

保持心理平衡需要科学理论与生活实践的长期磨炼。生活方式决定健康情况。只要科学规律地生活,就能健康快乐地过每一天,实现个人幸福、家庭幸福、社会幸福。

😊 做一做

结合本节内容,判断表 10-2 关于心理健康的观点的对错,并说明原因。

关于心理健康的观点 表 10-2

序号	观点	判断对错	原因
1	只有性格内向的人才容易患心理疾病		
2	心理疾病或心理障碍只有在别人看出来时才有必要去求助心理医生		
3	坚强的、成功的人不容易患心理疾病		
4	心理不健康是一件丢脸的事情		
5	心理问题有对错之分		
6	如果偶尔出现了一些不健康的心理和行为,就是有了心理问题		
7	所谓"悦纳自我",就是要认为自己的一切都是好的		
8	心理疾病不会影响身体健康		
9	身体不健康不会引发心理不健康		
10	有心理问题的人精神都不正常		

单元 10.2　城市轨道交通客运服务人员职业压力

职场上的压力无处不在:激烈的竞争、繁重的工作量、单位考核、薪酬待遇……压力的积累会降低人们的工作效率,影响身心健康。

一、职业压力的概念

压力这一概念最早是由加拿大著名的生理学家汉斯·塞利在 1936 年提出的。他认为压力是由生理系统应对刺激的反应所引发的非特定性变化造成的。当代心理学认为压力本质上是由环境要求和个体特征相互作用引起的个体焦虑性反应。职业压力则是指当工作的要求和工作者本身的能力、资源或需求不能契合时,个体产生的不良压力反应。城市轨道交通客运服务人员是一个具有比较大的职业压力的群体。

二、职业压力的影响因素

（一）工作条件

城市轨道交通客运服务人员的工作时间长、安全责任重、工作内容机械重复、工作环境中空气和噪声污染严重，这些工作特点导致客运服务人员容易感受到枯燥、疲劳，健康受到损害，从而产生职业压力。

（二）人际关系

客运服务人员在工作中需要处理好与领导、同事和乘客的多重关系，任何一方面的关系出现问题，都会给客运服务人员的工作带来很大的困扰，尤其工作中常常需要面对情绪激动的乘客，客运服务人员通常必须压抑自身的感受，做出妥协，这种情况下如果得不到领导和同事的支持和理解，就容易陷入孤独、抑郁，在人际交往中容易退缩，从而产生职业压力。

（三）职业发展与收入

客运服务人员作为基层员工，工作负荷大，收入相对较少，因此会有比较强烈的职业发展愿望。但是企业员工数量多，晋升岗位有限，竞争激烈，客运服务人员在晋升的道路上容易遭受挫折。加上城市轨道交通运营企业对于员工的考核比较严格，客运服务人员日常工作中出现违规、事故、请病事假等情况都可能面临不同程度的薪水扣罚，容易因此产生对工作的不满意感，从而产生职业压力。

（四）家庭和工作的交互作用

客运服务人员在工作中面临着较大的工作压力，同时，作为社会个体也面临着各种生活压力，如婚恋的压力、子女教育的压力、赡养老人的压力等，这些生活压力和工作压力交织起来，会使客运服务人员焦虑和紧张感增加，更加感到身心疲惫。

三、合理应对职业压力

（一）职业压力对身心健康的影响

客运服务人员如果长期、反复处于职业压力中，可能会出现一系列情绪、生理、行为的不良反应。

（1）情绪反应。长期处于职业压力刺激下，客运服务人员容易出现焦虑、忧郁、愤怒的情绪，表现为对工作不满意、无责任心，导致工作效率降低、失误增多。

（2）生理反应。长期处于压力状态会对人的身体健康造成危害，使人出现失眠、易疲劳、头痛、头晕、心悸、血压上升、慢性肌肉疼痛、月经不调等问题，如果不及时调整压力，久而久之容易出现心脏病、高血压、肠胃溃疡、支气管哮喘、淋巴腺炎等身体疾病。

（3）行为反应。压力会使客运服务人员的行为有明显的变化，比如步履加快、讲话急促、坐立不安，容易激动、容易哭泣，做事任性、容易与人发生争吵。工作中容易出现效率低下，人际关系不良，经常请假、缺席，对工作或上级不满，以及产生离职倾向等问题。有的人会依靠吸烟、饮酒、过量饮食、非理性购物等行为来应对压力，严重的可能会演变为成瘾行为。

（二）正确看待压力

虽然压力会给客运服务人员的身心健康造成一定的影响，但是并不是所有的压力都会造成问题。俗话说"井无压力不出油，人无压力轻飘飘"，心理研究发现，适度的压力水平能够提高人的工作效率，提升人的工作积极性；而过度的压力水平会对人们的工作效果甚至健康状况产生负面影响。究竟什么样的压力水平是适度的，而什么样的压力水平是过度的呢？实际上，每个人承受压力的能力都不一样，关键是要找到承受平衡点（图10-4）。此外，要学会张弛有度，一切方得长远。

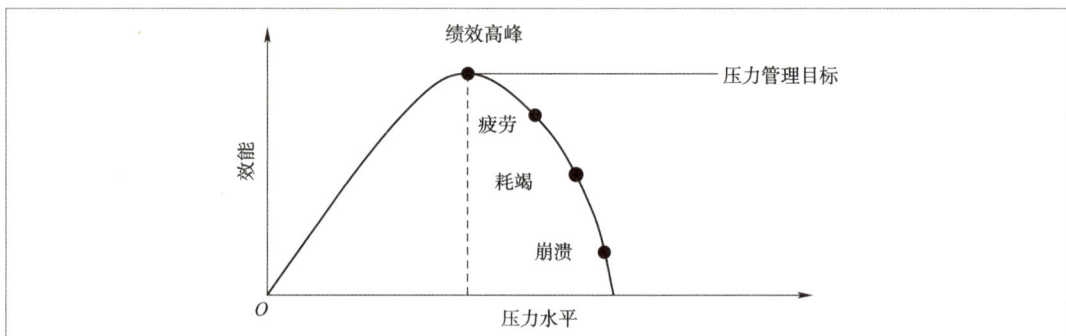

图10-4　压力水平与效能的关系

测一测

你的压力状况

现在就来检测一下你的压力状况，看看压力是否已经过度了。

首先，来看看以下这些声音你是否特别熟悉："每天都有一大堆紧急和重要的学习任务，我感觉自己都快被逼疯了！""最近身体越来越糟，人也越来越显老！""唉！我也不知道自己怎么了，最近特别烦。""我每天上完课累得一句话都不想说。"

然后再看看你的行为表现是否符合以下这几条：

（1）学习效率比平常低多了。

（2）做事变得犹豫不决。

（3）产生消极想法和行为的数量和频率突然增加。

（4）言谈时条理性变差了。

（5）无缘无故地发脾气。

（6）毫无根据地怀疑其他人。

（7）经常出错。

（8）经常发呆。

如果你具备其中四条或四条以上，说明你的压力水平已经相当高了。过度的压力轻则导致学习效率下降，重则造成病痛甚至致命，所以，一定要有意识地调整自己的学习状态和生活方式，避免过度的压力。

（三）合理应对压力

某天上课时，老师拿起一杯水问："同学们认为这杯水有多重？"有人说200克，也有人说300克。"是的，它只有200克。那么，你们可以将这杯水端在手中多久？"老师又问。很多人都笑着回答："200克而已，拿多久又会怎么样！"老师没有笑，而是接着说："拿1分钟，各位一定觉得没问题；拿1小时，可能觉得手酸；拿1天呢？1星期呢？那可能得叫救护车了。"大家纷纷点头表示赞同。

压力在生活中无处不在，每个人都有一定的应对压力的能力，但是压力如果太大或持续时间太长，就会像故事里的那杯水一样，把人的身心压垮。掌握一些实用的压力应对技术，能够帮助人们更好地应对压力，笑对生活。

1. 放松技术

放松技术是最适用于应对压力的心理技术，它能够令紧张、焦虑的心迅速地平静下来，让疲劳的身心得到休息，以更好的状态迎接挑战。科学的放松技术通常分三步：呼吸放松→肌肉放松→意象放松。

（1）呼吸放松

可以舒服地坐着或躺着，深而缓慢地呼吸，将双手放在肚脐上，吸气时感受腹部隆起，直到不能再吸气；呼气时感受腹部收缩，直到感觉不能再呼出。呼吸过程不必刻意用力，感觉舒服即可，一呼一吸之间也可稍微憋气停顿几秒，这样的呼吸方式能够让人快速地平静、放松下来。

（2）肌肉放松

调整呼吸，当身体平静下来后，伴随着这种呼吸，可以进行局部的肌肉放松。方法是：吸气时用力绷紧身体某部位的肌肉，如双腿、双臂、肩膀等，憋气保持几秒，然后像叹气一样长呼一口气，随之肌肉不再用力，完全放松。通常放松的顺序是从脚到头或从头到脚，逐个部位进行放松。做完局部放松后，可以想象自己是一支蜡烛，随着蜡烛的燃烧，自己从头顶到脚底，一截一截地变得温暖、柔软、放松。此时，就能够感觉到身体非常舒适和平静了。

（3）意象放松

如果希望自己更加放松，可以继续进行第三步，用想象力在脑海中营造一个让人感到舒适的场景，自己仿佛置身其间，给自己一个精神休憩之地。通常这些场景可以是海边、阳光下的林荫道、湖边、竹林等，总之，是一个安全的、舒适的、令人愉悦的地方。

意 象 放 松

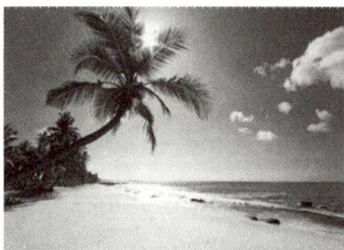

图 10-5　意象放松图片

在头脑中想象图 10-5 所示的情境,聆听一段音乐,想象:我静静地躺在海滩上,周围没有其他人。我感受到午后温暖的阳光,手轻轻地触到了身下细滑温热的沙子,我全身感到舒服极了,一阵微风吹来,带来一丝大海的清凉。海浪轻轻拍打着沙滩,有节奏地唱着自己的歌,我静静地聆听着这永恒而美妙的波涛声,感觉非常舒适、非常放松……

2.合理宣泄

当人感到压力非常大的时候,给自己压抑的情绪找个宣泄的出口是非常必要的。通过合理地宣泄,将心灵的垃圾倒出去,内心才能常保健康、活力。常见的宣泄方式有哭泣、找人倾诉、听音乐、爬到山顶喊一喊、写日记、运动到大汗淋漓、做家务等,总之就是要把内心负面的能量转化成肌肉运动的能量,或者升华成精神世界的能量。

心理文摘 10-2

适当哭泣对健康有利

哭泣并不是软弱的表现,而是一种情感的自然流露,能够帮助我们更好地处理和调节情绪。从心理学上来说,人的情绪受到外界的刺激后会作用于内心,当这些情绪积累到一定程度,必然呈现为情感的自然表达(图 10-6)。

图 10-6　哭泣

心理学家曾经从生理心理学的角度对流泪行为进行了研究。在五年时间里,研究了数以千计的流泪受试者。根据流泪的动机,把流泪分为反射性流泪(如受到洋葱刺激)和情感性流泪。情感性流泪就是由人的情绪引起的流泪,例如,婚礼现场新人会流下幸福的眼泪、葬礼上亲人会泣不成声。从心理健康角度来说,如果一个人不会哭,那么他有可能存在一定的情绪障碍,需要进行观察或治疗。而且从生理上来说,泪液的分泌会促进细胞的新陈代谢。

心理学家认为:哭一哭是有好处的,爱哭的人并不一定都是脆弱的人。会哭的人不一定不幸福,不会哭的人反而有可能是不幸的人。

城市轨道交通客运服务心理学(第3版)

你的看法永远正确吗？

你是否会把一位少女和一名老妇看混呢？可能大家会觉得这根本不算一个问题。那么,请大家看看图10-7所示的这幅画。

1.请大家用5秒时间,判断图10-7中的人物是老妇还是少女,不要和其他同学交流。

认为是老妇的请举手:(　　)人;

认为是少女的请举手:(　　)人。

2.请大家再多花点时间看看图10-7这幅画,可以把书拿近或拿远一点。

认为是老妇的请举手:(　　)人;

认为是少女的请举手:(　　)人。

图10-7　练习图片

前后两次看到少女或老妇的人数一样吗？思考一下,改变角度看问题会对问题的答案产生怎样的影响？

♡ ♡ ♡

3.改变认知

生活中类似的事情比比皆是,很多事情由于人们看问题的角度不同,得出的结论可能大相径庭。如果人们不能换位思考,那么很可能会引发很多人际矛盾,给彼此的生活增添许多压力。因此,当一个人面对压力时,不要总觉得"我别无选择""为什么别人老是跟我作对",而是要想想自己对事物的认识是不是存在着片面性,有没有可能换个角度看待问题。

单元10.3　城市轨道交通客运服务人员职业倦怠

一、职业倦怠概述

职业倦怠是一种由工作引发的心理枯竭现象,是人在持续的工作重压下体验到的身心俱疲、心理能量被耗竭的感受。职业倦怠经常有以下三种症状:

(1)对工作丧失热情。情绪烦躁、易怒,对前途感到无望,对周围的人、事物漠不关心。

(2)工作态度消极。对服务对象没有耐心,如站务人员面对乘客的问路只是用手一指,懒得开口说话,说话也不愿意用礼貌用语。

(3)对自己工作的价值评价下降。常常迟到、早退、请假等,甚至开始打算跳槽或转行,但是具体打算换个什么样的工作,自己又说不清楚。

当一名客运服务人员出现上述症状时,就说明他(她)或多或少已经面临职业倦怠的危机了。意识到这些危机并积极进行调节,有助于客运服务人员重新找回工作的热情。

二、职业倦怠的影响因素

职业倦怠因工作而起,直接影响工作时的身心状态,这种消极的状态又反作用于工作,导致工作状态恶化,使职业倦怠进一步加深,这是一种恶性循环。想要良好地应对职业倦怠,首先需要了解职业倦怠的主要影响因素(图10-8)。

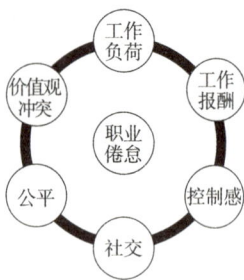
图10-8 职业倦怠的主要影响因素

（1）工作负荷:员工与工作岗位相关的工作量是否合理。

（2）工作报酬:可以指经济报酬,也可以指该工作带来的生活报酬,如社会地位、生活便利等是否符合预期。

（3）控制感:指员工对工作所需的资源(人力或物力)有没有足够的控制力,或员工能否选择自己认为最有效的方式来工作。

（4）社交:员工和周围的同事有没有积极地联系。

（5）公平:工作量和报酬是否公平,企业评价和升迁是否公平。

（6）价值观冲突:员工和周围同事或上级领导的价值观是否一致。

以上六个因素源于社会心理学家 Maslach 和 Leiter 提出的职业倦怠的工作匹配理论。该理论认为,员工与工作在这六个方面越不匹配,就越容易出现职业倦怠。

三、职业倦怠的积极调整

从某种意义上讲,职业倦怠是每个职业人不可避免会经历的过程,在城市轨道交通运营企业工作的客运服务人员面对单调、重复的工作更容易产生职业倦怠。那么如何才能积极地调整职业倦怠呢?

(一)认识自我

要充分认识自我价值,了解自身的优势和不足,主动调整自己的工作目标(工作负荷)、对工作的认识(工作报酬)和对职场人际关系(社交)的期待,主动设置缓冲区,从而避免因对客运服务工作的认识不到位而引起负面情绪。把目光放长远,明白一分耕耘一分收获,不要眼高手低,只看见别人的优秀、成功,而忽略了别人背后付出的辛苦。

(二)提高职业素质

不断提高自身职业素质,能够赢得更多的发展空间和自由度。通常职业素质的提高可从两方面进行:一是提高心理素质,学会处理职场中的各种关系,做一个成熟的职场人;二是提高专业技能,拥有过硬的技能,工作起来才会更加得心应手,工作做得好,对职业的控制感强,自然就容易产生职业满足感,不容易产生职业倦怠。

广州地铁工作人员坚持做了 5 年的事，让视障女孩感动落泪

"这件事(他们)坚持做了 5 年,让我很感动!"广州白云区的 26 岁视障人士林小姐说。近 5 年来,她每日上下班乘坐地铁在三元里站和公园前站往返,全靠广州地铁的客运服务人员在一旁护送指引。说到动情处她忍不住潸然泪下。

每天早上,林小姐都会按时乘坐公交车到达地铁站附近,手持盲杖一路敲打路面,避开障碍物。"这条路我已经走了 5 年,很熟悉。"从公交站步行数十米,三元里站 A1 地铁口的服务人员早已守候在此。如老朋友碰面,他们寒暄着,工作人员手心朝下,让林小姐紧握其手背,一路搀扶林小姐下楼到地铁站的出入闸处,随后将林小姐转交给另一名同事,同事以同样的搀扶方式,扶她通过特殊通道进入地铁站台(图 10-9)。

从三元里站到目的地公园前站,通常需要五六名客运服务人员配合,协助林小姐出入站。近 5 年的相处,让林小姐对帮助她的客运服务人员的声音烂熟于心,虽然叫不出全名和工号,但她能听声音——辨认出他们。林小姐如数家珍地介绍,三元里站的小姐姐声音温婉,让她联想到江南烟雨中穿旗袍撑油纸伞的女孩;公园前站的小哥哥是"吃货",喜欢分享好吃的日本料理,口味几乎和她一模一样;东山口站的小哥哥是暖男,注意到地铁口外有障碍物,会送她到马路对面。一路上林小姐和客运服务人员热情聊天,在公园前站附近培训机构做老师的她,热衷和客运服务人员分享学生的趣事:"小朋友突然自己改名字,让我叫他蓝雨,我叫他名字他不理我,非说老师我叫蓝雨,哈哈哈!"

图 10-9　客运服务人员搀扶
林小姐进地铁站

20 岁那年,一场大病让林小姐的双眼只能看到微弱的光影,出行需要依靠盲杖。闲不住的她喜欢外出走走,而父母都要工作,她尝试摸索着独自乘坐地铁,却发现成为视障人士后,地铁站对她而言犹如迷宫,经常迷路,甚至跌倒。频繁出现在地铁站的她,被客运服务人员注意到,并主动为她提供帮助,让她了解到广州地铁有针对残障人士提供的"爱心预约"特色服务。提前拨打广州地铁服务热线 96891,只要提供进站时间、进站车站、目的地车站、换乘线路等具体信息,车站将根据乘客的预约信息,安排专人在进站、换乘、目的地车站提供帮助,接送残障人士上下车、换乘、进出站等。

(资料来源:https://www.163.com/dy/article/HCT3IF7R05129QAF.html)

(三)树立积极的信念

面对各种工作压力,不要总是抱怨,而要及时调整心态,换一种角度看待压力。比如,实施积极的自我暗示策略,当工作压力大而产生倦怠时,反复提醒自己"与其痛苦地做事,不如快乐地做事",不要总觉得自己"别无选择",要想"快乐的开关在我自己手里"。在积极的自

我暗示下,人就会由泄气、灰心变得情绪稳定、信心十足,在平凡的生活中寻找新的乐趣,成为一个热爱生活、善待自己的人,从而摆脱职业倦怠感。

做一做

寻找积极的自我信念

当我们对生活、工作感到无力、倦怠时,应当经常给自己进行积极的自我信念的暗示,下面列出了一些常用的积极信念。

(1)"一次做一件事,我一定能做完所有的事。"

(2)"有工作可以做、有收入能自足就是快乐的,知足常乐。"

(3)"有人帮你是你的幸运,无人帮你是公正的命运,坚强起来,让自己成为可依靠的人。"

(4)"不是不可能,只是暂时没有找到办法。"

(5)"命运掌握在自己的手里,而不是别人的嘴里。"

(6)"越努力,越幸运。"

(7)"成功不在于能力,而在于行动。"

相信每个人都有类似的积极信念,和周围的人交流一下,从中选择你个人比较认同的,写在下面,并且记在心里,需要的时候可以借此来鼓舞自己。

_____

_____

_____

_____

_____

(四)培养职业大局观

一名普通的员工,如果把自己放到企业和领导的对立面,只从自己的"小我"利益出发去思考问题,过分计较报酬、升迁、自己的工作量是否比别人多等问题,不但不能帮助自己有效地改变现状,反而容易造成同事间的矛盾和自己无穷的抱怨,加剧职业倦怠。人类是渺小的,放在时间的长河中看,只有短短几十年寿命,放在宇宙中看,就像尘埃一样微不足道,用自己有限的时间和难得一次的生命去计较各种利益,让自己饱受困扰是多么不值得! 所以,与其计较眼前的一点小利益,不如让自己置身于更大的格局之中,用更长远的眼光看待工作。

案例10-2中,广州地铁客运服务人员站在企业的高度,展现了非凡的职业大局观。他们不仅关注日常服务的高效与顺畅,更将社会责任与人文关怀融入每一项工作。面对林小姐这样的特殊乘客,他们主动创新服务模式,推出"爱心预约"服务,确保乘客安全便捷出行。这种以乘客为中心、主动关怀、细致入微的服务精神,不仅赢得了乘客的信赖与感激,也彰显了广州地铁作为公共服务企业的品牌形象与社会责任感。通过持续提供温暖贴心的服务,广州地铁客运服务人员不仅帮助乘客克服了出行障碍,更在无形中传递了正能量,促进了社会的和谐与进步。这种职业大局观,是广州地铁客运服务人员职业素养的集中体现,也是企业持续发展的重要动力。

实训任务

请完成实训任务10:常见心理健康调适技能应用。见本教材第195页配套实训活页。

课后交流

1. 心理健康的标准有哪些? 如何进行心理健康保健?
2. 如何正确看待和缓解来自工作与生活的压力?
3. 城市轨道交通客运服务人员应当如何进行职业倦怠调整?

模块 4
凝聚心源之力

单元 11

城市轨道交通客运服务人员工作激励

城市轨道交通客运服务心理学（第3版）

学习目标

1. 了解城市轨道交通客运服务人员的工作动机。
2. 理解城市轨道交通客运服务人员的工作激励。
3. 掌握城市轨道交通客运服务人员的激励方法。

内容结构

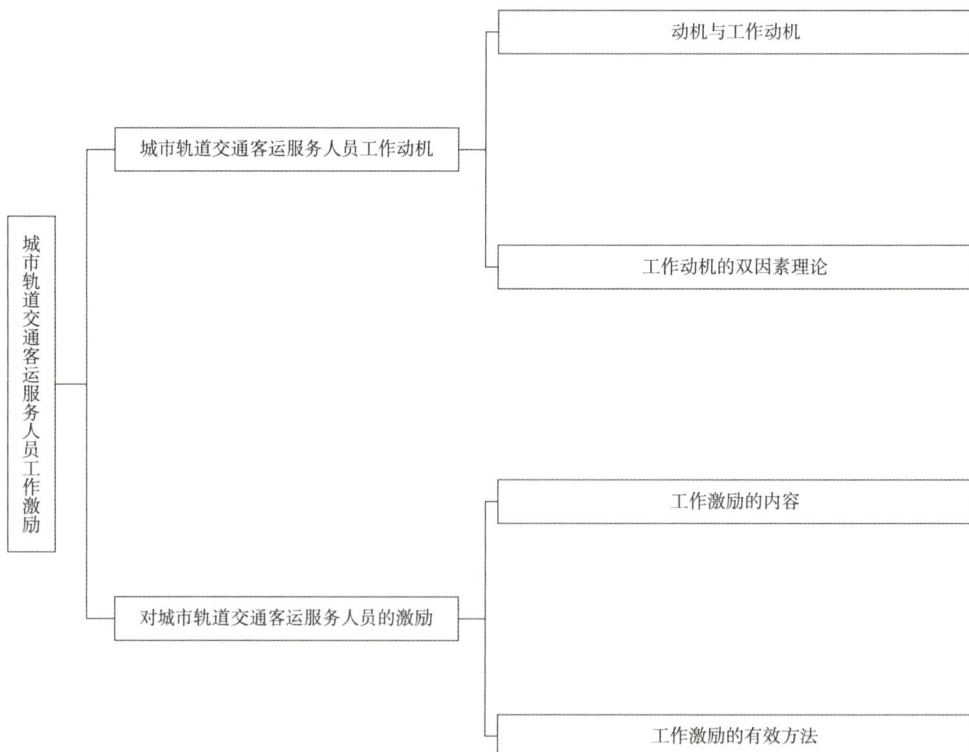

激励集体团结向上，守护地铁站台安全

"我一毕业就进入京港地铁了，这里是我从一个学生步入社会的开端，这里教会了我很多，让我不断成长。"在北京京港地铁有限公司运营部 16 号线站务室值班站长郝帅看来，带领客运服务团队，每天能够服务 10 万名乘客的出行，保障他们的安全，是一份荣幸，是充分体现自我价值的方式，同时也是轨道交通客运服务工作的意义所在。未来，他将同客运服务团队一起，继续守护地铁站台安全，把更多的正能量传递出去。

"每个人都是不同的个体，要让这么多个体成为一支团结的队伍，一定是需要用心建设的。"作为值班站长，郝帅还有一项重要工作，就是运用各种管理方法激励班组成员，提高班组执行力和凝聚力。在他看来，第一步就是让每一名同事都融入团队，保持融洽的同事关系，再把这种关系运用到工作中。此外，他还会经常分享自己的工作经验和学习心得，带动其他同事更好地为车站工作贡献力量。

"每名员工的性格不同、经历不同，就需要用不同的方法去激励，这样才能达到更好的效果。"郝帅经常找比他年轻的同事聊天，鼓励他们做好自己的人生、事业规划。"只有他们对自己的人生有了规划，随后再谈提高业务水平，才能谈得顺畅。"

如今，班组里大多是"90后"的新职工，郝帅希望激发他们对于实现自我价值的渴望。有这样一位职工，绩效评分近几年都是车站里最低的，郝帅一直希望能够帮助他找到向上的动力。眼看着他马上就要升级当爸爸了，郝帅像朋友一样跟他聊天："等你孩子长大了，你不希望他写作文提到自己的爸爸时，'爸爸'还在做站台工作吧？还是得往上努力！"这样的激励方式很有效，他参加了前不久的京港地铁内部升职考试，经过一段时间的准备，取得了很不错的成绩。

在员工有了向上的动力后，郝帅开始在业务方面给大家做具体的指导。他会定期对车站的运营情况进行总结，结合自己 8 年的工作经验，告诉大家遇到各种情况应该如何处理。不仅如此，在班组工作中，郝帅能够倾听各方意见，从班组的角度考虑问题，提出合理化建议，使内部统一思路。郝帅还主动承担了大量的车站行政类工作，如参加部室的票务比赛、工匠精神视频比赛、演讲比赛等以及各类培训会议，代表车站参加了站务室级的 ATS 竞赛。

此外，他以身作则，带动站内同事按照公司要求开展站内安全工作，在车站各项安全检查、外部审查、迎检任务中表现突出。在日常工作中，他能够及时发现车站安全隐患，带领班组做到了全年无乘客受到意外伤害、无员工意外受伤、无承包商意外受伤、无一般责任事故。图 11-1 为郝帅和他的客运服务团队。

图 11-1　郝帅和他的客运服务团队

（资料来源：https://www.workerbj.cn/jgw/html/renwu/todayman/2019/0408/99290.html）

思考：

（1）案例中的北京京港地铁有限公司员工表现出了哪些优秀的品质？

（2）在城市轨道交通客运服务中，应该如何对员工进行有效激励？

一位先哲说过："推动帆船前进的，不是帆，而是风。"风是看不见的，但却可以推动有形的帆船到达目的地。在城市轨道交通客运服务管理工作中，只有了解和掌握客运服务人员的工作动机，并根据这些动机采用不同的激励方法，推动客运服务人员优质地完成客运任务，才能使客运服务集体在一股无形的力量中乘风破浪，勇往直前。

单元 11.1 城市轨道交通客运服务人员工作动机

一、动机与工作动机

（一）动机

动机是人们为满足某种需要而进行活动的念头或想法，是推动人们进行活动的内部动因，能促使人们从事某种活动，并规定行为的方向。

动机可分为生物性动机和社会性动机。生物性动机是以有机体的生理需要为基础的，是先天性的、较低级的动机，也称生理性动机或原发性动机。社会性动机是以人的社会需要为基础的，是后天习得的、比较高级的动机，又称心理性动机或继发性动机。社会性动机具有持久性特征。

（二）工作动机

工作动机

1. 工作动机的含义

工作动机是最有效能、最为复杂的社会性动机之一，表现为一种心理状态，是激发与工作绩效相关的行为，并决定这些行为的形式、方向、强度和持续时间的内部与外部力量。也就是说，工作动机是一种使个体努力工作、高质量创新并不断完善自己工作的动机。

当一个人同时得到几个工作机会时，为什么会选择其中的某一个？是因为它的待遇更好，离家更近，还是发展前景更好？每个人在做选择的时候都会有自身的动机，有的动机是有意识的，有的则是潜意识的，都会给人及其所从事的工作带来一定的影响。

2. 内在动机与外在动机

（1）内在动机，即为满足尊重、认可、欣赏、人际等心理需求而工作的动机，是由个体内在的需要引起的动机。例如，如果客运服务人员认识到工作的意义或对工作有了兴趣，他们便会自发且积极主动地工作。

（2）外在动机，是员工为了实现获取丰厚的物质报酬、改善生活条件等目标而工作的动机。例如，客运服务人员为了获得物质报酬而被动地工作，也就是为了生存、为了满足基本的生活需要而工作。

心理学家对外在动机与内在动机做了大量的研究,发现有的外在动机在持续性方面不如内在动机,而有的外在动机的持续性并不低于内在动机。心理学家德西曾让一批被试者大学生解有趣的智力题,其中一组每解出一道题就给1美元作为报酬(外在动机),另一组则始终不给钱完全凭兴趣做题(内在动机),一段时间后宣布休息。有趣的是,研究者观察到在休息时间里不给钱的组有更多的大学生继续解题而给钱的组则少有人继续。这表明外在动机在行动推动的持续性方面不如内在动机。但在另一个研究中,不用金钱而是用表扬刺激被试者,结果表明这些被试者在受到表扬后愿意做更多的难题。虽然表扬是来自外部的奖励,但其增强了被试者的信心和满足感,从而强化了被试者的内在动机。

科学事实和工作实践表明,外在动机和内在动机在工作和学习中都具有重要意义,只有将二者很好地结合起来才能对行为的产生起到更好的推动作用。

心理文摘 11-1

全力以赴与尽力而为

很久以前,有一位猎人带着猎狗在树林里打猎。有一天,猎人发现了一只野兔,举枪射击,打中了兔子的一条腿,受伤的兔子慌忙逃跑。猎人命令猎狗追击,猎狗追了很久却空手而归(图11-2)。猎人问猎狗:"你怎么空手回来了呢?"猎狗说:"我已经尽力而为了。"兔子拖着受伤的腿跑回家,全家问小兔子,你拖着受伤的腿,是怎么逃过猎狗追捕的呢?兔子回答道:"我全力以赴地跑,猎狗尽力而为地追,所以我赢了。"

这则寓言故事告诉我们,内在动机的满足会促使员工全力以赴地投入工作,而外在动机的满足只能让员工尽力而为地工作。这就是内在动机与外在动机在员工工作状态、业绩表现方面截然不同的体现。由此可见,企业对员工的激励重点应该是在有效保障基本福利待遇的同时强化能够满足员工内在动机的激励,那就是最大限度地满足员工的尊重、认可、欣赏等精神层面的需求。

图11-2 全力以赴与尽力而为

3. 工作动机与工作效率的关系

心理学家耶克斯(R. M. Yerkes)和多德森(J. D. Dodson)的研究表明,工作动机与工作效率并不呈线性关系,而是呈倒"U"形曲线关系,如图11-3所示。中等强度的动机最有利于任务的完成,即动机处于中等水平时,工作效率最高。各种活动都存在一个最佳的动机水平,动机不足或过分强烈都会导致工

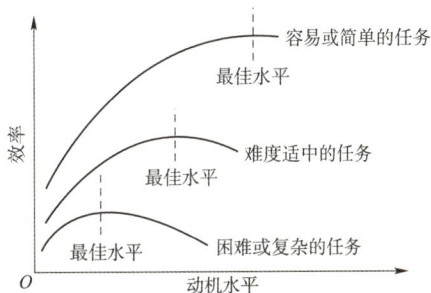

图11-3 工作动机与工作效率的关系

作效率下降。动机的最佳水平还随任务性质的不同而不同:在面对较复杂的任务时,动机最佳水平点会低些;在面对比较简单的任务时,动机的最佳水平点会高些。这就是著名的耶克

斯-多德森定律。

二、工作动机的双因素理论

工作动机的双因素理论也称激励保健理论,是美国心理学家弗雷德里克·赫茨伯格提出的。该理论认为,能够激发人们工作动机的因素主要有两个:一是保健因素,二是激励因素。

(1)保健因素。是指消除员工不满的因素,主要涉及公司政策、行政管理模式、监督模式、薪水、工作条件、员工地位、安全及各种人事关系的处理等。这些因素如果没有令员工感到满足,那么企业员工就很容易产生不满情绪,变得消极怠工,甚至会引起罢工等比较激烈的对抗行为。当这些因素得到一定程度的改善后,员工的不满就会消失。如果这些因素不能得到满足,那么员工就会滋生不满,工作效率就会受到影响。

(2)激励因素。是指能让员工感到满足的因素,主要包括工作富有成就感、工作本身带有一定的挑战性、工作取得成绩后得到社会的肯定、职务上的责任感和自己的职业能够得到发展等。这些因素得到满足后,员工的工作热情就会被激发,工作效率也会大大提高。如果企业不管再怎么努力改善这些因素,也不能让员工感到满足,则很难激发员工的工作积极性。

保健就是稳定,激励就是发展。只有激励因素才能够为人们带来满足感,而保健因素只能消除人们的不满,不能给人们带来直接的满足感。因此,城市轨道交通运营企业要想提高客运服务人员的工作效率就必须想办法满足各种激励因素,也就是要想办法让客运服务人员感到工作舒心和满意。

❋ 测一测

测试一下你的工作动机

测试目的:测试你的工作动机属于哪一种类型。对于每一对(如1和2为一对,3和4为一对)问题,请你用5分去分配,以表示你对它们的认同程度,你的分配比重应该是你对每一对问题进行衡量后做出的决定,见表11-1。

测试一下你的工作动机   表11-1

要求	这5分必须依照5和0、4和1、3和2、2和3、1和4、0和5其中一个方式分配,不可以用半分来分配。该问卷应该在自然且快速的状态下进行填写,请记住写下的是你的意见而不是别人的意见。

1. 得到一份高薪工作是很重要的,就算在工作中不会受到表彰。　A
2. 工作中得到表彰和赞赏很重要,就算赚得少一些。　B
3. 最好是跟上级领导搞好关系,就算责任小些。　D
4. 最好是肩负更多责任,就算为此和上级领导更难相处。　C
5. 最好是和上级领导搞好关系,就算是做一份没有兴趣的工作。　D
6. 做有兴趣的工作很重要,即使和上级领导很难相处。　H
7. 能够升职是很重要的,就算收入少些。　E
8. 有一份高薪工作是很重要的,即使升职机会较少。　A
9. 能够从一份相当无意义的工作中得到表彰比去做一件虽然非常有意义但得不到表彰的工作更好。B
10. 做有意义的工作非常重要,即使得不到表彰。　H
11. 可以去选择一份没有兴趣的工作,但必须和同事相处愉快。　I

12. 愿意选择一份有刺激性的工作,就算在同事中不受欢迎。　　H

13. 如果要表现好,最重要的是有足够的责任和权力。　　C

14. 如果要表现好,最重要的是有好的薪资保证。　　A

15. 和上级领导搞好关系非常重要,就算工资少点。　　D

16. 得到一份高薪工作很重要,尽管和上级领导相处会有困难。　　A

17. 更倾向责任大的工作,即使那样会较少得到表彰。　　C

18. 希望选择责任更小的工作,但得到表扬非常重要。　　B

19. 一般来说对工作感到兴奋多是在受到表彰时。　　B

20. 和上级领导相处愉快更能让你感到兴奋。　　D

21. 宁愿在困难的工作中享受成就感,而不愿面对一份待遇好但很无趣的工作。　　F

22. 一份待遇好的工作胜过必须不断克服困难才可以完成的工作。　　A

23. 同事对你的支持,会让你觉得工作上有更大的满足感。　　I

24. 从一份做得好的工作中得到表扬,远比得到同事的支持更让你有成就感。　　B

25. 知道别人很喜欢和你做同事,远比工作上负的责任大更让人兴奋。　　I

26. 得到一份责任大的工作,比受到同事欢迎更让你开心。　　C

27. 有重大责任的工作很重要,即使没有升职的机会。　　C

28. 升职是很重要的,即使责任小些。　　E

29. 得到正确的评价比受到表扬和称赞更重要。　　F

30. 得到赞扬比真正知道工作是否成功更重要。　　B

31. 来自同事的支持比和上级领导维持好关系更重要。　　I

32. 和上级领导维持好关系比有同事支持更重要。　　D

33. 你会选择一份有责任的工作,就算它不是很有趣。　　C

34. 你更注重对工作的兴趣,即使承担很少的责任。　　H

35. 工作的满足来源于得到与你的付出对等的薪资,即使工作艰苦。　　A

36. 工作的满足意味着这是一份有意义的工作,就算工资不高。　　H

37. 如果你要换工作,那会是因为你目前的工作没有升职的机会。　　E

38. 如果你要换工作,那会是因为你目前的工作没有成就感。　　F

39. 有一个能够告诉你工作有多成功的系统比通过上级领导知道更为重要。　　F

40. 和上级领导有良好的关系比一能够强调个人成功的系统更为重要。　　D

41. 最好和上级领导保持良好的关系,即使不升职。　　D

42. 最好能够升职,即使为此和上级领导关系恶化。　　E

43. 你工作的内容可以确保你会一直被公司雇用,就算没有升职机会。　　H

44. 升职更加重要,即使这份工作并不稳定。　　E

45. 有同事支持比独自工作更重要,即使独自工作有着更高的报酬。　　I

46. 好的待遇是最重要的,即使没有同事支持。　　A

47. 有责任会给你一种积极的感觉,即使你常常不能达到别人的期望。　　C

48. 能够达到别人的期望好过有更大的责任。　　F

49. 表彰比升职更令人兴奋。　　B

50. 能够升职更好,即使随之而来的更高要求会使你今后很少受到表彰。　　E

51. 能够得到同事的支持和与其合作比升职更重要。　　I

52. 升职更重要,就算被同事孤立也无所谓。　　E

53. 一份能够取得成功的工作比一份有趣却会常常失败的工作更吸引你。　　F

54. 有趣的工作更重要,虽然会常常失败,但好过太简单却无趣的工作。　　H

55. 即使在工作中偶尔失败,也好过没有同事的支持。　　I

56. 你选择在工作中常常成功,就算没有同事的支持。　　F

把每个字母 A、B、C、D、E、F、H、I 的分数加起来得到每一组的得分,最后总得分应为 140 分。

A. 财务动机

B. 表彰和称赞

C. 责任

D. 和上级领导的关系

E. 升职

F. 工作的成就

H. 工作的内容

I. 与人合作

单元 11.2　对城市轨道交通客运服务人员的激励

美国心理学家威廉·詹姆斯的研究表明,每个人都有很大潜力,在工作中,一个人一般情况下能够发挥出 20%～30% 的能力。但是,当他的动机处于被激励的状态时,他的能力则可以发挥到 80%～90%。这就是说,人们通常的工作水平和受到激励后的工作水平相差 3～4 倍之多。

一、工作激励的内容

工作激励的主要内容包括以下三个方面:

(1)要做到人尽其才。工作分配要尽量考虑到员工的特长和爱好,做到人尽其才。每个人都有自己的特长和爱好,都希望在组织中最大限度地发挥自己的聪明才智,而组织任务往往也需要具有不同专业特长、不同能力的人来承担。如客运服务团队中,站长就需要根据工作的要求和员工个人的特长,把工作与个人能力有机地结合起来,这样不仅能更好地完成组织的任务,也能满足员工自我实现的需要,从而极大地激发员工的工作积极性。

另外,在条件允许的情况下,管理者要尽量把工作分配与员工的兴趣结合起来。心理学认为兴趣是最好的老师,当一个人对某项工作真正感兴趣、爱上了这项工作时,他就会全身心地投入工作,就会克服一切困难,千方百计地做好这项工作。

(2)要充分发挥人的潜能。管理者在分配工作时,要使工作的要求和目标富有一定的挑战性,这样能够在一定程度上激发员工奋发向上的精神。案例 11-1 中,郝帅通过个性化激励、人生规划引导、经验分享与业务指导,有效激发了员工的潜能。在带动站内同事按公司要求开展安全工作的同时,郝帅以身作则,积极参与各类竞赛和培训,提升团队业务能力和安全管理水平,确保车站运营安全高效。通过这些措施,郝帅不仅激发了员工对实现自我价值的渴望,还推动了团队整体能力的提升。

(3)要让员工参与管理,树立主人翁意识。管理者要让员工不同程度地参与组织决策及各级管理工作的研究和讨论。

二、工作激励的有效方法

（一）目标激励法

目标激励法是指为员工设定具体的工作和事业目标，规定必须完成的时间和相应的奖惩措施，以此来激发员工的工作热情。

正如心理文摘11-1的寓言中所描述的，按理说，猎狗抓住兔子是没有悬念的。但是，兔子奔跑是为了逃命，它全力以赴；而猎狗奔跑不过是为了获得一顿饭，它只会尽力而为罢了。最终的结果是兔子摆脱了猎狗的追赶。工作中也是如此，如果一个员工仅仅把工作当成谋生的饭碗，不求有功，但求无过，而另一个员工却把工作当成自己心爱的事业来做，不仅用心，而且富有创意，那么这两个员工谁会把工作做得更好就可想而知了。

管理者在工作中要懂得适当地为团队成员设立目标，并把大目标分解成一个个小目标，实现"大目标，小步子"，既可以发挥目标对员工的感召力，还可以让员工的工作有清晰的方向。采取目标激励法时要注意以下几个方面：

（1）目标难度要适当。

（2）目标内容要具体明确。

（3）长期目标要与近期目标相结合。

（4）要让个人目标与团队目标一致。

（二）榜样激励法

榜样激励法是指在企业内部树立和宣传英雄式的榜样人物，从而引导员工行为的激励方法。榜样的力量是巨大的、无穷的。在战场上，如果有奋不顾身、勇往直前的士兵冲在前面，那么其他人就会在这个士兵的影响下变得英勇无畏。所以，榜样是一种心理效应，人们会自发地模仿榜样。在团队中，管理者如果能够以身作则，为别人做好榜样，就会激发别人向他看齐。

（三）培训激励法

培训激励法是指加强对员工的培训，以提高其工作技能和发展可能性的激励方式。培训激励法既可以给予员工更多的培训和学习机会，也可以请优秀员工在团队中介绍工作经验。一个企业内，员工好比蓄电池，整个团队好比一艘轮船，蓄电池只有经常充电、保持不亏电，才能确保这艘轮船顺利行驶到远方。管理者要重视员工的培训，比如，在企业内建立员工学习园地、鼓励员工在职学习公司发展需要的技能、为员工提供培训福利等。员工在培训后，工作能力获得提升，能力可以迅速转化成生产力，从而推动企业更快发展。

（四）情感激励法

情感激励法是指以满足员工的情感方面的需要为主的激励方法，即通过管理者个人的人格魅力来激励员工，主要方式有：

（1）走到员工座位对其工作表示感谢。

（2）在员工生日、婚礼等特殊时刻送上祝福。

（3）经常与员工沟通。

（4）设定荣誉日，定期表扬绩效优秀的员工。

（5）亲笔书写卡片，表达自己的谢意。

有位管理学家提出"爱员工，团队才会为员工所爱"。管理者一定要用心对待团队的管理工作，关心员工，与员工进行真诚的沟通，让员工切实感受到团队自上而下真心实意的关怀，那么员工也会被这种情感感化，从而迸发出更大的工作热情。

🔷 心理文摘 11-2

需要层次与激励管理策略

马斯洛的需要层次理论指出生理与安全的需要较为低级，而尊重与自我实现的需要则为高级需要，归属与爱的需要为过渡。在同一时期一个人的需要不止一个而是多个，但必定有一种需要占主导地位，成为推动某些行为活动的优势动力。与不同需要相对应的激励与管理策略见表11-2。

需要层次与激励管理策略　　　　　　　　　　表 11-2

需要层次	激励（追求的目标）	管理策略
1. 生理需要	（1）工资； （2）健康的工作环境； （3）各种福利	（1）设置待遇奖金； （2）设置保健医疗设备； （3）合理安排工作时间； （4）完善住房福利设施
2. 安全需要	（1）职业保障； （2）意外事故的预防	（1）做出雇佣保证； （2）完善退休金制度； （3）完善意外保险制度
3. 归属与爱的需要	（1）发展友谊（良好的人际关系）； （2）获得团体的接纳； （3）提高组织的认同感	（1）完善协谈制度； （2）完善利润分配制度； （3）制订团体活动计划； （4）完善互助金制度； （5）完善教育培训制度
4. 尊重需要	（1）地位、名誉； （2）权力、责任； （3）合理的薪资	（1）完善人事考核制度； （2）完善晋升制度； （3）完善表彰制度； （4）完善选拔进修制度； （5）完善委员会参与制度
5. 自我实现的需要	（1）能发挥个体特长的组织环境； （2）具有挑战性的工作	（1）完善决策参与制度； （2）完善提案制度； （3）制订研究发展计划

(五)荣誉激励法

荣誉激励法是指以各种各样的荣誉称号进行表彰和奖励的激励方式。常见的荣誉激励方式有:

(1)在企业刊物上予以表扬,在企业会议上当众表扬。

(2)将杰出员工的相片挂在宣传橱窗里,布置成"光荣榜"。

(3)设计特殊贡献奖章,以表彰优秀员工的杰出成就。

(4)请更高层主管会见优秀员工,肯定他们的优秀表现。

(5)授予优秀员工先进称号或某种荣誉。

比如,为继承和发扬"五四"精神,集中展现郑州轨道交通事业中广大青年不断成长进步的精神风貌,郑州市轨道交通有限公司(今郑州交通发展投资集团有限公司)决定授予郭世有等10名员工"郑州市轨道交通有限公司十大杰出青年员工"荣誉称号,从而激励公司的青年员工爱祖国、爱轨道事业,奋发图强,艰苦奋斗,在火热的生产建设、运营管理中,贡献自己的聪明才智和青春年华。

● 案例 11-2

杭州地铁着力提升整个团队的服务意识和服务水平

"美丽地铁,用心服务,感谢有你"杭州地铁1号线首届"最用心服务人员"票选活动在武林广场站启动,来自31个地铁站的服务人员许下"用心服务"的承诺:带给乘客环保又方便的公共交通服务的同时,增进员工与乘客的互动和了解,让市民感受到更多的服务细节,拥有更加舒适的出行体验。

此次"最用心服务人员"票选活动为期一个月,乘客只需在投票宣传页填上自己支持的"用心服务"员工相应信息后,将其投入设置在地铁1号线沿线任意一个车站的"最用心服务人员"投票箱内即可。活动结束后,杭州地铁将根据乘客投票情况,从杭州地铁1号线全线31个车站的员工、车站助理和志愿者中评选出50名"最用心服务人员"和30名"最用心服务志愿者",还将评出10个"最用心服务事迹奖",2个"最用心服务车站"和1个"最具服务效率车站"。

杭州地铁希望通过此次评选活动,获得更多倾听来自广大乘客的声音的机会,提升整个团队的服务意识和服务水平。

(资料来源:https://ori. hangzhou. com. cn/ornews/content/2013-04/13/content_4691681. htm? from = singlemessage)

(六)其他激励法

(1)绩效激励法。绩效激励法指以员工工作的绩效为依据发放工资和报酬的激励方法。比如,按件计酬奖励工资制、分红制和一次性奖金制,即管理者不再根据工作时间来支付薪水,而是根据一些绩效指标调整员工的薪水。

（2）环境激励法。环境激励法指营造一种独特的环境和气氛，以激发员工的工作热情和奋斗精神的激励方法。环境造就人，有什么样的环境，就有什么样的员工。营造适宜员工发展的环境是管理者的重要职责和必备技巧。有时，适度的危机感也能促使员工更积极地工作，提高工作效率。

（3）挑战激励法。挑战激励法指赋予员工新的而又具有一定挑战性的工作的激励方法。

总而言之，激励是领导艺术，方法有很多，无一定之规，需要城市轨道交通运营企业管理者根据企业发展阶段和团队特性不断实践和探索。长远来讲，城市轨道交通运营企业需要构建持续有效的员工激励文化，引导城市轨道交通客运服务人员深度参与，并形成相关机制，这种构建过程就是管理者有效实施领导艺术的过程。管理者在实施有效管理的同时，应注意培养良好的领导风格，在城市轨道交通运营企业中自上而下形成激励、欣赏、赞赏、尊重、认可、学习的组织文化，从而营造平等开放、充满活力的组织氛围，这种文化氛围就是一种有效的组织激励手段，在这种氛围中，城市轨道交通客运服务人员的士气自然高涨。

✳ 实训任务

请完成实训任务 11：城市轨道交通客运服务团队的有效激励。见本教材第 197 页配套实训活页。

✳ 课后交流

1. 城市轨道交通客运服务人员的内在工作动机与外在工作动机是什么？
2. 什么是工作动机的双因素理论？
3. 什么是工作激励？
4. 工作激励的方法主要有哪些？如何有效运用？

城市轨道交通客运服务团队发展与建设

学习目标

1. 了解团队和团队特征。
2. 理解城市轨道交通客运服务团队的发展要素。
3. 掌握建设高效城市轨道交通客运服务团队的方法。

内容结构

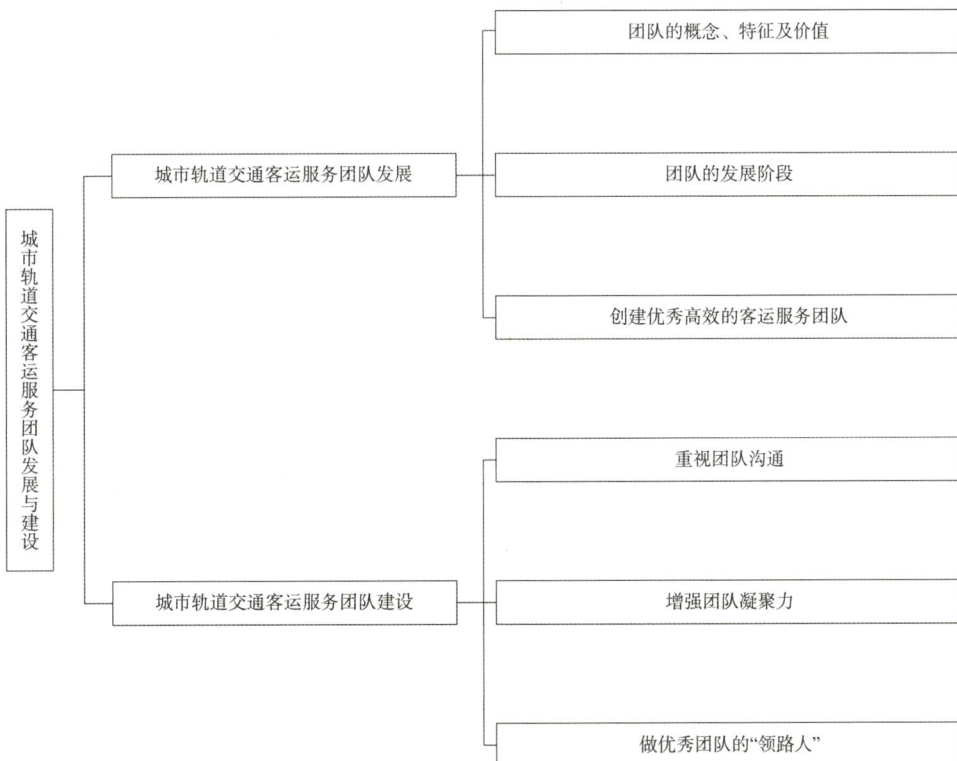

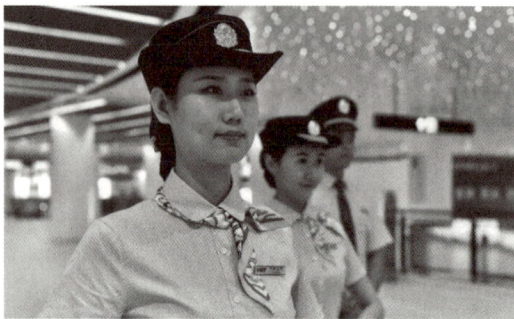

案例 12-1

这是我们应该做的

3月的一天,两个塘沽一中的学生焦急万分地走进天津地铁塘沽站。原来,他俩在站外拾到了一个钱包,内有现金1400多元、多张银行卡及一张11万元的借款协议,他们在原地等了很久也没有等到失主,就来寻求帮助。车站员工(图12-1)当即与这两位学生确认了失物信息,接下了爱心接力棒,他们一点一点串联线索,全力搜寻有用信息,经过两天多的不懈努力终于找到了失主——重庆某公司驻天津办事处的一名员工。这名员工正万分沮丧地准备回重庆重新办理各类证件时,接到了车站人员的电话,那份惊喜不言而喻。

图 12-1 天津轨道交通客运服务班组

5月的一天,一名男乘客在塘沽站突发眩晕,心跳加速,出现了胸闷、心悸的症状,继而逐渐失去意识。车站员工一边紧急救护,一边拨打"120",用最短的时间将乘客送上救护车,并及时联系乘客家属告知详情……几日后,恢复健康的乘客及其家属带着满满的感激和深深的谢意来到塘沽站,他们坚持要送一份厚礼,但被车站员工婉言谢绝了:"这是我们应该做的。"

(资料来源:http://www.enorth.com.cn)

思考:
(1)什么是团队?一个团队与一个群体的区别是什么?
(2)如何建设一支高效的城市轨道交通客运服务团队?

一条小溪只有汇入大海才不会干涸,一名员工只有融入工作团队才能发挥出个人更大的社会价值。这就好比将五根手指握在一起,形成一个拳头,每一根手指为了共同的目标而紧密协作,劲往一处使,力往一处用。团队建设越来越受到人们的重视,依靠团队建设促进企业各项工作稳健而有序地开展,已经成为现代企业坚定不移的战略选择。正如一位企业家所言:小成功靠个人,大成功靠团队。

单元 12.1 城市轨道交通客运服务团队发展

城市轨道交通客运服务工作是一个群体性的工作,只有参与其中的每一名成员精诚合作,密切配合,才能保证城市轨道交通在每天巨大的客流量下,依然能够做到安全运营、高效服务。

一、团队的概念、特征及价值

(一)团队的概念

团队是由基层和管理层人员组成的一个共同体,它合理利用每一个成员的知识和技能协同工作,解决问题,达到共同的目标。

管理学家斯蒂芬·P. 罗宾斯认为:团队就是由两个或者两个以上的相互作用、相互依赖的个体,为了特定目标而按照一定规则结合在一起的组织。

需要注意的是,工作团队与一般的工作群体是不一样的。在一起工作的一群人,虽然相处得愉快而友好,但是因为各自在完成自己的任务,所以只是一个工作群体而不能被称为一个团队。只有当群体成员通过各自互补的知识与技能,担负责任,协同起来为实现一个共同的、具体的目标而认真努力工作时,这个工作群体才能被称为一个工作团队。如案例12-1中的天津轨道交通客运服务班组就是一支优秀的工作团队。

(二)团队的特征

(1)相互信赖,协同作战。团队中的每名成员都需要依靠与其他成员的密切合作才能完成预定的工作目标,因此,和谐、信任、融洽的人际关系是团队达成共识,进而共事的基础。

(2)充分授权,自主管理。从根本上讲,团队工作就是要把责任授予团队,依靠制度与业务流程来实现团队的有效运作。团队成员在团队工作中需要承担相应的责任,同时享有相应的管理自己的工作内容和内部流程的自主权,发挥自身能动性与创造性。

(3)定位角色,承担责任。在团队工作中,每一个团队成员都会承担不同的角色和相应的责任,团队每一个成员必须具备胜任工作的核心专长与技能。

(4)沟通信息,共享资源。每一个团队成员必须通过沟通、分享信息和资源来协调他们的各项工作,每一个成员都有责任以一种适宜的方式向其他成员提供信息以及传授工作经验。

(三)团队的价值

(1)团队可以形成大于个人绩效之和的群体效应。建立在志同道合基础上的团队可以起到功能互补的作用,从而产生比个人绩效简单相加高得多的绩效。

(2)团队可以提高企业组织的灵活性。企业团队的共同价值取向和良好的文化氛围,可以增强企业的应变和制变能力,提高企业组织的灵活性,提高企业的竞争力。

(3)团队可以产生极强的企业凝聚力。团队强调沟通协调,成员之间相互信任、人际关系和谐,可以提高员工归属感和自豪感,大大激发员工的积极性,增强企业内部的凝聚力。

(4)团队注重对成员的培养,鼓励成员一专多能。团队在文化氛围上既强调团队精神,也鼓励团队成员的发展与完善,从而激发团队成员的积极性、主动性和创造性。

大雁的故事

在北半球,每年秋天,大雁都要从寒冷的北方飞往温暖的南方去过冬,第二年春天再飞回北方繁殖。在漫长的航程中,大雁会遭遇猎人的射击,历经狂风暴雨、电闪雷鸣及寒流与缺水的危险,但每一年它们都能成功往返。

大雁依靠的是什么?

大雁(图12-2)依次排成"人"字形,这比孤雁单飞提升了71%的飞行能量,每只大雁振翅高飞,也为后面的大雁提供了向上之风,这种省力的飞行模式,可以让每只大雁最大

图12-2 大雁

限度地节省体能。过一段时间后,领头的大雁会排到后面,由另一只大雁接替它领飞。这样,大雁们通过交替领飞来节省体力,共同飞向目的地。当某只雁偏离队伍时,它会立刻发现单独飞行的辛苦和阻力,这将促使它立即飞回队伍。晚间休息的时候,大雁们则轮流放哨,每只大雁都能得到一段安全的休息时间。

当某只大雁生病或受伤时,会有其他两只大雁飞出队伍跟在伤病大雁后面,协助并保护它,直到它康复,然后,它们这个小团队也组成"人"字形,继续飞行,追赶大部队。队伍中的每只大雁都会发出"嘎嘎"的叫声,鼓励带头雁勇往直前。

大雁的故事

大雁是通过团队的力量和精神来克服自然界的一切困难的,团队也要如雁群一般,向着共同的目标前进,彼此相互依存,发挥所有成员的潜力,形成团队凝聚力,那么无论路途再艰辛、遥远也不必惧怕。

(资料来源:http://www.360doc.com/content/13/0124/22/5079158_262237021.shtml)

♡ ♡ ♡

二、团队的发展阶段

团队的形成和发展以组织目标为参照可以分为四个阶段,即创建期、磨合期、凝聚期和整合期。

(一)创建期

创建期最重要的是明确团队的目标和愿景,这对增强团队凝聚力以及形成团队的集体荣誉感至关重要。

团队创建期的具体表现:一是新的合作,新的团队,每位成员对新的工作和未来前景是充满期待和激情的;二是由于相互之间需要一个增进了解的过程,成员之间更倾向于高估其他人的能力,大家会对新生的工作团队寄予很高的期望;三是每一个成员都在小心地试探其他人的相关情况,以便自己在新的团队中重新进行自我定位。

城市轨道交通客运服务心理学(第3版)

(二)磨合期

磨合期是每一个团队都要经历的特殊时期,具有动荡性。能否进行有效的磨合,并顺利度过这段敏感的时期,对团队领导者的综合能力是一个考验。

团队领导者在这个敏感的时期,尤其要注意以下四点:一是密切注意团队进步情况,每天利用一切机会与每一个成员充分沟通实际工作中遇到的具体问题,帮助他们分析问题并提供解决方案;二是建立标准的工作规范,并身体力行,这是统筹团队各项工作的关键;三是积极寻求解决问题的方法,抓住一切利好的机会鼓舞团队士气,争取用自己在工作上的突破为团队树立榜样;四是善于树立典型,对于取得突出成绩的成员要尽可能为其争取荣誉,号召大家向优秀者学习。

(三)凝聚期

这个时期会逐渐形成独有的团队特色,团队成员以标准的流程投入工作、分配资源,团队内部无私地分享各种观点和各类信息,集体荣誉感很强。在紧张有序的工作环境中,处处都展现出一个高绩效团队的成熟魅力。

(四)整合期

团队实现了自己的阶段性目标之后,必然要进行组织整合。整合过程其实就是组织调配力量,为下一个目标进行筹备的前奏。这个时期一般没有太大的工作压力,团队发展相对平稳。

三、创建优秀高效的客运服务团队

(一)客运服务团队的构成要素——"5P"

(1)目标(purpose)。团队应该有一个既定的目标,为团队成员导航,知道要向何处去,没有目标的团队就没有存在的价值。如北京地铁的企业愿景为"国内领先,世界一流",其核心价值观为"卓越服务,共赢发展"。

(2)人(people)。人是构成团队最核心的力量,两个(含)及以上的人就可以构成团队。一支优秀高效的城市轨道交通客运服务团队应该是三类成员的有机组合:一是具有技术专长的成员,而且他们的技术专长在一定程度上应该是互补的;二是具有解决问题和决策技能的成员,他们能够对解决问题的各项建议进行权衡并做出有效决策;三是具有善于倾听、反馈、解决冲突及其他人际关系问题技能的成员。

(3)定位(place)。定位包括两个方面:一是团队的定位,包括团队在企业中处于什么位置,由谁选择和决定团队的成员,团队最终应对谁负责,团队采取什么方式激励成员;二是个体的定位,即成员在团队中扮演什么角色,是负责制订计划还是具体实施或评估。

(4)权限(power)。团队当中领导者的权力大小跟团队的发展阶段相关,一般来说,团队越成熟,领导者所拥有的权力越小,在团队发展的初期领导权相对比较集中。

（5）计划（plan）。计划有两层含义：一是目标的最终实现，这需要一系列具体的行动方案，可以把计划理解成实现目标的具体工作的程序；二是按计划进行可以保证团队工作的进度。

（二）客运服务团队的创建方法

（1）确定一个清晰的目标。高效的团队对所要达到的目标有清楚的了解，并坚信这一目标具有重大的意义和价值。

（2）训练优秀的服务技能。高效团队的成员具备实现理想目标所必需的技术和能力，而且成员有能够进行良好合作的个性品质。

（3）做出一致的承诺。高效团队的成员对团队表现出高度的忠诚和承诺，对群体目标有奉献精神，愿意为实现这一目标而调动和发挥自己的最大潜能。在案例 12-1 中，天津轨道交通客运服务班组的承诺是："服务是我们的产品，更是我们的尊严。"

（4）彼此信任，心理相容。成员间相互信任是高效团队的显著特征，每个成员在心理上能够做到相互理解、容纳和协调。

（5）保持良好的沟通。团队成员之间保持无障碍的信息沟通，包括各种言语和非言语信息。

（6）掌握谈判技能。高效团队的成员，角色具有灵活多变性，总在不断地进行调整。这就需要成员具备充分的谈判技能。

（7）实行恰当有力的领导。高效团队的领导者往往担任的是教练和后盾的角色，他们为团队提供指导和支持，但并不试图去控制团队。

（8）内部和外部的支持。成为高效团队的一个必要条件就是拥有良好的支持环境。从内部条件来看，团队应拥有一个合理的基础结构，包括适当的培训、一套易于理解的用以评估员工总体绩效的测量系统，以及一个起支持作用的人力资源系统。从外部条件来看，管理层应给团队提供完成工作所必需的各种资源。

（9）培养团队精神。团队精神是团队成员为了团队的利益与目标相互协作、尽心尽力的意愿与作风。它的作用是把成员的技能、积极性、创造性向着同一个方面进行整合，以形成强大的合力指向组织共同的目标，促进共生共存。

练一练

捆绑过关——团结协作

（1）分组：不限几组，但每组最好两人以上。

（2）每一组组员围成一个圆圈，面对对方。老师帮忙把每个组员的手臂与相邻组员的手臂绑在一起。

（3）老师安排一些任务，要求每组组员共同完成。（任务完成过程中请注意安全第一）

任务举例：吃午餐、包礼物、完成一个美术作品、帮每个组员倒水等。

城市轨道交通客运服务心理学（第3版）

单元12.2　城市轨道交通客运服务团队建设

"一个和尚挑水吃,两个和尚抬水吃,三个和尚没水吃"的寓言故事,讲的就是团队建设和管理的重要性。

一、重视团队沟通

沟通是为了一个设定好的目标,在个人之间或是群体之间传递信息和情感、思想,并达成共同协议的过程。沟通可以挖掘员工的内驱力,同时缩短沟通双方的距离。一个团队如果没有良好的沟通,就会缺乏凝聚力,终将变成一盘散沙,一事无成。因此,在客运服务团队管理中,重视团队沟通非常重要。

(一)沟通的主要方式

沟通的方式主要有语言沟通和非语言沟通。语言沟通可以使沟通的过程超越时间和空间的限制。语言沟通是最有效、最准确的沟通方式,也是运用得最广泛的一种沟通方式。

非语言沟通可以通过三种方式实现:第一种方式是通过动态无声性的目光、手势语言、表情动作和身体运动等实现沟通;第二种方式是通过静态无声性的空间距离、身体姿势及衣着打扮等实现沟通;第三种方式是通过非语言的声音,比如声调、重音的变化,以及笑、哭、停顿等来实现沟通。

(二)用心沟通才有效

城市轨道交通客运服务工作是与人打交道的工作,只有用心才能实现高效的沟通,才能做好服务工作。

(1)尊重沟通对象,平等待人。团队中,只有分工的不同,没有人格上的不对等。尊重同事、尊重服务对象是城市轨道交通客运服务人员进行有效沟通的前提。

(2)善用非言语信息。心理学家经过研究发现,人们在沟通时,所获得的信息7%来自说话的内容,38%来自说话的声音语调,55%来自沟通时的面部表情和肢体动作。所以,一个善于沟通的人,也善于运用非言语信息。保持微笑可以让人有一种亲近感,会对沟通起到辅助作用。沟通时的语调也要随着沟通的内容变化而变化,沟通过程往往也是心理交流的过程,所以采用适当的语调可以增强感性认识,有助于达到沟通的目的。

(3)换位思考。换位思考是沟通的有效策略,沟通是双向的,要想达到沟通的目的,就应该考虑沟通对象的感受,主动为对方着想,考虑对方的特点和所处的情境,提出双方可接纳的备选方案。在团队中,每个人都要有换位思考的意识,注意和不同的沟通对象要采取不同的沟通方式。

(4)选择合适的沟通渠道。有些问题需要采用正式的沟通方式进行沟通,有些问题则更适合非正式的沟通方式。至于选择哪种沟通方式,需要沟通者用心把握。企业内的一些重要问题,适合采用正式的沟通方式,如会议方式提出;一些时间、地点的信息沟通,可以采用短信或者微信等沟通渠道;对于一些工作意见的反馈,尤其是负面信息,适合当面交谈。

二、增强团队凝聚力

人聚在一起只能被称为人群,心聚在一起才能成为团队。团队凝聚力体现的是团队成员为了实现工作目标而团结协作的程度。凝聚力体现在成员的个体动机行为对团队目标任务所具有的依赖性、依从性及服从性上。

(一)影响团队凝聚力的主要因素

(1)团队规模的大小。团队规模的大小直接影响团队的凝聚力,一个人数众多的团队,其凝聚力通常会弱一些,一个人数较少(5～12人较为合适)的团队,其凝聚力就会比较强。这是因为人数过多会造成管理层级的增加,任何一个层级出现沟通中断的情况,都会影响团队信息的有效传递。

（2）团队目标的一致性。团队的目标是团队凝聚力存在的前提。共同的任务与目标，让团队成员必须统一行事，只有这样，才能实现集体的目标。如果团队成员在工作中需要相互协助、配合，就会无形中增强团队的凝聚力。

（3）团队内部管理方式。团队内部的管理机制、管理方式影响着团队活动的效率，团队既要有一套科学的管理和激励策略，规定各成员的职责和义务，又需要有一套明确的管理制度对成员的行为进行规范和约束，维护团队的整体利益。团队全体成员共同遵守共同制定的规则、履行各自的权利及义务，并以此规范和约束自己的行为，从而形成一个战斗力、凝聚力强的群体。

（4）团队的外部环境。团队的外部环境指团队的社会需求和上级领导的认同度与支持力度。当前，团队建设的重要性已成为团队建设者的共识，他们从定员定责、经费保障、政策配套、奖惩措施等方面予以全方位的指导和支持。

（二）提高凝聚力的有力措施

（1）建立一致的目标。将团队目标与个人目标融为一体，尽力使二者高度一致，可以大大增强团队成员的主人翁意识和对整个团队的认同感、责任感。这里要注意的是团队目标的有效性：一是目标要具体可测量，忌遥不可及；二是要有明确的时间点，忌拖延；三是建立中等难度的目标，忌难度过大。

（2）协调团队内部的管理。第一，要有一个坚强的领导核心。群龙不可无首，同时群龙也不能多首。一个坚强的领导核心是每一个团队所必需的。有了坚强的领导核心，团队才有良好的管理，团队也才能成为"团队"，这是团队建设的基础。第二，要有合理的沟通机制。首先，需要明确沟通目标和工作任务；其次，选择合适的沟通渠道，并且确定固定的沟通时间和频率；最后，还要培养积极的沟通氛围，制定沟通规范以及定期评估和改进沟通机制。总之，通过多层次、多方面的共同努力，确保团队成员之间的信息流通顺畅、协作高效，从而推动团队的持续发展和进步。第三，确定详细的工作流程。这个工作流程需要包括合理的分工、全面的计划、科学的方法。确立合理的分工，可以明确职责，使每个成员都积极参与到项目中来，充分发挥集体的力量；全面的计划相当重要，需要建立"不打无准备之仗"的理念，如果计划不全面，那么执行环节的效率会大打折扣；科学的方法必不可少，它是每一项工作、每一个任务的基础，可以有效提高团队的效率，需要充分发挥每一位成员的智慧，以集体的智慧来创造更加科学的方法。

做一做

唐僧、孙悟空、猪八戒、沙僧、白龙马共同组成了西天取经的团队（图12-4）。现在，由于经费紧张，需要从这个取经团队中裁掉一个成员，你会裁掉谁呢？请据此进行一个团队游戏，要求如下：

（1）将全班同学分成若干小组，以组为单位召开会议，共同商定裁员名单，并说明裁掉某成员与不裁掉某成员的原因。

（2）在班级内分享裁员的最终结果。

（3）每组推荐一名代表谈一谈裁员的体会。

图12-4　西天取经的团队

三、做优秀团队的"领路人"

管理学界有句名言：一只狼领导的一群羊能打败一只羊领导的一群狼。这句话隐含着团队的力量，更说明了团队"领路人"即领导者的重要性。要成为优秀的团队领导者可以从以下三方面着手。

（一）加强学习，提高领导能力

领导者要通过不断学习，兼收并蓄，增长知识，提高能力。领导者只有不断加强学习，才能不断增加知识储备、提升自身能力，持续增强自身素质。而只有不断地充实自己，才能更好地提高自身的领导力，才能更好地对组织成员施加影响，推动各项工作的开展，促进组织事业的发展。

（1）政治理论的学习。一个领导者，只有理论上清醒、坚定，政治上才能清醒、坚定，从而把握正确导向。用发展的马克思主义武装头脑、指导工作，这样才能"站得高，看得远"。

（2）专业知识的学习。通过广泛的学习开阔眼界、拓宽思路、创新思维、增强科学决策和指导实践的能力。

（3）领导艺术和心理学知识的学习。以科学的理论指导自己的管理实践，努力营造宽松、和谐、进取的团队氛围，合理配置人、财、物等资源，使团队效能得到最大限度的释放。

"纸上得来终觉浅，绝知此事要躬行。"无论是依据书本上得来的知识，或是学习借鉴他人的长处，或是依据自己的经验，都要与当时、当地的实际情况相结合，坚持实事求是的精神，具体情况具体分析，创造性地开展工作。

（二）提高素质，增强领导魅力

领导者的风范和魅力影响着领导能力的发挥。领导魅力有助于团结、影响下属，有助于增强领导效果。要提高领导魅力，就要具有三方面的素质：文化素质、道德素质、品格魅力。只有将这三方面的素质有机结合，才能有效提高领导者的整体素质和领导魅力。

（1）平易近人，不摆架子。团队领导者不要摆架子，要平易近人，和蔼可亲，和团队成员平等交往。这样才能获得团队成员的支持与追随，才能成为名副其实的领导者。否则，团队就会离心离德。

（2）尊重和理解他人。团队领导者必须与团队成员建立起密切的、良好的工作关系。团队成员只有了解领导者、理解领导者、信任领导者，才会心甘情愿地支持领导者、追随领导者。

（3）工作中善于创新。团队领导者要能敏锐地觉察发展的方向与气息，能够觉察到稍纵即逝的机会，能够结合社会发展趋势，高瞻远瞩地确定团队与个人的发展方向，为团队与个人指明前进的目标。有创新意识的领导者更能获得下属的支持、爱戴与拥护。

（4）艺术地开展工作。要成为一个受人尊敬、爱戴的领导者，就必须具有良好的工作艺术。养成扎实细致的工作风格，发扬求真务实、实事求是的作风。大胆探索，开拓进取，创造性地开展工作。树立良好作风，切实远离那些不说实话、不干实事、不求实效的不良风气。

(三)以人为本,任人唯贤

团队领导者要牢固树立"以人为本"的管理理念,通过树立科学的用人观念并坚持正确的用人导向,激发每个成员的积极性、主动性、能动性,把全体成员的思想与精力集中到团队事业的成功和个人价值的实现上来。

总之,团队领导者要提升领导力,既要练内功,也要练外功;要注重严于律己,以身作则,以领导魅力带动、影响、促进团队成员改进工作,为实现城市轨道交通事业的共同目标而努力奋斗。

案例 12-2

多彩巾帼扎根广州地铁,"她力量"助力城市轨道交通发展

2024 年春运刚结束,广州在建的 400 多个轨道交通项目全面复工,一群扎根运营、工地一线的"铿锵玫瑰",以"巾帼不让须眉"的豪气绽放"她力量"。据悉,广州地铁目前有近万名女职工,她们中有站务员、调度员、检修员,也有工程师、设计师、培训师……她们或用"至诚至爱、知心贴心"服务千万乘客,或用"一丝不苟、精益求精"保障地铁平安,或用"坚持不懈、攻坚克难"推动新线建设,以女性独有的坚韧与细致为城市轨道交通高质量发展贡献巾帼力量。

1. 巾帼心守一方"烟火",扎根春运一线的女站长

大年初一,备受市民、游客期待的广州春节烟花会演时隔 12 年在白鹅潭隆重呈现,活动地点正好邻近张站长所管辖的黄沙站,地铁 1 号线、6 号线成为市民观看烟花的主要交通干线,黄沙站更设置了现场指挥中心。为了确保万无一失,张站长(图 12-5)多次组织车站开展大客流演练,提高员工安全意识,提升全员客运组织能力。2 月 10 日当晚,黄沙站进出站客流达 16 万人次,在张站长和车站员工的努力下,现场客运组织井然有序,指引清晰、疏导快捷,成功保障烟花会演大客流有序平稳。

2. 95 后"萌妹子",守护地铁大脑的"女卫士"

96 年的王若娟是地铁运营企业的一名信号检修师,负责车载设备、车辆段信号设备的检修维护及故障处理工作。无论在春运还是在日常运营中,她都是坚守在后台的"幕后英雄",默默守护着乘客的旅途(图 12-6)。

图 12-5　扎根春运一线的女站长

图 12-6　信号检修师正在工作

2023 年,在 5 号线东延段信号系统调试前的关键阶段,王若娟主动申请前往新线支援,投身到双岗车辆段信号系统紧锣密鼓的建设与系统调试中。面对人手少、工期短、任务重的调试压力,她凭借女性的细致、耐心及过硬的专业技能,迅速成为新线调试的骨干,累计发现各类隐患上百条,有力地保障了 5 号线东延段高质量开通运营。

3. 巾帼不让须眉,扎根工地的"钢铁女侠"

而在芳白城际铁路的施工现场,同样有一位与钢筋水泥打交道的"花木兰"。入职十年

图 12-7 技术管理工程师桂婷

的技术管理工程师桂婷(图 12-7)见证了多条线路的建设,先后参与了地铁 7 号线一期和芳白城际地铁等多个项目的建设管理工作。作为女性,她在工程管理上毫不逊色,始终保持一丝不苟、任劳任怨的态度。芳白城际铁路大部分位于灰岩区,溶洞发育强烈且周边环境复杂,她从技术管理角度出发,组织开展勘察设计、技术方案调整、科研课题开展等工作,通过技术管理手段降低施工风险,保证工程质量。十年来,她在地铁建设事业中默默奉献自己的青春,无论是工程管理还是创新研究,她都全情投入,用行动为轨道交通建设作出贡献。

(资料来源:https://news. ycwb. com/2024-03/07/content_52544896. htm)

案例 12-3

擦亮服务品牌 建设过硬团队
——广州地铁 1 号线黄沙站优质服务纪事

广州地铁 1 号线黄沙站位于黄沙大道与丛桂路交会处,南面是独具欧陆风情的沙面地区,有著名的宾馆、码头,东面是全国著名的市场、商业街,客商云集。该站全面贯彻"乘客至上,服务第一"的宗旨,不断提高团队组织凝聚力和战斗力。自 2000 年被评为"全国青年文明号"以来,车站没有发生过一起安全事故,没有发生过一起票务事故,没有发生过一起有责乘客投诉。其间涌现出来的先进事迹更充分展现了青年文明号团员正确的人生价值观和新时代新青年的精神风貌。

1. 用心管理,员工把车站当成家

员工在心里对车站有认同感,真正把车站当成自己的家。新年期间,员工若在服务上出现不足,将会收到检查人员的"新年提醒贺卡"一张,卡片内容除新年贺词外,背面印有"您违规了,请注意! 您的支持和理解是我们提升服务水平最大的动力!"此举一改过去简单的考核处理方式,用温情体贴的方式,让员工自觉向服务标兵靠拢,使黄沙站整个团队充满了战斗力。

2. 群策群力,确保屏蔽门按期投入运营

黄沙站团队是一支活力四射的团队,更是勇挑历史重担的主力军。2004 年 12 月,黄沙站成为广州地铁 1 号线屏蔽门安装首个试点车站。屏蔽门安装工程量大,技术含量高,需要

拆除旧设备,重新安装环控设备、风管等设施,车站员工和施工人员紧密配合,顶着高温、冒着严寒连续作业。在大家共同奋战了500多个昼夜后,2006年3月6日,地铁1号线黄沙站屏蔽门经多次调试演练达到技术要求,正式投入运营,成为国内地铁旧线改造安装屏蔽门的一大创举,标志着广州地铁在全面提高运营服务水平方面迈出了重要的一步。

3.夯实基础,不断提升服务水平

黄沙站员工们深切地感受到,地铁是服务性行业,要想得到乘客的肯定,就必须不断提高服务技能,创新服务内容,打响服务品牌。为此,车站开展了"满意车站""服务之星""活地图"等活动,不断提高员工服务技巧,评选出车站的"服务之星",并且把"服务之星"的照片张贴出来,作为员工学习效仿的榜样。

✿ 实训任务

请完成实训任务12:客运服务团队活动——"心心相印"。见本教材第199页配套实训活页。

❄ 课后交流

1.城市轨道交通客运服务团队的构成要素有哪些?

2.如何建立一支高效的城市轨道交通客运服务团队?

3.如何做好团队沟通?

4.团队领导者应该具备哪些优秀的素质?

参 考 文 献

[1] 彭聃龄,陈宝国.普通心理学[M].6版.北京:北京师范大学出版社,2023.

[2] 裴瑞江.城市轨道交通客运服务[M].3版.北京:机械工业出版社,2022.

[3] 阿伦森,威尔逊,萨默斯.社会心理学[M].侯玉波,等译.10版.北京:人民邮电出版社,2023.

[4] 俞国良,李媛.心理健康教学参考书[M].5版.北京:高等教育出版社,2021.

[5] 黄希庭.心理学导论[M].重庆:西南大学出版社,2021.

[6] 孟祥虎,孙巧玲.城市轨道交通应急处理[M].2版.北京:人民交通出版社股份有限公司,2021.

[7] 叶萍.民航服务心理学:"理论·案例·实训一体化"教程[M].2版.北京:中国民航出版社有限公司,2021.

[8] 王慧晶.轨道交通客运服务心理与实务[M].2版.长沙:中南大学出版社,2021.

[9] 樊富珉.团体辅导与危机心理干预[M].北京:机械工业出版社,2021.

[10] 张等菊.服务心理学[M].3版.北京:经济科学出版社,2020.

[11] 谷素斐,张红云.城市轨道交通客运服务质量综合评价应用研究[J].都市快轨交通,2020,33(4):123-128.

[12] 朱小瑶.城市轨道交通运营心理学[M].北京:中国铁道出版社,2013.

[13] 伍敏,刘韶杰,滕靖.城市轨道交通乘客满意度评价应用研究[J].隧道与轨道交通,2020(2):1-5,77.

[14] 李晓光.城市轨道交通乘客满意度评价与分析[D].大连:大连交通大学,2016.

[15] 刘文忠.城市轨道交通视觉管理的现实策略[J].创意设计源,2019(5):66-71.

[16] 李晨.城市轨道交通车站建筑的人性化设计[J].中外企业家,2019(32):216.

实训任务1 探索乘客心理现象对行为的影响

班级		姓名		学号	
学习小组		组长		日期	
任务描述	以小组为单位,采取相应的心理学研究方法,对所在城市的轨道交通部分线路、乘客人群进行客运服务状况调研和分析,并提出可行的建议,制作PPT供课堂讨论和参考。				
任务目标	1.了解乘客心理特点对城市轨道交通客运服务的影响。 2.掌握心理学研究方法,提高乘客服务满意度。				
任务准备	问题导引: 1.心理学的定义和研究目标是什么? 2.你会通过什么线索来判断他人的心理特点? 3.行为会表现出性别差异吗? 4.心理学有哪些主要的研究方法?				
任务实施	一、制订乘客心理现象对行为的影响的调研方案				

一、制订乘客心理现象对行为的影响的调研方案

序号	乘客目标人群	调研步骤
方案审核意见		签字: 年 月 日

任务实施	二、完成小组成员任务分工			
	姓名	任务	姓名	任务

三、完成 PPT 制作并展示

一、组长评价

评价内容	A	B	C	D	E	得分
成员认真参与	30	18	15	12	未达标	
任务完成情况良好	30	18	15	12	未达标	
分析条理清晰	20	17	15	12	未达标	
无其他异常情况	20	17	15	12	未达标	
总分						

二、教师评价

评价内容	A	B	C	D	E	得分
调研过程完整	30	18	15	12	未达标	
PPT 架构合理	30	18	15	12	未达标	
展示熟练自然	20	17	15	12	未达标	
无其他异常情况	20	17	15	12	未达标	
总分						

三、自我评价

总结与反思：_____

_____

成绩自我评定：_____

_____

任务成绩

实训任务2 城市轨道交通客运服务质量检测

班级		姓名		学号	
学习小组		组长		日期	

任务描述	以4~6人的小组为单位,利用课余时间,根据城市轨道交通客运服务的主要内容、基本要求与素质要求,选择附近的地铁线路或车站进行服务质量的评价和检测,并分析评价结果,对所在城市的轨道交通客运服务提出改进意见。
任务目标	1.结合实际,加深对城市轨道交通客运服务质量要求的认识与理解。 2.强化客运服务意识,提升城市轨道交通客运服务工作的适应力。
任务准备	问题导引: 1.服务有哪些基本特征? 2.城市轨道交通客运服务包含哪些内容? 3.城市轨道交通客运服务心理学的研究对象和研究原则分别是什么? 4.如果你是一名城市轨道交通客运服务人员,你将如何为乘客提供宾至如归的良好服务?
任务实施	一、制订城市轨道交通客运服务质量检测方案 {TABLE}

一、制订城市轨道交通客运服务质量检测方案

序号	检测内容	检测步骤
方案审核意见		签字: 　年　月　日

任务实施	二、完成小组成员任务分工				

二、完成小组成员任务分工

姓名	任务	姓名	任务

三、完成质量评价报告并制作 PPT,在课堂进行汇报

任务评价

一、组长评价

评价内容	A	B	C	D	E	得分
实训态度认真	30	18	15	12	未达标	
评价翔实	30	18	15	12	未达标	
PPT 制作精美	20	17	15	12	未达标	
无其他异常情况	20	17	15	12	未达标	
总分						

二、教师评价

评价内容	A	B	C	D	E	得分
实训过程完整	30	18	15	12	未达标	
评价报告质量较高	30	18	15	12	未达标	
PPT 汇报完整流畅	20	17	15	12	未达标	
无其他异常情况	20	17	15	12	未达标	
总分						

三、自我评价

总结与反思:_____

_____

成绩自我评定:_____

_____

任务成绩

实训任务3　应用感知觉原理,提供优质客运服务

班级		姓名		学号	
学习小组		组长		日期	

任务描述	以小组为单位,利用课余时间到所在城市的地铁站进行相关主题的调研,并制作调研报告及相应的图文并茂的PPT,在课堂上进行展示和讲解。 　　主题选取: 　　1.城市轨道交通客运服务环境(色彩的选取、设施的方便性、环境的整洁度等)对乘客感知觉的影响。 　　2.城市轨道交通客运服务人员(服饰、仪表、态度等)对乘客感知觉的影响。
任务目标	1.结合客运实际工作,加深对乘客感知觉基本理论的理解。 　　2.强化客运服务意识,培养运用感知觉心理提高服务质量的能力。
任务准备	问题导引: 　　1.什么是感觉?什么是知觉?知觉有哪些特征? 　　2.影响城市轨道交通乘客感知觉的因素主要有哪些? 　　3.举例说明首因效应、晕轮效应、刻板印象、定势效应。 　　4.如何利用心理效应提升城市轨道交通客运服务质量?

任务实施	一、感知觉原理在城市轨道交通客运服务中的应用调研

序号	主题选取	调查与访问方案
方案审核意见	签字: 　　　　　　　年　月　日	

任务实施	二、完成小组成员任务分工			

二、完成小组成员任务分工

姓名	任务	姓名	任务

三、完成调研报告并制作 PPT,在课堂进行汇报

任务评价

一、组长评价

评价内容	A	B	C	D	E	得分
实训态度认真	30	18	15	12	未达标	
调研报告翔实	30	18	15	12	未达标	
PPT 制作精美	20	17	15	12	未达标	
无其他异常情况	20	17	15	12	未达标	
总分						

二、教师评价

评价内容	A	B	C	D	E	得分
实训过程完整	30	18	15	12	未达标	
调研报告质量较高	30	18	15	12	未达标	
PPT 汇报完整流畅	20	17	15	12	未达标	
无其他异常情况	20	17	15	12	未达标	
总分						

三、自我评价

总结与反思:_____

_____

成绩自我评定:_____

_____

任务成绩

实训任务4　编写一份"乘客需要调查表"

班级		姓名		学号	
学习小组		组长		日期	

任务描述	以小组为单位完成以下任务： 1.调查和汇总城市轨道交通乘客的出行需要。 2.分析车站的设计和客运服务守则里,哪些设计或要求是为了满足"可以使用"的需要,哪些是为了满足"便于使用"的需要,而哪些又是为了满足"乐于使用"的需要。 3.编写一份"乘客需要调查表"。
任务目标	1.通过调查,更好地了解城市轨道交通乘客的需要。 2.理解乘客的需要,更好地为乘客提供客运服务。
任务准备	问题导引： 1.什么是需要? 2.试述马斯洛需要层次理论。 3.结合需要层次理论交流:乘客选择城市轨道交通服务主要是出于什么需要? 如何从服务的角度来满足这些需要?

任务实施	一、调查和汇总城市轨道交通乘客的出行需要

序号	乘客需要层次	调研与分析

方案审核意见	签字： 　　年　月　日

任务实施	二、完成小组成员任务分工 三、编写"乘客需要调查表"，并根据调查情况填写内容

二、完成小组成员任务分工

姓名	任务	姓名	任务

三、编写"乘客需要调查表"，并根据调查情况填写内容

任务评价

一、组长评价

评价内容	A	B	C	D	E	得分
实训态度认真	30	18	15	12	未达标	
顺利执行工作任务	30	18	15	12	未达标	
完成乘客需要调查表	20	17	15	12	未达标	
无其他异常情况	20	17	15	12	未达标	
总分						

二、教师评价

评价内容	A	B	C	D	E	得分
实训过程完整	30	18	15	12	未达标	
完成乘客需要调查表	30	18	15	12	未达标	
文件汇总齐全	20	17	15	12	未达标	
无其他异常情况	20	17	15	12	未达标	
总分						

三、自我评价

总结与反思：_____

_____

成绩自我评定：_____

_____

任务成绩

实训任务 5 体验和调适乘客的情绪

班级		姓名		学号	
学习小组		组长		日期	

任务描述	以小组为单位,根据以下情境(或自行设计类似情境)在课堂上进行角色扮演。 1.情境:北京地铁 1 号线,上下班高峰时段,车厢里满是乘客。突然,列车因不明原因紧急制动,乘客们被困在万寿路站—公主坟站隧道里,时间一分一秒过去,焦急的乘客群中开始发出牢骚声…… 2.模拟体验: (1)模拟车厢中乘客焦急的面部表情、说话的言语方式,体验其此时可能的情绪感受。 (2)如果你是地铁 1 号线的客运服务人员,模拟如何稳定车厢中乘客的情绪状态。
任务目标	1.结合客运实际工作,加深对情绪、情感基础理论的认知。 2.强化客运服务意识,初步培养对乘客情绪的疏导能力。
任务准备	问题导引: 1.城市轨道交通乘客情绪的特征有哪些? 2.影响城市轨道交通乘客情绪的因素有哪些? 3.客运服务人员应当如何调适乘客的负面情绪?
任务实施	一、制订客运服务模拟体验方案 {表格:序号 | 乘客情绪表现 | 乘客情绪调适} 方案审核意见 签字: 年 月 日

一、制订客运服务模拟体验方案

序号	乘客情绪表现	乘客情绪调适

方案审核意见	签字: 年 月 日

任务实施	二、完成小组成员角色分工					

姓名	角色名称	姓名	角色名称

三、完成模拟体验任务

任务评价

一、组长评价

评价内容	A	B	C	D	E	得分
积极参与实训	30	18	15	12	未达标	
积极对待任务	30	18	15	12	未达标	
角色模拟到位	20	17	15	12	未达标	
无其他异常情况	20	17	15	12	未达标	
总分						

二、教师评价

评价内容	A	B	C	D	E	得分
实训过程完整	30	18	15	12	未达标	
脚本内容清晰	30	18	15	12	未达标	
展示惟妙惟肖	20	17	15	12	未达标	
无其他异常情况	20	17	15	12	未达标	
总分						

三、自我评价

总结与反思：_____

_____

成绩自我评定：_____

_____

任务成绩

实训任务6　针对不同个性心理特征的乘客开展服务

班级		姓名		学号	
学习小组		组长		日期	

任务描述	以小组为单位,每组6~8名学生,根据以下情境进行角色扮演,针对不同个性心理特征的乘客开展服务。 　　1.模拟情境:毕业后小张、小王成了某地铁企业员工。一天早高峰期,小张和小王负责维护北京地铁10号线牡丹园站的站台秩序。因为是换乘站,站台上的乘客较多,还有老人、孩童。这时,两名乘客因排队乘车发生口角,互不相让…… 　　2.服务实训: 　　(1)小组成员模拟不同气质或性格的乘客,有的成员模拟老人,有的成员模拟孩童,有的成员模拟客运服务人员。 　　(2)模拟客运服务人员小张和小王的学生尝试对每一位乘客的个性心理特征进行分析并演示如何提供相应服务。
任务目标	1.结合工作和生活情境,加深对乘客个性心理特征的认知。 2.掌握不同个性心理特征乘客的服务方式,提高服务能力和水平。
任务准备	问题导引: 1.乘客的个性心理特征指的是什么?包含几个方面? 2.乘客的气质类型有哪些?如何做好相应的服务? 3.乘客的性格类型有哪些?如何做好相应的服务? 4.年龄大的乘客有何特点?如何做好相应的服务?
任务实施	一、制订针对不同乘客个性心理特征的服务方案 表格

序号	乘客个性心理特征	服务方案
方案审核意见	签字: 　　　　　　　年　月　日	

| 任务实施 | 二、完成小组成员角色分工 | | | | | | |

姓名	角色名称	姓名	角色名称

三、完成个性化乘客服务流程

任务评价

一、组长评价

评价内容	A	B	C	D	E	得分
实训态度认真	30	18	15	12	未达标	
角色模拟准确	30	18	15	12	未达标	
分析条理清晰	20	17	15	12	未达标	
无其他异常情况	20	17	15	12	未达标	
总分						

二、教师评价

评价内容	A	B	C	D	E	得分
实训过程完整	30	18	15	12	未达标	
运用知识熟练	30	18	15	12	未达标	
服务方法有效	20	17	15	12	未达标	
无其他异常情况	20	17	15	12	未达标	
总分						

三、自我评价

总结与反思：＿＿＿＿＿＿＿＿＿＿＿＿＿＿＿＿＿＿＿＿＿＿＿＿＿＿＿＿＿＿

＿＿＿＿＿＿＿＿＿＿＿＿＿＿＿＿＿＿＿＿＿＿＿＿＿＿＿＿＿＿＿＿＿＿＿

成绩自我评定：＿＿＿＿＿＿＿＿＿＿＿＿＿＿＿＿＿＿＿＿＿＿＿＿＿＿＿＿

＿＿＿＿＿＿＿＿＿＿＿＿＿＿＿＿＿＿＿＿＿＿＿＿＿＿＿＿＿＿＿＿＿＿＿

任务成绩

实训任务7 建构良好的城市轨道交通客我关系

班级		姓名		学号	
学习小组		组长		日期	

任务描述	以小组为单位，根据以下情境（或自行设计类似情境）在课堂上训练和展示良好客我关系的建构。 1.情境：北京地铁13号线龙泽站，早高峰时段，车站门外的临时限流通道里排满了等待乘车的乘客，队伍移动得很慢，不断有乘客抱怨，或者试图翻越栏杆…… 2.模拟体验： （1）小组一部分成员可扮演不同身份的乘客，如白领、农民工、学生、老年人等，体会不同身份、年龄的乘客的心态，模拟其说话方式。 （2）小组其他成员扮演维持秩序的客运服务人员，尝试使用客我交往的原则和技能，与不同的乘客进行沟通。
任务目标	1.体验客运工作，培养良好的客我交往能力。 2.通过情境模拟，掌握良好的客我交往沟通技巧。
任务准备	问题导引： 1 客我交往的特点有哪些？ 2.影响客我交往的因素有哪些？ 3.城市轨道交通客运服务人员应当如何与乘客建立良好的客我关系？
任务实施	一、制订客我关系建构方案

一、制订客我关系建构方案

序号	乘客的身份	客我关系建构方案
方案审核意见		签字： 年 月 日

任务实施	二、完成小组成员角色分工

姓名	角色名称	姓名	角色名称

三、完成良好的客我关系建构任务

任务评价

一、组长评价

评价内容	A	B	C	D	E	得分
实训态度认真	30	18	15	12	未达标	
任务完成情况良好	30	18	15	12	未达标	
客我关系融洽	20	17	15	12	未达标	
无其他异常情况	20	17	15	12	未达标	
总分						

二、教师评价

评价内容	A	B	C	D	E	得分
实训过程完整	30	18	15	12	未达标	
运用知识熟练	30	18	15	12	未达标	
善用技能技巧	20	17	15	12	未达标	
无其他异常情况	20	17	15	12	未达标	
总分						

三、自我评价

总结与反思：＿＿＿＿＿＿＿＿＿＿＿＿＿＿＿＿＿＿＿＿＿＿＿＿＿＿

＿＿＿＿＿＿＿＿＿＿＿＿＿＿＿＿＿＿＿＿＿＿＿＿＿＿＿＿＿＿＿

成绩自我评定：＿＿＿＿＿＿＿＿＿＿＿＿＿＿＿＿＿＿＿＿＿＿＿＿

＿＿＿＿＿＿＿＿＿＿＿＿＿＿＿＿＿＿＿＿＿＿＿＿＿＿＿＿＿＿＿

任务成绩

实训任务8 处理城市轨道交通乘客投诉

班级		姓名		学号	
学习小组		组长		日期	

任务描述	以小组为单位,根据以下情境进行角色扮演,针对乘客的投诉心理开展相应的客运服务。 1.情境:×年×月×日北京地铁1号线发生故障,早晨7时30分正值上班高峰期,所有车站采取只出不进、增加列车间隔时间的措施,导致列车晚点。部分列车停在原地不动近半小时,车厢内温度上升,甚至还有列车停在隧道中。站台广播和列车广播建议乘客乘坐其他交通工具。 检查发现,事故原因是地铁1号线突发信号故障。经技术人员检修,8时40分信号系统恢复正常。但是这一事件耽误了很多乘客的行程,引发了乘客投诉。北京地铁投诉热线接到了大量乘坐地铁1号线乘客的投诉,车站现场也有乘客由于上班迟到、上学迟到而要求客运服务人员开具列车晚点证明,甚至有乘客因地铁晚点耽误了火车发车时间,要求地铁公司负责到底,这些都对地铁服务秩序造成了一定程度的影响。 2.处理乘客投诉: (1)部分小组成员扮演进行投诉的乘客,并且尝试对乘客的投诉方式和投诉心理进行分析。 (2)其他小组成员扮客运服务人员,根据乘客投诉的方式、目的和心理开展相应的沟通服务,从而提高乘客的满意度。
任务目标	1.结合工作和生活情境,提升对地铁乘客投诉心理的认识。 2.提高分析和处理城市轨道交通乘客投诉的水平和能力。
任务准备	问题导引: 1.城市轨道交通客运服务中的突发事件是如何定义的? 2.在城市轨道交通客运服务过程中,突发事件的应急组织包括哪些内容? 3.突发事件中的乘客心理是怎样的?应该如何进行有效疏导和服务? 4.处理乘客投诉事件时,城市轨道交通客运服务人员应当如何分析和理解乘客的投诉心理?

任务实施	一、制订乘客投诉处理方案

序号	乘客投诉事项	乘客投诉的处理
方案审核意见		签字: 年 月 日

	二、完成小组成员角色分工				
任务实施	姓名	角色名称	姓名	角色名称	
	三、完成模拟体验任务				

	一、组长评价						
	评价内容	A	B	C	D	E	得分
	积极参与实训	30	18	15	12	未达标	
	积极对待任务	30	18	15	12	未达标	
	案例分析正确	20	17	15	12	未达标	
	无其他异常情况	20	17	15	12	未达标	
任务评价	总分						
	二、教师评价						
	评价内容	A	B	C	D	E	得分
	实训过程完整	30	18	15	12	未达标	
	投诉处理合理	30	18	15	12	未达标	
	客运服务到位	20	17	15	12	未达标	
	无其他异常情况	20	17	15	12	未达标	
	总分						

三、自我评价

总结与反思：_____

_____

成绩自我评定：_____

_____

任务成绩	

实训任务9 城市轨道交通客运服务人员礼仪训练

班级		姓名		学号	
学习小组		组长		日期	

任务描述	以小组为单位,根据以下情境开展礼仪训练。 1.情境:毕业后小张、小王、小李、小赵4名同学成了北京地铁的员工。北京地铁为了提升员工客运服务礼仪水平,开展了"最美站务员"仪态礼仪比武活动。主要内容包括: (1)基本仪态礼仪:站姿、坐姿、蹲姿、行姿。 (2)工作仪态礼仪:引导乘客、递物接物、握手、乘坐电梯礼仪。 展现的过程中要求员工恰当使用表情语言,考核方式为4人一组进行演示,演示背景音乐自行搭配。 2.礼仪训练:4人一组到台前展现适当的表情语言和仪态礼仪。
任务目标	1.结合教学情境,加强对客运服务礼仪的重视。 2.通过模拟训练,提升客运服务礼仪的水平。
任务准备	问题导引: 1.什么是职业人格?如何培养客运服务人员的职业人格? 2.城市轨道交通客运服务人员的仪表与着装礼仪有哪些要求? 3.城市轨道交通客运服务人员的语言礼仪表现在哪些方面?
任务实施	一、制订"最美站务员"仪态礼仪比武活动方案 {表格}

一、制订"最美站务员"仪态礼仪比武活动方案

序号	基本仪态礼仪与工作仪态礼仪	展示要求
方案审核意见		签字: 年 月 日

任务实施	二、完成小组成员任务分工				

姓名	任务	姓名	任务

三、完成模拟体验任务

任务评价

一、组长评价

评价内容	A	B	C	D	E	得分
实训态度认真	30	18	15	12	未达标	
任务完成情况良好	30	18	15	12	未达标	
仪态礼仪正确	20	17	15	12	未达标	
无其他异常情况	20	17	15	12	未达标	
总分						

二、教师评价

评价内容	A	B	C	D	E	得分
实训过程完整	30	18	15	12	未达标	
仪态礼仪标准	30	18	15	12	未达标	
表情语言规范	20	17	15	12	未达标	
无其他异常情况	20	17	15	12	未达标	
总分						

三、自我评价

总结与反思：＿＿＿＿＿＿＿＿＿＿＿＿＿＿＿＿＿＿＿＿＿＿＿＿＿＿＿＿＿＿＿＿＿＿＿

＿＿＿

成绩自我评定：＿＿＿＿＿＿＿＿＿＿＿＿＿＿＿＿＿＿＿＿＿＿＿＿＿＿＿＿＿＿＿＿＿＿

＿＿＿

任务成绩

实训任务 10 常见心理健康调适技能应用

班级		姓名		学号	
学习小组		组长		日期	

任务描述	以小组为单位,根据以下情境进行角色扮演。 1.情境:毕业后小张、小王、小李、小赵4名同学成了某地铁企业员工,刚开始,他们对自己的职业充满了向往,然而5年后,他们各自的生活好像都不如在学校时想象的那么美好。一天小张找到小王、小李、小赵,对他们讲述了自己的烦恼……小王、小李、小赵会如何帮助小张呢? 2.模拟体验: (1)小组中一名成员模拟表演小张工作5年后的生活和心理状态,体会面对压力和职业倦怠时的情绪、身体感受和认知。 (2)小组其他成员试着运用本单元所学的心理调适技能或者其他有效的方法来帮助小张。
任务目标	1.结合工作和生活情境,加深对压力和职业倦怠的认识。 2.强化心理健康管理意识,学习使用心理调适技能。
任务准备	问题导引: 1.心理健康的标准有哪些?如何进行心理健康保健? 2.如何正确看待和缓解来自工作与生活的压力? 3.城市轨道交通客运服务人员应当如何进行职业倦怠调整?
任务实施	一、制订心理健康调适技能训练方案

序号	生活和心理状态	心理调适方法与技能
方案审核意见		签字: 年　月　日

	二、完成小组成员任务分工				

任务实施

姓名	任务	姓名	任务

三、完成心理健康调适技能训练

任务评价

一、组长评价

评价内容	A	B	C	D	E	得分
实训态度认真	30	18	15	12	未达标	
任务完成情况良好	30	18	15	12	未达标	
心理疏导方法恰当	20	17	15	12	未达标	
无其他异常情况	20	17	15	12	未达标	
总分						

二、教师评价

评价内容	A	B	C	D	E	得分
实训过程完整	30	18	15	12	未达标	
分析准确合理	30	18	15	12	未达标	
技能应用恰当	20	17	15	12	未达标	
无其他异常情况	20	17	15	12	未达标	
总分						

三、自我评价

总结与反思：_____

_____

成绩自我评定：_____

_____

任务成绩

实训任务 11　城市轨道交通客运服务团队的有效激励

班级		姓名		学号	
学习小组		组长		日期	
任务描述					

任务描述	1. 参与小组:5 人为一组。 2. 时间:5～10 分钟。 3. 道具:坐垫。 4. 场地:空地。 5. 实训组织: (1)将学生分成几个小组。 (2)每组先派出两名学生,背靠背坐在铺有坐垫的空地上。然后,这两名学生均用双手握住对方的手臂,合力使双方一同站起。 (3)依此类推,每组每次增加一人,如果尝试失败需再来一次,直到成功才可再加一人。 6. 实训要点: (1)在这个实训情境中,一个小组就是一个团队,需要全力配合才可能达到目标,帮助学生体会团队相互激励的重要性,从而培养团队精神。 (2)每个小组的领导者很关键,他(她)需要指挥和调动队员。比如,他(她)可以要求小组其他成员听他(她)指挥,跟随他(她)的动作;有效的方法是想出一个口号,既可以鼓舞士气又能统一大家的节奏。 (3)无论成员还是领导者都应该明白,任何一个人的不配合都会对小组的行动产生负面影响。因此,在实训环节结束后,要找出完成效果不好的原因,从而提高团队协作意识。
任务目标	1. 理解激励团队士气会有效促进客运服务团队的成长。 2. 掌握有效激励的方法,提高客运服务团队的凝聚力。
任务准备	问题导引: 1. 在设置的情境中,能仅靠一个人的力量就完成起立的动作吗? 2. 如果参加实训的成员能够保持动作协调一致,这个任务是不是更容易完成? 为什么? 3. 有没有更多有效激励的方法来保证成员之间动作协调一致?
任务实施	一、制订实训方案和团队激励办法

一、制订实训方案和团队激励办法

序号	实训方案	团队激励办法

方案审核意见	签字: 　　　　　　　　年　月　日

任务实施	二、完成小组成员任务分工 表格（姓名 / 任务 / 姓名 / 任务） 三、完成模拟体验任务

二、完成小组成员任务分工

姓名	任务	姓名	任务

三、完成模拟体验任务

任务评价

一、组长评价

评价内容	A	B	C	D	E	得分
实训态度认真	30	18	15	12	未达标	
任务完成情况良好	30	18	15	12	未达标	
成员步调一致	20	17	15	12	未达标	
无其他异常情况	20	17	15	12	未达标	
总分						

二、教师评价

评价内容	A	B	C	D	E	得分
实训过程完整	30	18	15	12	未达标	
成员默契度高	30	18	15	12	未达标	
团队凝聚力强	20	17	15	12	未达标	
无其他异常情况	20	17	15	12	未达标	
总分						

三、自我评价

总结与反思：_____

_____

成绩自我评定：_____

任务成绩

实训任务 12 客运服务团队活动——"心心相印"

班级		姓名		学号	
学习小组		组长		日期	

任务描述	以小组为单位，根据游戏规则完成下列团队活动内容。 1.活动规则：每组 2 人，背靠背地夹住一圆球，然后步调一致地向前走，绕过转折点回到起点，然后下一组开始前进。向前走时，手、臂不能碰到球，否则一次罚 2 秒；球掉后回到起点重新开始。最先完成者胜出。按时间记名次，按名次计分。 2.规则说明： （1）比赛过程中如有球落地情况出现需返回起点重新开始。 （2）途中不得以手、臂碰球，如有违反均视为犯规。每碰球一次记犯规一次，比赛成绩加 2 秒。 （3）进行接力时，接力方必须在规定区域内完成接力动作。比赛中应绝对服从裁判指挥，以裁判的判罚为最终判决。
任务目标	1.通过实训任务，加深对团队建设的理解。 2.增强团队合作意识，培养团队精神。
任务准备	问题导引： 1.城市轨道交通客运服务团队的构成要素有哪些？ 2.如何建立一支高效的城市轨道交通客运服务团队？ 3.如何做好团队沟通？ 4.团队领导者应该具备哪些优秀的素质？
任务实施	一、制订客运服务团队活动方案 序号　团队成员　活动方案 方案审核意见　　签字： 　　　　　　　　　　　　年　月　日

任务实施	二、完成小组成员任务分工				
	姓名	任务	姓名	任务	

三、完成客运服务团队活动——"心心相印"

任务评价

一、组长评价

评价内容	A	B	C	D	E	得分
未返回起点或返回次数较少	30	18	15	12	未达标	
未犯规或犯规次数较少	30	18	15	12	未达标	
听从指挥	20	17	15	12	未达标	
无其他异常情况	20	17	15	12	未达标	
总分						

二、教师评价

评价内容	A	B	C	D	E	得分
活动过程完整	30	18	15	12	未达标	
成员默契度高	30	18	15	12	未达标	
成员规则意识强	20	17	15	12	未达标	
无其他异常情况	20	17	15	12	未达标	
总分						

三、自我评价

总结与反思：_____

_____

成绩自我评定：_____

_____

任务成绩